北京大学图书馆研究支持服务探索与实践丛书

图书馆大数据视角下的学科前沿分析

唐　勇　主编
刘雅琼　赵萌萌　副主编

海洋出版社
2018年·北京

图书在版编目（CIP）数据

图书馆大数据视角下的学科前沿分析/唐勇主编．—北京：海洋出版社，2018.4

（北京大学图书馆研究支持服务与实践丛书）

ISBN 978-7-5210-0063-4

Ⅰ.①图…　Ⅱ.①唐…　Ⅲ.①院校图书馆-图书情报工作-研究　Ⅳ.①G258.6

中国版本图书馆 CIP 数据核字（2018）第 055571 号

丛书策划：高显刚

责任编辑：杨海萍　张　欣

责任印制：赵麟苏

海洋出版社　出版发行

http：//www.oceanpress.com.cn

北京市海淀区大慧寺路 8 号　邮编：100081

北京朝阳印刷厂有限责任公司印刷　　新华书店发行所经销

2018 年 11 月第 1 版　2018 年 11 月北京第 1 次印刷

开本：787mm×1092mm　1/16　印张：17

字数：265 千字　定价：48.00 元

发行部：62132549　邮购部：68038093　总编室：62114335

目　录

第一章 学科前沿是大数据时代图书馆服务的新尝试

什么是大数据呢？大数据（big data）意指一个超大、难以用现有常规的数据库管理技术和工具处理的数据集[1]。大数据是规模非常巨大和结构来源非常复杂的数据集，是需要新的处理模式才能具有更强的决策力、洞察力和流程优化能力的海量、高增长率和多样化的信息资产，具有四个 V 的特征：①Volume，数据量持续快速增加；②Velocity，高速度的 I/O；③Variety，多样化的数据类型和来源；④Value，数据价值大。大数据得益于云计算，是“疯狂”产生的数据，对其进行分析、利用，其巨大的价值才能析出和显现。大数据在商业和公共卫生领域已为人所熟知，但其影响不仅仅限于商业和公共领域，大数据开启了一次重大的时代转型。就像望远镜让我们能够感受宇宙，显微镜让我们能够观测微生物一样，大数据正在改变我们的生活以及理解世界的方式，成为新发明和新服务的源泉，而更多的改变正蓄势待发。大数据

1 Big data.［20160928］. https：//en. wikipedia. org/wiki/Big_ data.

的影响当然也波及科研领域。[1] 随着信息技术迅猛发展，科学研究的知识基础发生了革命性的变化。通过各类观察、感知、计算、仿真、模拟、传播等，海量的科学数据（被称为“大数据”——Big Data）正迅速产生、广泛传播和有效组织保存，成为科学研究的有力工具、甚至新的基础。数据密集型科研时代到来，许多学科的发展越来越依赖于大数据的驱动，[2] Tony Hey 等将其称为科学研究的第四范式。[3] 在这种背景下，大数据成为各学科研究的知识基础，[4][5] 数据驱动的方法和理念成为大数据利用的引擎推动着科研发展。[6] 利用大数据研制学科前沿是图书馆在大数据时代新的服务尝试。

第一节　用户的需求是图书馆研制学科前沿的原动力

说到学科前沿的研制，首先不得不说一下大背景。一方面，随着信息技术的发展，数字图书馆的发展和推进，读者大数据环境下科研习惯和科研工具手段以及获得科研支持方式发生了改变，学术类电子资源日益泛在化、海量化；另一方面，海量的信息资源，各种各样的数据平台和数据工具涌现，

1　维克托·迈尔-舍恩伯格，肯尼思·库克耶. 大数据时代——生活、工作与思维的大变革［M］. 浙江人民出版社，2013.

2　Chen C L P，Zhang C Y. Data-intensive applications，challenges，techniques and technologies：A survey on BigData ［J］. Information Sciences，2014，275（11）：314-347.

3　Tolle K M，Tansley D，Hey A J G. The Fourth Paradigm：Data-Intensive Scientific Discovery ［Point of View］［J］. Proceedings of the IEEE，2011，99（8）：1334-1337.

4　Swan M. Philosophy of Big Data：Expanding the Human-Data Relation with Big Data Science Services ［C］//IEEE First International Conference on Big Data Computing Service and Applications. IEEE Computer Society，2015：468-477.

5　Chen J，Chen Y，Du X，et al. Big data challenge：a data management perspective ［J］. Frontiers of Computer Science，2013，7（2）：157-164.

6　Zhou K，Fu C，Yang S. Big data driven smart energy management：From big data to big insights ［J］. Renewable & Sustainable Energy Reviews，2016，56：215-225.

各种支持科研的工具被开发，无论是学者还是科研管理人员，都极其容易获得数据，但是数据的整合利用却成为了困扰大家的问题。这时候，图书馆，尤其是大学图书馆，作为科研的重地，如何更好地为科研人员提供更精准的资源和更精深的服务，是大学图书馆面临的大课题。

为了应对这一大趋势，为了突出和加大对科研的支持力度，提升对科研的支持水平和能力，提供能参与到科研全过程的科研支持服务，北京大学图书馆 2015 年进行了机构改革，成立了专门的科研支持部门——研究支持中心。大学图书馆科研支持服务，是指大学图书馆根据科研人员的需求，为科研人员的科研选题、科研相关文献获取、研究数据管理、研究论文撰写、研究成果存储等科研活动的多个环节提供服务[1]。研究支持中心成立的设想是立足于图书馆的资源、工具和服务设施，立足于图书馆的服务精神，全方位运用图书馆的各种服务技能服务于学科、科研。研究支持中心面向研究生、教师、科研人员开展科研支撑服务；面向北京大学各院系开展学科服务；面向师生开展信息素养服务；业务内容包括：日常咨询、论文引证、科技查新、课题咨询、科研态势分析、科研工具应用、竞争情报服务、专利查新与知识产权服务、数据素养、数据搜集和保存、数据分析、信息素质教育、用户信息行为研究、读者互动、学科馆员服务、学者个人影响力评价、科研水平与学科竞争力指数分析评价等。

北京大学图书馆研究支持中心可以说就是大数据时代图书馆服务的新尝试。研究支持中心成立之初，就对教师和科研管理机构及图书馆同行进行了广泛的调研和沟通。并且着手开始承接一些科研支持项目，如 2015 年底，北京大学科研部需要了解目前学科发展的整体情况，了解学科发展的态势和热点，需要了解 20 多个学科热点的情况，包括近些年的发文量情况，文章被引

1 鄂丽君. “211 工程”大学图书馆科研支持服务现状调查分析. 图书馆工作与研究. 2015，(04)：83-87.

用情况，领域专家，国际上研究实力比较雄厚的机构情况对比，研究实力较强的国家，该领域的研究趋势和热点等。北京大学图书馆研究支持中心极其出色地完成了这项工作，并获得了科研部老师的肯定。在沟通的过程中，科研部的老师提出来，如果图书馆可以研究下本校的学科前沿情况，对学科发展摸摸底，对他们将会很有帮助。可以说，科研部老师的需求是最初设想研制学科前沿的原动力和起点。而且，通过文献调研发现，以“学科前沿”为主题的文献遍布各个学科和各个年份。也就是说，学科前沿是科研人员一直关注的课题，这就为图书馆研制学科前沿提供了更大的鼓舞。北京大学图书馆研究支持中心就把北京大学学科前沿研制作为一个重大课题进行立项。准备对学科前沿的研制方法进行调查，对数据基础进行梳理，对研制学科前沿的分析工具进行调研。

第二节　大数据环境为研制学科前沿提供了更好的基础

学科前沿，“前”的意思是前面，“沿”的意思是边，可见学科前沿就是指学科的新领域，新方向，新的热点。回顾学科发展，关注新的学科领域，关注学科领域的新方向和研究热点，是任何学科发展前行的必须，只有发现新的学科方向，新的科研方法，追踪新的学科热点，才能跟踪并引领学科的发展。以“学科前沿”为关键词在知网、读秀等数据库检索也可以发现，以“学科前沿”为主题词的研究文献遍布各个学科和各个年份。而通过调研也可以发现，学科前沿一直都是由一些综合实力比较强的学校或学科领域内影响力比较大的专家研制。以“学科前沿”为主题词，在知网进行搜索，搜索结果排名前五的单位是浙江大学（59 篇）、清华大学（51 篇）、北京大学（41 篇）、武汉大学（38 篇）、中南大学（36 篇），而专家例如：北京大学资深教授，图书馆学专业博士生导师吴慰慈 2009 年发表在《图书情报工作》上的

《瞄准学科前沿，推进图书馆学研究》一文，分析我国图书馆学研究的进步和不足，阐述今后图书馆学研究的重点领域及其走向，并对推进图书馆学研究提出建议；环境学院的方精云教授2009年发表在《生物多样性》上的《群落生态学迎来新的辉煌时代》等。学科专家基于自己的专业素养、专业积累、专业敏感度，对自己学科的发展进行梳理、归纳和预测。

而近年来，由于技术的发展，"大数据"逐渐被大众熟知，其价值也逐渐被认识：根据用户淘宝网的购买记录，网站给你推荐可感兴趣的商品，根据司机提供的路况避开拥堵路段等。在这技术飞速发展，人人制造数据，人人利用数据的大数据时代，科研也在以前所未有的速度发展，科研成果积累的大数据也有那么神奇的价值么？给举几个例子看看大数据的预测作用。

例子一，来自于数据库商的大数据预测。用大数据预测诺贝尔奖得主[1]。这里介绍的是汤森路透"引文桂冠奖"。这一奖项始于2002年，被授予"引文桂冠奖"的科研人员，同时也被预测为最有可能成为今年或不久后的诺贝尔奖得主。

汤森路透评选"引文桂冠奖"时具体怎么做的呢？通过一些方法介绍可以看到，其对数据的处理分为四步：

（1）在不同领域中统计出科研人员30年内的总被引次数和高被引论文数。通过统计过去三十年里每个小领域内各个重要作者的总引用量、单篇引用量、高被引文章总数，以及领域内每篇论文的平均被引次数，或每位作者的平均被引次数，作者是否拥有多篇高被引论文等多个指标，决定哪些领域是热门领域，这些高被引作者是否是该领域的开创者，这些作者是否曾经因该项工作多次获奖。

（2）评估该科研人员的研究内容，发掘被引频次背后的特征。关注他的

1　2015年汤森路透引文桂冠奖，预测诺贝尔奖的"风向标"，［2016. 9. 27］. http：//www.thomsonscientific. com. cn/chinacitationlaureates/2015/vote. htm.

被引频次是集中在某一项研究成果上，还是散布于多项研究成果中；发掘出哪些领域是热门领域；该科研人员是否是该领域的开创者，是否是高被引论文的主要贡献者；研究成果是否在领域内具有重大的意义，是不是具有理论前瞻性，是革命性的发现还是扩展了已有的基础研究成果；确定其成果与其他候选人相比是否具有优势。最后，需要特别注意的一点是，该研究领域是否已经授予过诺贝尔奖。

(3) 识别重大研究成果的主要贡献者。根据诺贝尔的遗愿，每一个奖项的获奖者不能超过三位，所以必须精简候选人名单。

(4) 参考同行的尊重与认可。除了定量分析，还需要考虑到一些非研究因素。比如，相关学科的一些重要奖项往往具有重要的指向作用，可以作为诺贝尔奖的“风向标”，拉斯克医学奖、沃尔夫奖、日本京都奖、克拉福德奖等都是很好的“标尺”。需要关注的还有科研人员的学术头衔，例如：国家科学院院士、外国科学院院士；或者是否在重要学术团体中任职等。此外，在国内和国际学术会议中发表过主题演讲，在大学或重要实验室中担任高级职位，以及在高影响力国际期刊中担任编委，都能为科研人员的诺奖之路加分。

截止到2015年已成功预测了39位诺贝尔奖得主，被誉为诺贝尔的“风向标”。而且通过介绍可以看到，其预测的数据基础是引文数据库Web of Science的大数据，而方法是文献计量学的方法和大数据的分析方法，找出数据及其之间的关联，确定评估的主要指标。

例子二，来自于搜索引擎公司的大数据预测——谷歌的“谷歌流感趋势”（Google Flu Trends，GFT）的工作成果。2008年，谷歌上线“谷歌流感趋势”项目，该项目开始预测流感传播。2009年出现了一种新的流感病毒。这种甲型H1N1流感结合了导致禽流感和猪流感的病毒的特点，在短短几周之内迅速传播开来。全球的公共卫生机构都担心一场致命的流行病即将来袭。有的评论家甚至警告说，可能会爆发大规模流感，类似于1918年在西班牙爆发的影响了5亿人口并夺走了数千万人性命的大规模流感。更糟糕的是，我们还没有研发出对抗这种新型流感病毒的疫苗。公共卫生专家能做的只是减慢它传播的速度。但要做到这一点，他们必须先知道这种流感出现在哪里。在甲型H1N1流感爆发的几周前，互联网巨头谷歌公司的工程师们在《自然》杂志上发表了一篇引人注目的论文。谷歌成功预测了H1N1在全美的传播范围，具体到了州还有特定地区，判断非常及时，令美国公共卫生机构以及全美大为震惊，疾控中心通常只能在流感爆发一两周之后才可以做到，而谷歌的及时性让全美侧目。这是真正第一次利用搜索引擎大数据对疾病控制的预测进行尝试，谷歌因此也获得巨大殊荣。

而近年来，由于技术的发展，科研也在以前所未有的速度发展，科研成果积累的大数据使得数据库商和图书馆也有条件参与到学科前沿的研制，例如：汤森路透研制的Essential Science Indicators工具，可以用于分析其划出的22个学科的研究前沿；Elsevier推出的Scival平台的Trends模块，可以用于学科热点和趋势研究。而汤森路透和中国科学院文献情报中心一起推出的《2015研究前沿》《2016研究前沿》《2017研究前沿》报告，引起了科学界的广泛关注。

可见，大数据时代，基于大数据及和大数据之间的关联，使用大数据分析的工具，探讨研制学科前沿的新方法，可以以一种新的视角和方法为学科的发展提供支持和参考。

第三节 图书馆在学科前沿的研制上优势明显

既然各个数据库商，搜索引擎公司积累了很多的大数据，而且具有技术上的优势，为什么还说图书馆在学科前沿的研制上有优势呢？不可否认，每个数据库商都可以基于自己的海量数据和平台工具对各个学科的前沿进行预测，那么就面临一个问题：由于数据源的不同，平台的不同，得到的结论也不相同，甲家一个报告一份结果，乙家也出一份报告一个结果，丙家又有一个，这些报告各不相同，应该以哪个为参照？这些报告怎么整合？对于终端用户，只会乱花渐欲迷人眼。而图书馆在学科前沿的制定上则优势明显。

首先，图书馆是大数据的聚集地。图书馆具有多种类型的学术资源，既有结构化的数据库资源，也有一些非结构化的学者主页，用户搜索记录等资源。图书馆具有多种数据库，涵盖各个学科领域。就以北京大学图书馆为例，截止到 2016 年 9 月，北京大学图书馆拥有各类数据库 300 多个，包括 Elsevier、汤森路透等各大数据库商的数据库产品。按照学科类别来看，覆盖社会科学、哲学、管理学、政治学、法学、经济学、教育/文化、图书档案学、新闻传播、语言文学、艺术、历史学、自然科学、数学、化学、生物学、医学、农业、工业技术、交通运输、航空/航天、环境科学、地球科学/天文学物理学/力学、计算机/网络等各个学科领域。此外，图书馆的全文数据库和 Summon 系统，都可以记录一些用户实时的行为数据，可以说，图书馆研制学科前沿的数据源比较丰富，这就为研制学科前沿提供了广泛的数据基础。

其次，图书馆员熟悉文献计量学方法、数据管理和处理的方法工具等。文献计量学方法是一种通过对搜集到的文献资料的分析、比较、计量、归纳等加工，来揭示相关的客观事物发展规律的一种方法。从其建立以来，随着技术发展而不断发展，在图书馆管理、科研管理和评价、情报研究、科学研究中发挥了重要的作用。而随着“文献”的概念被拓展，从纸本文献到电子文献到多媒体文献到大数据，各种类型的资源都成为“文献”的基础，文献计量学也在不断地发展和变化，出现了“网络计量学”“替代计量学”等新的研究领域。文献计量学是图书馆学情报学领域中的一门重要的分支学科，为图书馆员所熟悉和掌握。

第三，和学科专家联系更为紧密。图书馆作为服务学者、研究人员的最前沿阵地，跟各学科一线的用户联系更为紧密。我国大陆地区高校图书馆自上世纪 90 年代以来陆续设置了学科馆员或专业馆员，面向院系教师开展形式多样的学科服务，并取得了一定的理论与实践成果。近年来，一些图书馆的学科服务开始借鉴、引进学科专家/指导教师制度，使图书馆与学科专家的关系更为紧密。

第四，图书馆在学科前沿的研制上做了一些尝试。作为新兴信息科学和计算技术应用的排头兵，图书情报领域的学者密切关注大数据技术和数据驱动理念在图书情报研究中的应用，研究成果相继涌现[1]。王春华等[2]通过共词分析对国内图书情报领域的大数据研究现状进行梳理，刘成山等[3]对 SCI 和 CSSCI 中图书情报领域的大数据研究成果进行对比分析，李信[8]等基于借助 SATI 和 SPSS 软件对 SCI 中大数据驱动相关主题文献的关键词进行的共词分析和聚类分析，这些研究具有较大的参考价值。

第四节 学科前沿是大数据时代图书馆服务的新尝试

上文中提到，图书馆研制学科前沿是大数据时代读者的需求推动的，图书馆在研制学科前沿上具有不可替代的优势和必然使命，那么图书馆就对学科前沿的研制进行了探索。在学科前沿的研制中主要涉及以下几个重要的方面：数据源，分析方法、分析工具，结果的析出等。

1 李信，李旭晖，陆伟．大数据驱动下的图书情报学科热点领域挖掘：面向 WOS 题录数据的实证视角［J/OL］．图书馆论坛，2017 http：//www．cnki．net/kcms/detail/44．1306．G2．20160919．1602．004．html．

2 王春华，李维，文庭孝．我国图书情报领域大数据研究热点分析［J］．图书情报知识，2015，（4）：82-89．

3 刘成山，李玉，王洁良．大数据在图书情报领域的研究现状及趋势分析［J］．情报理论与实践，2016，39（4）：20-26．

一、数据源是研制学科前沿的根基

数据源是研制学科前沿重要而基础的问题，全面、翔实、可靠的数据来源是研制学科前沿的基础。

从数据源的来源看，众所周知，数据库中的期刊论文数据具有回溯时间长，结构化程度高，质量比较好，易于获得和处理等优点，目前学科前沿研制采用的数据源多以期刊论文为基础。如方丽等[1]研究 H-指数领域学科前沿以 WOS 数据库为数据来源，王瑜超[2]等研究信息资源配置学科前沿以 CSSCI 为数据源，马费成等[3]以 ProQuest 的 ABI、Emerald 全文数据库、科学引文索引扩展版（SCI Expanded）和社会科学引文索引（SSCI）数据库、中国学术期刊网（CNKI）全文数据库（1994—）和重庆维普中文科技期刊数据库中 1989—1997 年的期刊论文等为数据源对比分析了国内外知识管理研究的热点、方法、学科分布和应用领域，刘自强等[4]使用中国学术期刊全文数据库（CNKI）分析我国图书情报领域近几年大数据研究领域的研究现状和主题演化情况。考虑到单一来源的数据分析容易受到数据源本身的定位以及运行机制等方面的影响，未必能够全面反映某个领域的现状，许鑫等[5]基于 WOS 和 Wikipedia 两个数据源的互证分析探究大数据领域讨论的主题以及感知相关研究的前沿趋势。大数据时代的数据特征就是数据量大、数据结构和来源非常复杂。在如此庞大的数据源，如此复杂而且时刻变化的数据类型里选用哪些

1　方丽，崔雷. 利用双聚类算法探测学科前沿及知识基础——以 h 指数研究领域为例. 情报理论与实践，2014，(11)：55-60.

2　王瑜超，卫武. 信息资源配置学科前沿演进趋势分析. 图书馆理论与实践，2016，(5)：44-49.

3　马费成，张勤. 国内外知识管理研究热点. 情报学报，2006，(4)：163-171.

4　刘自强，王效岳，白如江. 语义分类的学科主题演化分析方法研究 *——以我国图书情报领域大数据研究为例. 图书情报工作，2016，(15)：76-85，93.

5　许鑫，冯诗惠. 大数据领域的主题分析——基于 WOS 和 Wikipedia 的互证研究. 情报杂志，2014，(11)：124-130.

数据作为学科前沿研制的数据源，筛选出这些数据源的标准是什么，所用数据源的特点、类型等将是研制学科前沿的前提和基础。

从数据源的采集看，选择好数据源之后，要把需要的数据采集下来，数据采集是耗时而又繁琐费力的工作。如何对数据进行采集以保证数据的质和量，怎么规划数据采集任务？采集的时间，任务如何分配，采用什么样的数据采集方法？是人工采集？爬虫还是通过 API 接口等？每种类型的数据适用什么采集方法？要求对数据采集方案进行精心的设计，数据采集方案的设计质量直接影响科学前沿研制的效率和质量，在采集数据的过程中如何对数据采集的流程和环节进行管理，这些都是数据采集前要考虑的问题。

从数据源的清洗看，所谓数据清洗，就是指发现并改正不完整、不正确和不一致的数据，从而提高数据质量的过程。用于分析的数据要保证完整、准确，而从各个数据源获得的信息往往比较“脏”，存在着“噪声”。如何清洗以保证数据的质量，采用什么方法清洗，适用什么工具，各类“噪声”数据怎么去掉，都是本书探讨的问题。

本书第四章将会对以上几方面进行详细的讲解。

二、分析方法是学科前沿研制的基础

学科前沿的研制对于把握学科发展方向具有重要意义，目前参与学科前沿研制的机构和个人包括图书馆系列，数据库商系列，学科专家。不同的机构和个人研制学科前沿的方法不同，整体上来看，研制学科前沿的识别方法大体上可以分为两种：基于专家的方法和基于文献计量学的方法。前者指的是邀请本领域的专家学者，通过全面梳理学科研究的文献资料，并结合自身的学术积累，分析本学科领域的发展状况和未来发展趋势。在当今学术产出量剧增的环境中，这种利用专家的知识提取和分析学科热点、趋势的方法需要耗费相当长的时间，并且多基于个人的分析判断，结论受个人专业知识的限制。而基于文献计量学的方法主要是利用数学和统计学的方法，对文献资料进行定量的分析，主要包括基于文本内容的方法（基于词频、共词以及基于文本挖掘的自动探测等）、基于引用关系的方法（如共被引、文献耦合和直接引用等）和基于复合关系的方法，不同的方法也各有优劣，本书的第二章将逐一详细地介绍。

三、分析工具是学科前沿研制的利器

工欲善其事，必先利其器。分析工具在大数据的环境下是研制学科前沿的必备前提。随着信息技术的发展，大数据分析的工具也越来越多，越来越丰富，然而并不是所有的工具都具备全面的功能，它们各具特点和优缺点。杨京[1]等介绍了大数据背景下数据科学分析工具现状及发展趋势，认为大数据时代数据科学分析工具的趋势是要“能够胜任海量数据的分析，具有优秀的可视化能力，并且数据分析以分布式为主”。研制学科前沿常用的工具有哪些？不同的分析工具有什么特点，能解决什么问题？不同的分析工具怎么操作？本书的第三章将会详细地讲述。

四、明晰的前沿分析结果是目的

图书馆研制学科前沿的目的就是析出学科发展的前沿热点，从一个新的角度展示学科发展的情况，支持学科的发展。全面、详实、可靠的数据来源，越来越完善的分析方法，越来越丰富的分析工具都是析出前沿分析结果的基础。采用什么样的数据源，如何对采用的数据源进行分析，采用什么样的分析方法，使用什么样的分析工具可以准确便捷地析出结果？析出的结果以什么样的形式展现？对于析出的结果如何做出解释？本书第五章将会以两个案例的形式对这些问题进行一定程度的揭示和展现。

---

1 杨京. 大数据背景下数据科学分析工具现状及发展趋势. 情报理论与实践，2015，(3)：134-137，144.

第二章　学科前沿的分析方法

学科前沿往往来源于新的科学发现或科学进展。这些新的科学发现或进展通常伴随着文献资料的如下现象：新主题词大量出现，而且增速很快；词间关系或主题关系受到其他学科的影响而发生变化；主题词由于新现象的出现而发生含义变化；某主题的文章发表数量发生异常变化，可能突增或者突减；出现代表新领域的新期刊；科学引文网络或期刊网络发生异常变化。[1] 跟踪和分析这些现象就有可能探测到学科前沿的存在。

目前，学科前沿的识别方法大体上可以分为两种：基于专家的方法和基于文献计量学的方法。前者指的是邀请本领域的专家学者，通过全面梳理学科研究的文献资料，并结合自身的学术积累，分析本学科领域的发展状况和未来发展趋势。在当今学术产出量剧增的环境中，这种利用专家的知识提取和分析学科热点、趋势的方法需要耗费相当长的时间，并且多基于个人的分析判断，带有强烈的主观性，已经不太适应时代的需求。而基于文献计量学的方法主要是利用数学和统计学的方法，对文献资料进行定量的分析，主要

1　陈仕吉．科学研究前沿探测方法综述［J］．现代图书情报技术，2009，（9）：28-33.

包括基于文本内容的方法（基于词频、共词以及基于文本挖掘的自动探测等）和基于复合关系的方法，下面将逐一介绍。

第一节 基于引用关系的方法

基于引用关系的方法是情报分析研究中一种重要的方法和技术。某个学科前沿短期内会引起领域内学者的广泛关注，必然会伴随着相关文章被学者们积极引用，进而导致引文网络的变化。因此，采用基于引用关系的方法来识别研究前沿具有较强的可行性，已被广泛应用，包括基于共被引、文献耦合、直接引用的方法。

(1) 基于共被引的分析

共被引是指两篇以上的论文共同被其他论文引用的现象。引用它们的论文数量的多少被称为共被引强度，共被引强度越大，也就是同时引用这两篇论文的文献越多，说明它们之间的关系越密切。

Small 等直接把学科前沿表述为共被引文献簇，提出用共被引聚类方法得到的高被引文献簇能很好地表征当前活跃的研究领域。[1] Garfild 认为学科前沿的主题可以通过抽取施引文献标题中频次最高的词或词组来表示。[2] 基本科学指标库（Essential Science Indicators，ESI）利用 Small 和 Griffith 提出的共被引文献簇来识别研究前沿，该数据库根据文献簇的统计特征判断领域的重要性和发展阶段：用核心论文的数量和总被引频次来表征研究领域的大小；通过论文的平均年和核心论文的年分布来表征研究领域的发展速度以及是否有新的进展；通过分析论文标题中经常出现的关键词和词组来识别研究领域的主

1 SMALL H，GRIFFITH B C. The structure of scientific literatures：I. identifying and graphing specialties［J］. Science Studies，1974，4（1）：17-40.

2 GARFIELD E. Research fronts［J］. Current Contents，1994，（41）：3-7.

题内容和热点。[1] 侯海燕也利用共被引分析生成的文献簇来探测科学计量学的研究热点。[2]

然而，采用共被引分析方法来识别学科前沿具有明显的缺点：例如，论文达到一定的引用频次或者高被引需要一定的时间；共被引关系论文覆盖范围小，容易丢失前沿领域相关文献；其中可能大部分都是理论文献；容易把不相关的文献包括进来，造成文献簇内文献内容相似度较低。[3] 为解决这些问题，支持更早、更及时地探测和发现学科前沿，研究者对共被引分析方法进行了一些改进。例如，韩涛认为，使用共被引方法对高被引论文进行聚类分析并生成主题结构图的过程，本身有可能掩盖某些高被引论文所代表的潜在知识。这些潜在知识在特定的关联阈值下无法在主题结构图中体现。因此，他提出通过不同阈值层聚类结构间差异性的自动检测分析，自动发现宏观结构下的潜在结构的方法。[4]

（2）基于文献耦合的分析

文献耦合测度的是两篇文献所共有的参考文献数量，有的学者认为文献耦合更适合揭示学科前沿。[5]

Persson 将研究前沿和知识基础两个概念加以明确区分，其中知识基础用共被引文献簇表示，研究前沿则是由文献耦合方法生成的、与知识基础有引证关系的文献群，他认为研究前沿是知识基础的时间映射，更能代表当前的研究。他针对 JASIS（Journal of the American Society for Information Science）

1　Research Front Methodology［EB/OL］.［2017-6-1］. http：//www. esi-topics. com/RFmethodology. html.

2　侯海燕. 科学计量学知识图谱［M］. 大连：大连理工大学出版社，2008.

3　许晓阳，郑彦宁，赵筱媛，刘志辉. 研究前沿识别方法的研究进展［J］. 情报理论与实践，2014，37（6）：139-144.

4　韩涛. 知识结构演化深度分析的方法及其实现［D］. 北京：中国科学院研究生院，2008.

5　Van Den Besselaar P，Heimeriks G. Mapping Research Topics Using Word－reference Co－occurrences：A Method and an Exploratory Case Study［J］. Scientometrics，2006，68（3）：377-393.

1986—1990 年间刊载的论文，分析了情报学领域的研究前沿及研究前沿与知识基础的关系。[1] Morris 把研究前沿定义为持续被一组固定的、与时间无关的基本文献引用的大量文献，然后利用文献耦合法对文献进行聚类分析，并根据生成的文献簇在时间线视图上分布以及文献簇之间的引用关系揭示研究前沿的存在。他以炭疽病这个研究领域为例，用一个可视化工具（时间线视图）直观地揭示出正在发展或者消退的研究主题有哪些，以及研究前沿的存在。[2] Schiebel 借鉴 Persson 对于研究前沿的定义，认为可以从基于文献耦合聚类的文献簇中识别研究前沿，从共被引文献簇中识别知识基础，并提出了基于模仿地理地图的二维和三维图像探测研究前沿和研究基础的可视化方法。[3]

基于文献耦合的分析方法虽然弥补了共被引的一些缺点，但仍有不足：一是数据集的固定性问题。因为一篇文章一旦发表，它的参考文献是固定而非变化的，所以文献耦合分析不像共被引分析那样数据集随时间变化而不断变化，也就无法动态揭示出学科发展状态。第二个问题是，有时候两篇文献虽然引用了同一篇文献，但也许它们引用的是这篇文献的不同部分，事实上它们的内容并不具有相似性。

（3）基于直接引用的方法

2004 年，Garfield 基于直接引用网络生成了一个知识领域的历史演化图谱。[4] 2006 年，Klavans 和 Boyack 比较了利用直接引用关系和共被引关系的聚类结果，认为直接引用关系具有更高的内容相似度，更适合实现相似文献的聚类分析。此外，与共被引关系相比，直接引文关系可以更直接、更早地揭

---

1 Persson O. The Intellectual Base and Research Fronts of JASIS 1986-1990 [J]. Journal of the American Society for Information Science, 1994, 45 (1): 31-38.

2 Morris S A, Yen G, Wu Z, et al. Time Line Visualization of Research Fronts [J]. Journal of the American Society for Information Science and Technology, 2003, 54 (5): 413-422.

3 CHIEBEL E. Visualization of research fronts and knowledge bases by three-dimensional areal densities of bibliographically-coupled publications and co-citations [J]. Scientometrics, 2012, 91: 557-566.

4 GARFIELD E. Historiographic mapping of knowledge domains literature [J]. Journal of Information Science, 2004, 30 (2): 119-145.

示研究领域的结构特征和发展趋势。[1] Shibata 等人用新出现并达到一定规模的文献簇来表征研究前沿。他们认为基于直接引用构建的网络比共被引网络包含更多最近发表的文章，并根据 Klavans 和 Boyack 的结论，提出了一种基于直接引用关系探测研究前沿的方法：首先构建直接引用网络并抽取最大连接组件，然后采用 Newman 的拓扑聚类算法（也称为社团结构探测算法）进行聚类分析，分析聚类结果中论文簇的平均年指标和不同时间片的论文簇之间的父子关系，以探测研究前沿的突现。[2] 随后该研究团体基于这种框架方法进行了更深入的改进研究：2009 年，他们以镓化氮、复杂网络、碳纳米管三个研究领域为例构建三种类型的网络，从文献簇的可见性（即标准化后簇的大小）、速度（即文献簇的平均出版年）、拓扑相关性（即文献簇的密度）三个指标，来比较基于直接引用、共被引、文献耦合的 3 种方法识别研究前沿的效果，发现基于直接引用的方法可以识别更大更早的新兴簇，而在这方面共被引关系表现最差。同时，直接引文网络获得的聚类系数最大，表明通过该方法获得的文献簇的相似性最大。因此，利用直接引文关系丢失新兴研究领域的风险最小，在识别研究前沿上的效果最好。[3] 2011 年，他们以太阳能电池为例，比较学术论文和专利两种数据源基于直接引用构建的聚类文献簇，探测潜在的技术前沿。[4]

目前，在采用基于引文分析的方法探测学科前沿时，以共被引和文献耦合方法居多，基于直接引用的方法相对较少但是比较新，而且有研究表明它

---

1 Klavans R, Boyack K W. Identifying a Better Measure of Relatedness for Mapping Science [J]. Journal of the American Society for Information Science and Technology, 2006, 57 (2): 251-263.

2 SHIBATA N, KAJIKAWA Y, TAKEDA Y, et al. Detecting emerging research fronts based on topological measures in citation networks of scientific publications [J]. Technovation, 2008, 28 (11): 758-775.

3 SHIBATA N, KAJIKAWA Y, TAKEDA Y, et al. Comparative study on methods of detecting research Fronts using different-Types of citation [J]. Journal of the American Society for Information Science and technology, 2009, 60 (3): 571-580.

4 SHIBATA N, KAJIKAWA Y, SAKATA I. Detecting potential technological fronts by comparing scientific papers and patents [J]. Foresight, 2011, 13 (5): 51-60.

在识别效果上是最好的，因此该方法可能会成为识别学科前沿的一个新趋势。

以上三种基于引用关系的方法已经不同程度地被应用于学科前沿的探测中，然而不可否认，基于引用关系的方法也存在一些明显的缺陷：一是时滞性问题。因为任何一篇论文要达到一定的引用频次，必然需要一段时间的积累，所以采用引文分析方法识别出的学科前沿就难免会有滞后性。二是无法自动对筛选出的文献进行主题描述，目前主要是通过文章标题或关键词来标识，或者是通过专家解读的方式来进行。

第二节 基于文本内容的分析法

由于引文滞后性的存在，很多学者试图从文本内容的角度出发，探索更直接、更有说服力的学科前沿识别方法。新兴的学科前沿既然来源于新的科学发现或者研究进展，那么往往会伴随着某些文本内容的显著变化（如大量出现的新主题词、词间关系变化、主题词含义的变化等）。因此，通过统计分析文献集的文本内容中突发出现的主题词及相关含义的变迁，有助于识别出学科前沿主题。这方面的方法主要有基于词频、共词以及基于文本挖掘自动探测的方法。

（1）基于词频的研究

某一新兴研究前沿的出现，常伴随着相关出版物越来越多，相应主题词出现的频率也就越来越高。因此，跟踪统计这些高频词词频的时间分布和变化趋势，可以在一定程度上揭示学科前沿的出现。

2002 年，Kleinberg 提出了考虑词频密度的突发词检测算法。[1] 该算法的基本思路是观察在一定时间内词的突然变化情况，识别文献集中具有高集中

1 Kleinberg J. Bursty and hierarchical structure in streams［J］. Data mining and knowledge discovery, 2003, 7（4）: 373-397.

性、高密度特征的词，即具有突然增长特性的词，以此来判定一个新兴研究主题的产生。[1] Mane 等进一步利用突发词算法选择高频词作共词分析，绘制了 PNAS 杂志从 1982 年到 2001 年发表的所有论文的知识图谱，借助该图谱来识别主要的科研主题和未来趋势。[2] Cao Yang 等以关键词在不同时期的分布变化得出全球腹腔镜领域的研究趋势。[3] Chen Huaqi 等研究了有关胆碱酯酶抑制剂的文献类型和语种、国家、机构、学科类别、发文期刊等，并在统计分析高频关键词的基础上得到老年痴呆症的研究方向。[4] 李祯祺等针对非编码 RNA 领域，利用 Thomson Data Analyzer（TDA）软件梳理统计年度、国家/地区、机构、关键词与被引频次等主要指标，利用 CiteSpace 软件对某段时间内频次变化率高的突发词进行引用与聚类分析，形成时间轴与词云，用以说明学科的发展历程及前沿热点。[5]

（2）共词分析法

研究前沿的主题通常不止包括一两个分散的主题词，如果使用一组相互关联的词汇来描述会更加明确与清晰。共词分析法即是根据词汇间的某种关系（共词关系）对文献集中的词汇进行聚类分析从而揭示前沿领域的一种典型方法，它的具体做法是：统计给定文献集合中不同词汇或名词词组的共现次数，以此为基础对这些词进行聚类分析，判定词之间的亲疏远近关系，进而分析这些词所代表的学科和主题的结构变化。利用共词分析可以探测研究

---

1 白如江，冷伏海，廖君华. 科学研究前沿探测主要方法比较与发展趋势研究［J］. 情报理论与实践，2017，40（5）：33-38.

2 Mane K K，Borner K. Mapping Topics and Topic Bursts in PNAS［J］. Proceedings of the National Academy of Sciences of the United States of America，2004，101（Suppl 1）：5287-5290.

3 Cao Yang，Zhou Sixing，Wang Guobin. A bibliometric analysis of global laparoscopy research trends during 1997-2011［J］. Scientometrics，2013，96：717-730.

4 Chen Huaqi，Wan Yuehua，Jiang Shuian，Cheng Yanxia. Alzheimer' s disease research in the future：bibliometric analysis of cholinesterase inhibitors from 1993 to 2012［J］. Scientometrics，2014，98（3）：1865-1877.

5 李祯祺，苏燕，许丽，王玥，徐萍，于建荣. 非编码 RNA 研究国际发展态势分析［J］. 科学观察，2015，10（5）：1-14.

领域的热点，横向和纵向分析领域学科的发展过程、特点以及领域或学科之间的关系，反映某个专业的科学研究水平及其动态。[1]

例如，张晗等利用 Medline 数据库检索得到生物信息学领域的相关文献，并对统计出的 43 个高频主题词做如下处理：两两计算它们在同一篇论文中出现的次数，如果两个主题词在众多文章中同时出现的频率高，说明它们之间的关系密切，这样形成了一个 43×43 的共词矩阵，再通过进一步计算生成相似矩阵。以此为基础用 Winstat 软件对这些词进行聚类分析，并将这些主题词重新组合起来，从而获得生物信息学研究活动的热点；然后采用战略坐标法的向心度和密度分析这些热点的发展变化趋势。[2] 郝韦霞等使用共词分析结合战略坐标图的方法，分析中国能源材料领域的研究热点、新兴活跃研究主题，他们用到的分析指标有：相互包容指数（用来测度词与词之间的连接强度），密度（用来描述给定聚类中词之间的紧密程度），中心度（用来描述给定聚类与其他聚类的位置关系），战略坐标（用于探测研究主题的层次结构）。[3]

由于单个词语往往有不同的含义，只有在确定的上下文环境下才能明确其含义，所以仅仅基于共词方法也许并不足以揭示学科前沿的存在。

（3）基于文本挖掘的自动探测方法

基于文本挖掘的自动探测方法主要是 ETD（Emerging Trend Detection）方法，2003 年 A. Kontostathis 等正式提出 ETD 新兴趋势探测这个概念，认为新兴趋势探测指的是发现某个特定领域中热点信息的动态趋势，并在探测到最新发展态势时进行提示。[4] 因此从本质上讲，ETD 也是一种研究前沿探测研

1　冯璐，冷伏海．共词分析方法理论进展［J］．中国图书馆学报，2006，32（2）：88-92.

2　张晗，崔雷．生物信息学的共词分析研究［J］．情报学报，2003，22（5）：613-617.

3　郝韦霞，滕立，陈悦，刘则源．基于共词分析的中国能源材料领域主题研究［J］．情报杂志，2011，30（6）：70-75.

4　KONTOSTATHIS A，GALITSKY L M，POTTERNGER WM，et al. A survey of emerging trend in textual data mining［M］. Survey oftext Mining：Clustering，Classification，and Retrieval New York：Springer-Verlag，2004：185-224.

究。基于文本挖掘的自动探测方法大体上分为主题特征表示、主题识别、主题判定 3 个阶段。[1] 首先将主题用一组时间特性关联的特征表示，然后根据这些特征用文本挖掘技术进行主题抽取，随着时间推移用一定的评价标准来验证主题并对主题进行分类并判断趋势。[2]

R. Swan 和 D. Jensen 开发出 Time-Mines 系统，利用信息抽取技术、自然语言处理技术来抽取有明确时间标签的自由文本数据，并采用假设检验技术判断给定时间框架中最相关的主题；他们仅仅把统计上最重要的主题呈现给用户，主题是否是新兴的由用户根据自己的领域知识来判断。[3] Inchae Park 等以知识地图的方式展示利用学术论文和专利为数据源得到的太阳能电池领域的研究前沿，采用的是以主成分分析和网络分析混合的关键词提取文本挖掘技术。[4]

基于文本挖掘的自动探测方法在学科前沿的分析方面相对比较高效，为科研工作者节省大量时间。但是文本挖掘系统不能依据判断指标的变化来自行确定出前沿，需要用户根据自己的知识来判断。总之，该方法目前还处于起步阶段，有待于深入的研究和探索。

第三节 基于复合关系的方法

以上介绍的两种学科前沿的分析方法各有其优缺点：基于引用关系的方法是在引文层面的聚类分析，不可避免地会存在引文在识别学科前沿上的缺

1 MINH-HOANG L, TU-BAO H. Detecting emerging trends from scientific corpora [J]. International Journal of Knowledge and Systems Sciences, 2005, 2 (2): 53-59.

2 许晓阳，郑彦宁，赵筱媛，刘志辉. 研究前沿识别方法的研究进展 [J]. 情报理论与实践，2014，37 (6)：139-144.

3 SWAN R, JENSEN D. Time-Mines: constructing timelines with statistical models of word usage [C] // Proceedings of the 6th ACM SIGKDD International Conference on Knowledge Discovery and Data Mining. New York, USA: ACM Press, 2000: 73-80.

4 Inchae Park, Keeeun Lee, Byungun Yoon. Exploring Promising Research Frontiers Based on Knowledge Maps in the Solar Cell Technology Field [J]. Sustainability, 2015, 7: 13660-13689.

点——引用与被引上的时间滞后。即一篇文献从出版到被引需要一定的时间，而施引文献从完成到出版又需要一段时间，这样基于引文的方法探测出来的结果更趋于热点而非前沿。[1] 而基于文本内容的方法可以有效克服引文方法的时滞性，且更为直接，但由于词语在不同的语境下所表达的含义可能不尽相同，而且单个词表达的意思不够明确具体，[2] 所以使用基于文本内容的方法也许不足以揭示学科前沿的存在。由此可见，单独使用上述某一种方法来识别学科前沿，都存在一定的局限性，许多学者就将两种方法结合起来综合使用，发挥它们各自的优点，弥补各自的不足。

Braam 等最早提出将词和共被引结合起来揭示科学研究结构。他们以原子分子物理学领域为例，首先用共被引关系聚类形成文献簇，然后用标题和摘要中的词、标引词组成的词集的相似度分析识别属于相同主题的文献簇，进而分析一个研究领域发展的连续性和稳定性。[3] Besselaar 和 Heimeriks 提出了一种结合论文标题词和参考文献的词—引文共现（Word-reference Co-occurrences）方法，其中标题词用于揭示文献的内容，参考文献为标题词提供上下文的语境，以确定标题词的具体含义。如果两篇文献含有词—引文对，那么就假定这两篇文献在主题上有一定的相似性。因此，两篇文献所共有的词—引文对数量就可以表示两篇文献之间的相似程度。他们利用词—引文共现描述了信息科学领域 1986—2002 年间的演变结构。[4] 这种方法结合了文献的两

1 白如江，冷伏海，廖君华. 科学研究前沿探测主要方法比较与发展趋势研究［J］. 情报理论与实践，2017，40（5）：33-38.

2 LEYDESDORFF L. Why words and co-words cannot map the development of the sciences［J］. Journal of the American Society for Information Science and Technology，1997，48（5）：418.

3 BRAAM R，WEB H，VAN RAAN. Mapping of science by combined co-citation and word analysis Ⅱ：dynamical aspects［J］. Journal of the American Society for Information Science，1991，42（4）：252，264.

4 Chen Huaqi，Wan Yuehua，Jiang Shuian，Cheng Yanxia. Alzheimer's disease research in the future：bibliometric analysis of cholinesterase inhibitors from 1993 to 2012［J］. Scientometrics，2014，98（3）：1865-1877.

种相关属性，可以相对更合理地揭示学科前沿。陈超美采用 Kleinberg 的突发词检测算法抽取高频词作为研究前沿词汇，共被引文献簇表示知识基础，开发出 CiteSpaceⅡ软件将两者结合起来生成异构网络，在可视化上将时区视图与聚类视图互补来揭示研究前沿。他利用 CiteSpaceⅡ软件，通过共被引分析与共词分析考察了“物种灭绝”领域和“恐怖主义”研究的学科前沿和发展趋势。[1] 吴菲菲等人以智能材料领域为例，提出从创新性和学科交叉性探测研究前沿的模型，此模型由三阶段构成，即创新性特征识别阶段、学科交叉性特征识别阶段以及前沿主题提炼阶段，处理过程分别使用文献引文分析、共现分析和文本挖掘方法。[2] 张敏等以 MIS 领域国际权威期刊的发文信息为数据样本，利用共词分析法和 VOSviewer 类技术识别 MIS 研究的主题群及研究热点，并构建时间—主题二维网络图梳理研究热点的演化路径[3]。

基于复合关系的方法能够在一定程度上弥补基于文本内容和基于引文的方法各自的不足，因此得到了普遍的认可，但是在实际应用中却十分繁琐与复杂。

第四节 小 结

关于学科前沿的识别方法，国内外学者从不同的思路和角度出发进行了大量研究，目前较为常见的方法有：基于引用关系的方法、基于文本内容的方法和基于复合关系的方法。各种方法各有其优缺点，在实践中可以根据不同的情况和需求选择合适的方法。

共被引分析虽然有明显的滞后性，但能够处理大范围、大体量的科学结构及演变问题，可以从宏观上把握科学的发展变化与态势。直接引用分析则

---

1 Chen Chaomei. CiteSpaceII：detecting and visualizing emerging trends and transient patterns in scientific literature [J]. Journal-American Society For Information Science and Technology, 2006, 57 (3): 359.

2 吴菲菲，杨梓，黄鲁成. 基于创新性和学科交叉性的研究前沿探测模型——以智能材料领域研究前沿探测为例 [J]. 科学学研究，2015，33 (1)：11-20.

3 张敏，朱明星，沈雪乐. 国际 MIS 学科领域研究热点及演化路径分析——基于 1 0 本国际权威期刊 2004-2013 年间的样本分析. 情报杂志，2015，34 (3)：93-99.

从微观的角度揭示研究领域甚至某个小的研究课题的发展动态或发展趋势，文献耦合介于共被引分析和直接引用分析之间。基于引用关系的方法被广泛应用，但是该方法强烈地依赖于能够提供引文关系的数据库（如 Web of Science，Scopus 等），然而这种类型的数据库数量有限，且容易带来数据源不够全面的问题。从这个角度来说，基于文本内容的分析方法有更广阔的发展空间。同时，引文分析法是一种相对间接的分析方法，而基于文本内容的分析法更直接，能够直观地揭示学科领域或主题的内容特征。特别是基于文本挖掘的自动探测方法，虽然还处于起步阶段，但已经得到广泛关注，具有广阔的发展前景。另外，基于引文与文本内容的复合方法虽然在应用上比较复杂、繁琐，但能在一定程度上弥补两种方法各自的缺陷，获得更理想的识别效果，所以已经逐渐得到普遍认可，也是识别方法研究上的一个趋势。

此外，共被引分析、文献耦合以及共词分析的聚类过程大多数都采用传统的聚类技术，这类聚类技术需要计算分析对象（即文献或主题词）之间的相似度，并且存在主观阈值设定以及聚类数目大小等限制。[1] 因此，要想获得更好的聚类结果并对其进行合理解读、更有效地识别学科前沿，需要在分析过程中借助信息分析专家以及学科专家的经验。

1　陈仕吉. 科学研究前沿探测方法综述［J］. 现代图书情报技术，2009，（9）：28-33.

第三章　学科前沿的分析工具

工欲善其事，必先利其器。大数据时代学科前沿分析是在大数据的基础上进行，大数据时代研制学科前沿的数据源来源广泛、结构多样、变化时间更快、数据量巨大，不借助于分析工具很难完成学科前沿的分析工作，离开了数据分析工具，学科前沿的分析工作基本上无法顺利开展。了解目前可用于学科前沿分析的工具有哪些，各有什么功能，如何进行基本操作、各有什么优缺点等是研制学科前沿的前提，图书馆能很好地利用数据分析工具就是进行学科前沿分析必不可少的一个前提条件。

第一节　SATI 国产文献题录信息统计分析工具

一、SATI 简介

文献题录信息统计分析工具（Statistical Analysis Toolkit for Informetrics, SATI)，旨在通过对期刊全文数据库题录信息的处理，利用一般计量分析、共现分析、聚类分析、多维尺度分析、社会网络分析等数据分析方法，挖掘和呈现出可视化数据结果。通过免费、共享软件功能及开源、增进代码实现，旨在为学术研究提供期刊文献数据统计与分析的辅助工具。可以对国内和国际期刊全文数据库所导出题录数据兼顾处理，设计思路是先将不同来源的数据格式统一转换为 SATI 处理的 XML 格式，抽取指定字段信息得出条目元素 [即词条，本文“词条（Term）”指语句元素的最小单元，可以是字、词或短语，包括关键词、主题词、文本预处理后的分词等受限词或自然词] 的频次统计文档，再分析知识单元间的共现关系和频率分布，生成共现矩阵、分布矩阵和文档词条矩阵，继而实现对海量文献信息的定量分析和可视化呈现。为便于后期数据的进一步处理和可视化呈现的需要，软件可同时生成 Excel 格式矩阵和 . txt 文本格式全矩阵。只要将共现矩阵文档导入相应的数据分析软件（如 Ucinet、SPSS 等），即可构建出知识单元聚类图、多维尺度分析图、共现关系网络知识图谱和战略坐标图等。

二、SATI 的功能

SATI 主要具有四大功能：

（1）题录格式的转换。支持输入 WOS 数据库平台导出的 HTML 格式、国内期刊全文数据库导出的 EndNote 格式、NoteExpress 格式和 NoteFirst 格式题录数据。对英文题录关键词、主题词、标题和摘要字段进行文本预处理（Tokenization，Stop Words & Stemming）操作，中文题录标题、摘要进行中文分词和停用词处理后，将其自动转化为 XML 格式 SATI 专用数据文件，以为后期题录数据的存储、交换和分析提供便利。

（2）字段信息抽取。在“Options”面板可以选择抽取标题、作者、第一作者、文献来源、出版年、关键词、主题词、摘要、机构、地址、文献类型、引文、语种、DOI 和 URL 等字段信息，并可保存为 . txt 文本文件。还可利用

"Refine"面板按照出版年和文献来源进行数据集合的限定，并在此基础之上进行下一步的统计分析。

（3）词条频次的统计。根据抽取到的字段信息对条目元素（包括：关键词、主题词、作者、引文、机构、发表年、期刊、文献类型等）的频次进行统计和降序排列，同样可以按照时间和期刊对数据进行限定，生成相应频次统计文档，并可保存为 . txt 文本文件。

（4）知识矩阵的构建。

①词条共现矩阵。可自行设定共现矩阵输出行列数，将频次降序排列表中的相应数量条目元素作为知识单元进行运算，以构建知识单元共现关系矩阵（分相似矩阵、相异矩阵、多值矩阵和二值矩阵四种，包括关键词共现矩阵、主题词共现矩阵、引文共现矩阵、作者共现矩阵和机构共现矩阵等）；其中，为消除多值共现矩阵中频次悬殊对统计结果造成的影响，软件采用 E-quivalence 系数（公式一所示）将多值矩阵转化为［0，1］区间取值的相似矩阵，在此基础之上再生成二值矩阵和相异矩阵。相似矩阵中的数字代表矩阵元素间的相似性，数值越大关联程度越强。又因相似矩阵中的 0 值过多，统计时容易造成误差过大，软件在此基础之上自动生成相异矩阵，即相似矩阵值与-1 的和为相异矩阵元素的值。

②频率分布矩阵。可自行设定条目元素（词条）数，生成词条的逐年分布矩阵（分频次矩阵和频率矩阵两种）。分布矩阵的行与词条元素对应，列与发表年相对应。其中，频次矩阵元素值为词条在某年出现的频次，频率矩阵元素的值（公式二所示）为词条在某年的频次与当年所有词条频次总和的商。

③文档词条矩阵（Document-Term Matrix）：依据文本预处理结果，生成文档—词条矩阵（分多值矩阵和二值矩阵两种，包括文档—标题词矩阵、文档—关键词矩阵、文档—主题词矩阵和文档—摘要词矩阵）。多值矩阵元素的值为词条在文档中出现的频次，二值矩阵元素的值为其布尔值。文档词条矩

阵的行与文档 ID 相对应，列与词条相对应，文档词条矩阵可用于文本向量的构建，利用向量空间模型（VSM）做进一步数据挖掘。

待生成 Excel 格式和 . txt 文本格式的知识矩阵数据后，可将相应矩阵文档导入数据分析软件（如 SPSS、Ucinet、Netdraw 等）以生成各种基本图表、聚类图、多维尺度分析图、共现网络知识图谱等。

三、SATI 的操作

SATI 的操作界面如下图 3-1：

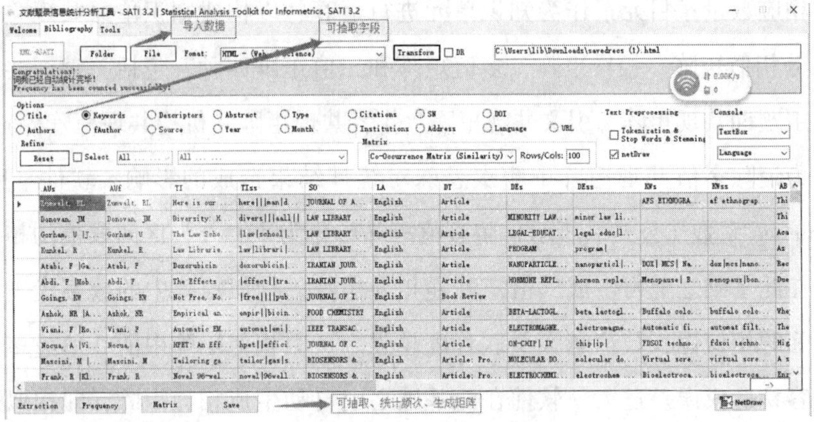

图 3-1　SATI-1 操作界面

目前本软件 3.2 版本对常用的数据库支持以下几种格式题录数据［EndNote 格式、NoteExpress 格式、HTML（WOS）格式和 CSSCI 格式］。

（1）EndNote 格式：推荐使用中国知网（CNKI）导出 EndNote 格式的题录数据。

（2）NoteExpress 格式和 notefirst 格式：推荐使用万方数据（WF）提供的 NoteExpress 格式题录数据。

（3）HTML（WOS）格式和 text 格式：Web of Science 数据库平台导出的

HTML 格式题录数据。

（4）CSSCI 格式：南京大学 CSSCI 检索题录数据，同时支持旧版和新版格式。

（5）Zotero：开源文献管理插件。

数据导入可选择文件（File）和文件夹（Folder）两种方式。选择要导入的数据文件或文件夹，点 Transform 可导入数据。

①字段抽取：在可抽取字段的区域（Option）选择要抽取的字段，如关键词（Keywords），选 Extraction 可抽取关键词字段以及生成关键词词频等。

②生成矩阵：在行列数（rows/cols）文本框中设置矩阵行列数，点击【生成共词矩阵】按钮，生成共词矩阵（100×100 的 Excel 格式和全矩阵 .txt 格式）。

③网络知识图谱：点击 netdraw 按钮，进行高频关键词共现分析，根据频次属性设置节点大小与连线粗细程度，生成网络知识图谱。

优点：软件操作简单，可以很好的处理中文题录信息，包括抽取关键词、对关键词进行词频统计等。

缺点：功能简单，并不能满足学科前沿研制的需要，但是和 SPSS 等软件结合可以做更深入的分析。

第二节 SPSS

一、SPSS 简介

SPSS 是世界上最早的统计分析软件，迄今已有 40 多年的发展历史。由美国斯坦福大学的三位研究生 Norman H. Nie、C. Hadlai（Tex）Hull 和 Dale H. Bent 于 1968 年研究开发成功，同时成立了 SPSS 公司，并于 1975 年成立法人组织、在芝加哥组建了 SPSS 总部。1984 年，推出用于个人电脑的 SPSS/PC，SPSS 最初的全称是 Statistics Package for Social Sciences，即“社会科学统计软件包”，可见最初其应用的学科领域比较有限，主要应用在社会科学领域。

随着信息技术的发展，1992 年，SPSS 推出 Windows 版本，同时全球自 SPSS 11.0 起，SPSS 全称为“Statistical Product and Service Solutions”，即“统计产品和服务解决方案”，除了人文社会科学外，还应用在医药、农林、生物、医疗卫生、商业金融等多个领域。

2009 年 7 月 28 日，IBM 公司宣布将用 12 亿美元现金收购统计分析软件提供商 SPSS 公司，并宣布重新包装旗下的 SPSS 产品线，定位为预测统计分析软件（Predictive Analytics Software）PASW，包括四部分：

① PASW Statistics（formerly SPSS Statistics）：统计分析

② PASW Modeler（formerly Clementine）：数据挖掘

③ Data Collection family（formerly Dimensions）：数据收集

④ PASW Collaboration and Deployment Services（formerly Predictive Enterprise Services）：企业应用服务

可见 SPSS 开始重视其数据挖掘和预测的功能。

2010 年，随着 SPSS 公司被 IBM 公司并购，各子产品家族名称前面不再以 PASW 为名，修改为统一加上 IBM SPSS 字样。

从被 IBM 收购之后，SPSS 的更新都是一年一个版本，其版本历史详情如下：

- SPSS 11.0—2001 年
- SPSS 12.0—2002 年
- SPSS13.0—2004 年
- SPSS14.0—2005 年

- SPSS 15. 0. 1—2006 年 11 月
- SPSS 16. 0. 2—2008 年 4 月
- SPSS Statistics 17. 0. 1—2008 年 12 月
- PASW Statistics 17. 0. 2—2009 年 3 月
- PASW Statistics 17. 0. 3—2009 年 11 月
- PASW Statistics 18. 0. 0—2009 年 8 月
- PASW Statistics 18. 0. 1—2009 年 12 月
- PASW Statistics 18. 0. 2—2010 年 4 月
- PASW Statistics 18. 0. 3—2010 年 9 月
- IBM SPSS Statistics 19. 0—2010 年 8 月
- IBM SPSS Statistics 20. 0—2011 年 8 月
- IBM SPSS Statistics 21. 0—2012 年 8 月
- IBM SPSS Statistics 22. 0—2013 年 8 月
- IBM SPSS Statistics 23. 0—2015 年 8 月
- IBM SPSS Statistics 24. 0—2016 年 8 月

可见，随着 SPSS 的发展，其服务的领域不断拓宽，功能不断拓展，服务深度不断增加。在国际学术界有条不成文的规定，即在国际学术交流中，凡是用 SPSS 软件完成的计算和统计分析，可以不必说明算法，由此可见其影响力。

二、SPSS 的功能

SPSS 是世界上最早采用图形菜单驱动界面的统计软件，SPSS 打开的操作界面如下图 3-2。

它最突出的特点就是操作界面极为友好，输出结果美观漂亮。它将几乎所有的功能都以统一、规范的界面展现出来，使用 Windows 的窗口方式展示

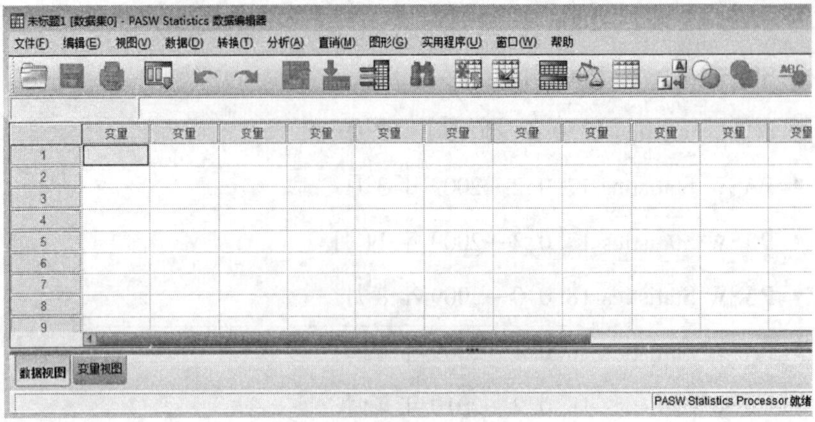

图 3-2　SPSS 操作界面

各种管理和分析数据方法的功能，对话框展示出各种功能选择项。用户只要掌握一定的 Windows 操作技能，精通统计分析原理，就可以使用该软件为特定的科研工作服务。

SPSS 软件涵盖了数据分析的整个流程，包括数据录入、数据预处理、数据分析、结果展现等一个完整的过程。SPSS 在数据处理时的功能如图 3-3 框中的内容。

（一）数据录入功能

（1）SPSS 软件除了可以导入 SPSS 生成的 . sav 格式的文件，还可直接读取 EXCEL、TXT 等多种类型的数据文件，SPSS 有很好的导入数据向导，指引用户一步步去完成数据的导入，如图 3-4。

电子版数据的录入也非常简单，跟着数据导入向导，一步步的用鼠标点选自己需要的选项，并且可以根据数据导入预览窗口查看鼠标点选是否正确。

（2）可手动录入数据。有些非电子版的数据，如发放纸本问卷而得到的数据，可以手动录入 SPSS。SPSS 的数据录入界面非常友好，采用类似于 EX-

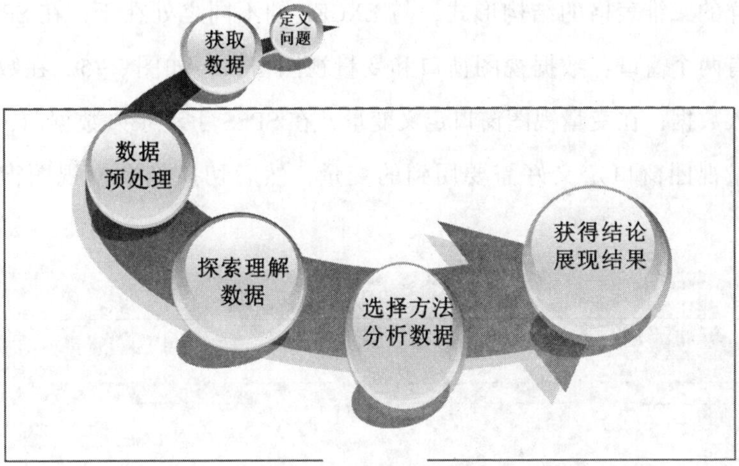

图 3-3　SPSS 数据处理流程图

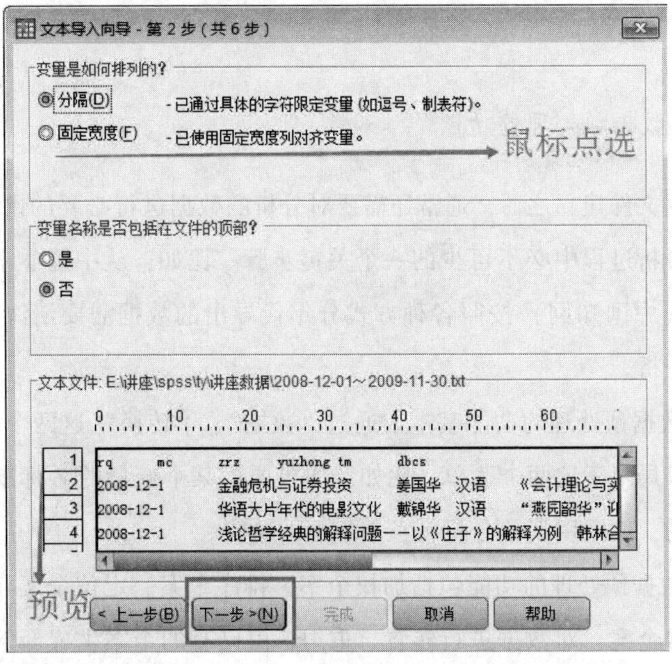

图 3-4　SPSS 数据导入

CEL一样的二维表格的结构形式，与EXCEL的不同之处在于，在SPSS的界面下面有两个窗口：数据视图窗口和变量视图窗口，如图3-5。在数据视图窗口录入数据，在变量视图窗口定义变量，在SPSS手动录入数据前，一般先打开变量视图窗口定义好需要用到的变量，然后切换到数据视图窗口录入数据。

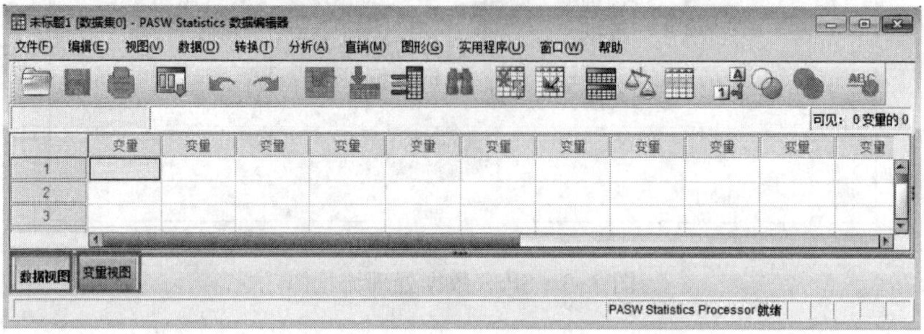

图3-5　手动录入数据

（二）数据预处理的功能

在数据文件建立之后，通常还需要对分析的数据进行必要的预加工处理，这是数据分析过程中必不可少的一个关键步骤。比如，从中国学术期刊网络出版总库（中国知网）按照各种方式分年代导出的数据需要清洗、去重等，才能进行分析。

（1）数据预处理的功能基本上通过“数据”、“转换”这两个菜单实现，但是不仅仅局限于这两个菜单。比如，如果要把某个变量的Z标准化得分作为一个新的，就要用到“分析”菜单下面的功能。

（2）数据预处理的功能包括加权个案、排序个案、定位个案、标识重复个案和异常个案，对数据进行转置、重组，由已有的个案生成新的个案，对数据文件进行拆分合并等。

（三）数据分析的功能

SPSS 的数据分析功能可以说是 SPSS 软件的最核心的模块，基本通过软件的“分析”菜单下面的功能来实现。

（1）SPSS 提供了从简单的统计描述到复杂的多因素统计分析方法，比如数据的探索性分析、统计描述、列联表分析、双相关、秩相关、偏相关、方差分析、非参数检验、多元回归、生存分析、协方差分析、判别分析、因子分析、聚类分析、非线性回归、Logistic 回归等。

（2）大多数操作可通过鼠标拖曳、点击“菜单”、“按钮”和“对话框”来完成。操作简单，不需要知道后台的具体算法。

（四）图形展示的功能

所谓“一图胜千言”，图形可以清晰明了简洁地表达更直观的信息。SPSS 有很强的绘图功能，可以通过 SPSS 的“图形”菜单来实现。此外，在“分析”菜单下面，也集成有一些绘图功能，如“聚类分析”功能下面可实现绘制树形图，“描述统计”功能下面的 P-P 图，Q-Q 图等。

（1）SPSS 可绘制的图形包括：条形图、线图、面积图、饼图、高低图、箱图、散点图、直方图、人口金字塔图等 10 多种。

（2）图形在“输出”结果窗口展示，双击弹出“图形编辑器”窗口，可以对生成图形的字体、字号、颜色、标签等进行修改。

三、SPSS 的操作

由于 SPSS 功能比较多，操作简单（通过鼠标的点选来实现操作），下面用个例子（SPSS 关键词词频统计）介绍 SPSS 的操作。

（一）导入要处理的数据

打开 SPSS，选择文件——打开——数据，选择要处理的数据，跟着文件导入向导一步步打开导入数据文件，见图 3-6。

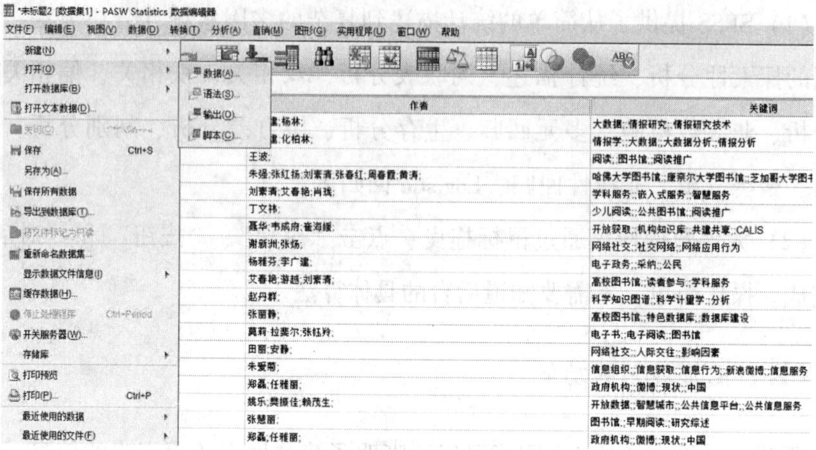

图 3-6　SPSS 导入 EXCEL 文件

（二）对数据进行加权

打开数据——加权个案——选择“被引频次”对数据进行加权，见图3-7。

（三）分类汇总

打开数据——分类汇总，把要分类汇总的变量：关键词拆分 1 选到分组变量框，统计关键词拆分 1 的个案数及其频次，存放在 keyword1 的 SPSS 文件里，见图 3-8。

图 3-7 SPSS 加权个案

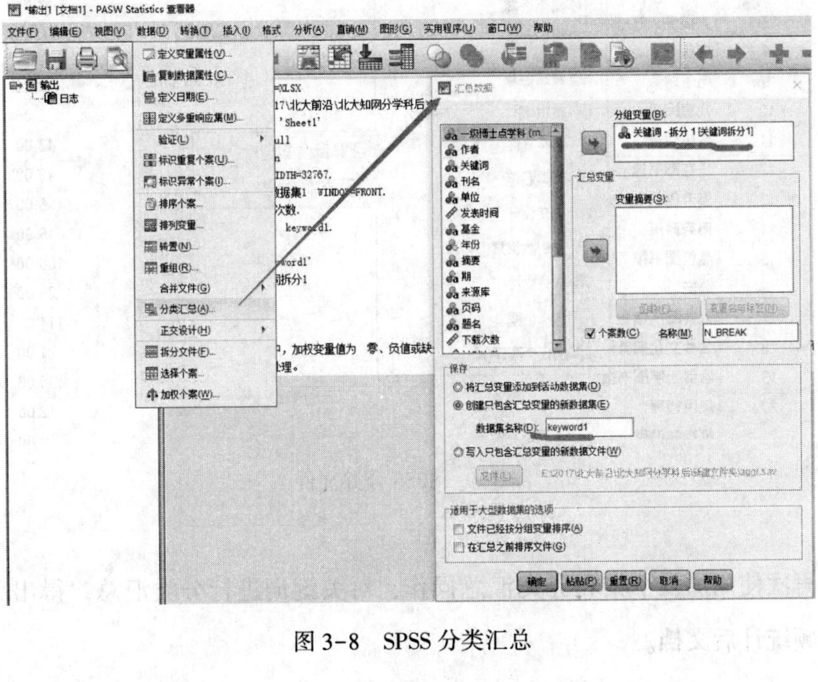

图 3-8 SPSS 分类汇总

（四）合并文件

把分类汇总后的所有关键词文件合并为一个 SPSS 文件：keyword 总。选择数据——合并文件——添加个案，见图 3-9。

图 3-9 SPSS 合并文件

再次使用加权个案和分类汇总操作，对关键词进行分类汇总，得出关键词词频统计后文档。

（五）排序个案

选择数据——排序个案，选择词频作为排序依据，按词频降序排列，见图 3-10，就可以得到初步的经过被引频次加权后的关键词表，为进一步的分析奠定基础。

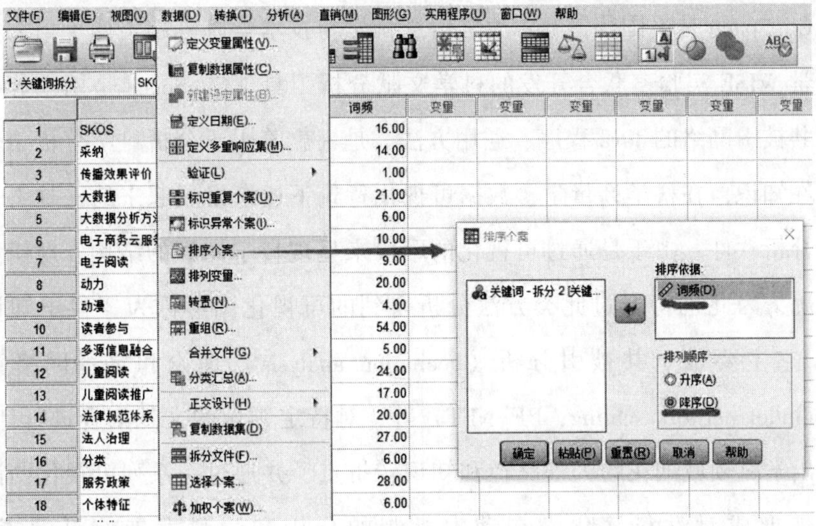

图 3-10 SPSS 排序个案

优点：SPSS 功能强大，无论是数据的前期处理还是后期的分析，都有一定的优势。

缺点：对于数据结构要求比较高，对变量值是较长字符串的数据（如包含摘要的题录）处理速度较慢或无法打开，可结合 EXCEL 等其他软件一起完成分析的任务。

第三节 CiteSpace

一、CiteSpace 简介[1]

CiteSpace 是美国德雷赛尔大学信息科学与技术学院陈超美博士与大连理工大学 WISE 实验室联合开发的科学文献分析工具。CiteSpace 是用来分析和可视共被引网络的 Java 程序、通用方法。是一款着眼于分析科学分析中蕴含的潜在知识，在科学计量学、数据可视化背景下逐渐发展起来的一款引文可视化分析软件。由于是通过可视化的手段来呈现科学知识的结构、规律和分布情况，因此也将通过此类方法分析得到的可视化图形称为“科学知识图谱”。它主要基于共被引分析（cocitation analysis）理论和寻径网络算法（pathfinder network scaling，PF-NET）等，对特定领域的文献集合进行计量，以找出学科领域烟花的关键路径和知识转折点，并通过一系列可视化图谱的绘制来形成对学科演化潜在动力机制的分析和学科发展前沿的探测。CiteSpace 是一款应用于科学文献中识别并显示科学发展新趋势和新动态的软件。

二、CiteSpace 的功能

CiteSpace 就是要把大量的文献数据转换成可视化图谱，让人们对知识的理解更直接，并能发现那些隐埋在大量数据中的规律和让人不易察觉的事物，即绘制科学指示图谱，显示知识单元或知识群之间网络、结构、互动、交叉、演化或衍生等诸多隐含的复杂关系。

---

1 陈悦，陈超美等，引文空间分析原理与应用 Citespace 实用指南，科学出版社，2014.

CiteSpace 软件涵盖了数据采集，数据处理、参数功能选择、可视化结果几部分功能。具体如下：

（1）数据采集及处理

CiteSpace 支持的文件格式包括：

WOS 数据库导出的文本数据

CNKI 导出的 Refworks 格式的数据

CCSSCI 导出的 UTF-8 编码的文本数据等

Scopus

NSF

Derwent

Arxive-Pprint

Pubmed

SDSS

WOS 平台的数据可以直接处理，CNKI 等平台的数据需要转换器转换一下再处理。

（2）参数功能的选择

CiteSpace 处理数据之前，要对参数进行选择，包括：

时区选择

阈值选择

剪枝选择

功能选择

（3）数据可视化

CiteSpace 提供多种方式的可视化图谱，包括：

聚类图（cluster）

时间图谱（timeline）

时区图谱（timezone）

在某个研究领域中，哪些文献具有创新性和标志性？在某个研究领域的发展历程中，哪些文献起着关键作用？哪些主题在整个研究领域中占据着主流地位？不同研究领域之间是怎么关联的？基于一定知识基础的研究前沿是如何发生演变的？通过 CiteSpace 能解决上述问题，具体如下：

（1）研究热点、研究前沿和趋势分析功能

在 CiteSpace 中，一个学科的研究前沿表现为涌现的施引文献群组。它从两个方面来体现研究前沿的特征：描述观点的正文和引用的参考文献。具体来说，研究前沿是由形成文献共被引矩阵中的文献及其施引文献中使用的凸显词或凸显词的聚类来体现的。

CiteSpace 具有识别某一个学科领域的研究热点的功能：都是使用从文献数据的题录部分提取词组的方式来确定热点主题词；均能对提取的主题词或者关键词进行词频统计并分析。

（2）国家与机构分析功能

Cite Space 可以视图的形式揭示国家与机构的合作情况，以节点和连线的形式反映国家与地区间的关联度。

（3）作者分析功能

以可视化视图展现著者的共引情况。

（4）关键文献分析功能

软件以被引用次数和中心性为标准来判断文献的重要程度。

三、CiteSpace 的操作

（一）导入要处理的数据

建立空白文件夹 data 和 project，把要处理的数据放到 data 文件夹下，project 文件夹用于保存处理结果。点击 project——new，在 Title 栏输入新建项目名称，把 project home 路径指向 project，把 data home 路径指向 data，完成新建项目，点击 go 导入数据，见图 3-11。

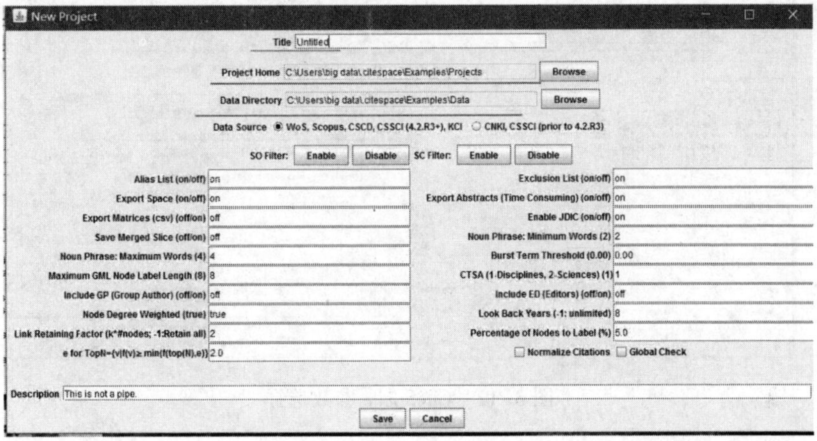

图 3-11 CiteSpace 数据导入

（二）设置参数

设置时间切片（Time Slicing）栏，限制分析的时间范围及时间区间；设置连线方式：cosine、Jaccard 或者 Dice；设置节点阈值（Selection criteria），对数据进行筛选，优化图谱；设置词的来源（Term Source）：题名、摘要、作者关键词等；选择聚类词型（Term Type）；选择聚类点类型（Node Types）以及剪枝方式（Pruning），见图 3-12 参数选择部分。

（三）可视化分析

导入数据，配置好参数以后，点击 go 按钮，会跳出一个选择框，点 Visualize 进入可视化分析功能区域对数据进行分析，见图 3-13，可视化分析界面

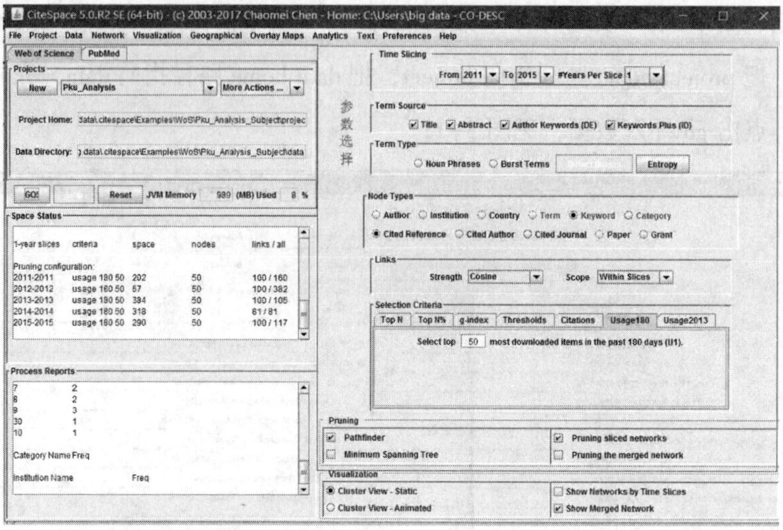

图 3-12　CiteSpace 参数选择

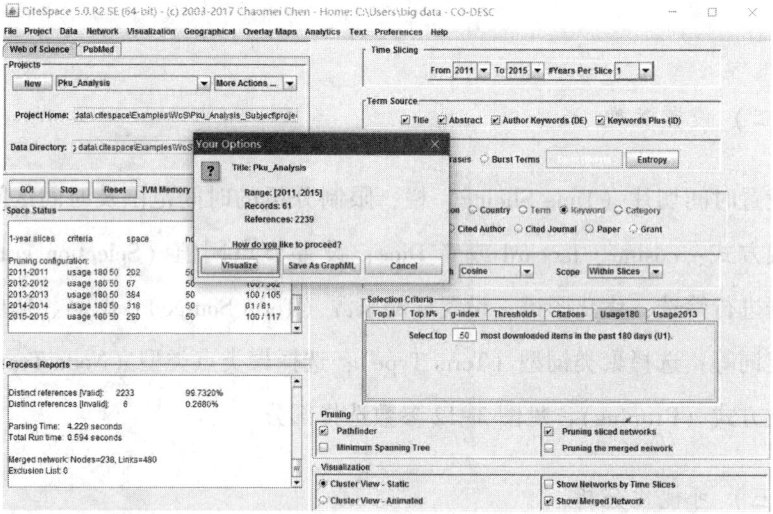

图 3-13　CiteSpace 参数选择

见图 3-14[1] 和图 3-15 可生成的可视化图谱，见 3.2 部分介绍。

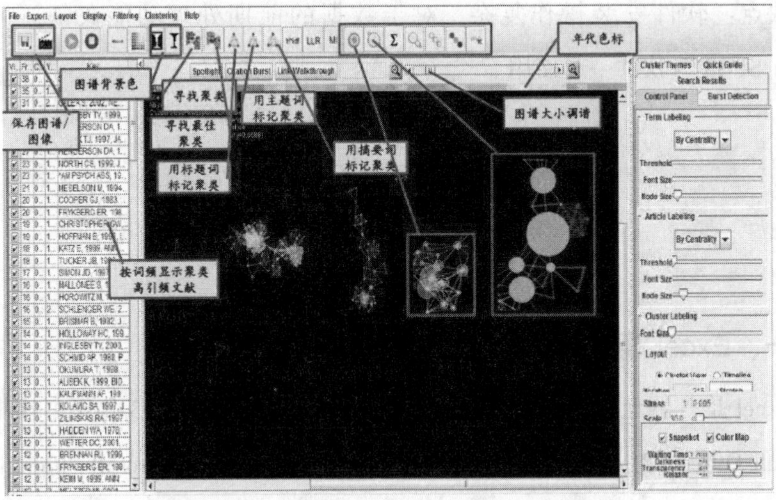

图 3-14　CiteSpace 可视化分析

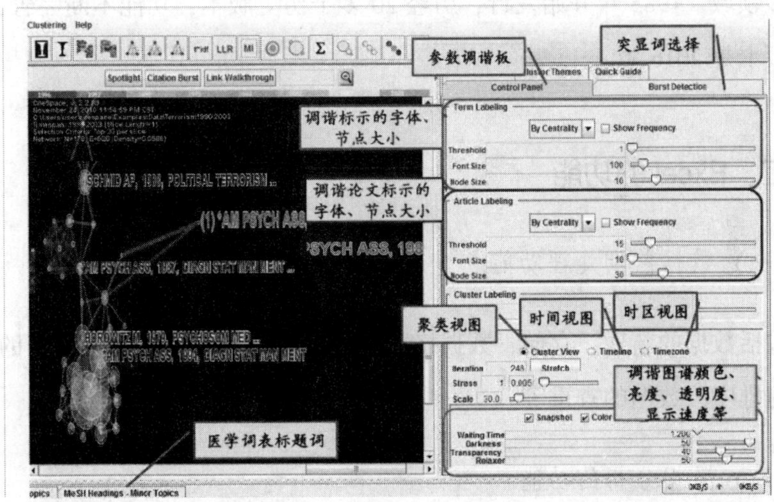

图 3-15　CiteSpace 可视化分析

1　中科院. citespace 介绍、使用及案例应用.［2017. 5. 19］. https：//wenku. baidu. com/view/e3fd3438482fb4daa58d4bc7. html.

优点：可视化功能强大，对英文文献支持较好。

缺点：软件安装操作复杂，对于数据的前期处理功能欠缺，可结合 Excel、SPSS 等软件一起使用。

第四节 Excel

一、Excel 简介

Excel 是一款允许用户自定义界面的电子制表软件，1993 年第一次捆绑进 Microsoft Office，Microsoft Excel 是微软公司的办公软件 Microsoft office 的组件之一。Excel 是微软办公套装软件的一个重要的组成部分，它可以进行各种数据的处理、统计分析和辅助决策操作，广泛地应用于管理、统计财经、金融等众多领域。1985 年开始发行，历经 20 多个历史版本，功能不断完善，目前最高版本是 2016 版。

二、Excel 的功能

（一）数据前期处理功能

包括数据的新建、存储、数据格式转换、数据筛选、查询、数据的计算、数据的排序、数据的查重等。

（二）数据分析的功能

回归分析、方差分析、抽样和假设检验等。

（三）可视化展示功能

可生成折线图、柱形图、饼图、条形图、面积图、散点图、股价图、曲面图、雷达图、树状图、旭日图、直方图、箱型图、瀑布图以及各种组合图。

三、Excel 的操作

由于 Excel 是平时最常接触的数据处理的软件，其基本操作都为大家所熟知，现仅以几个小例子介绍一下其基本操作。

（一）导入数据

在菜单栏选择数据——自文本，选择从 WOS 平台下载的制表符分割（Win，UTF-8）导出文档，见图 3-16，按照文本导入向导的指示导入数据。

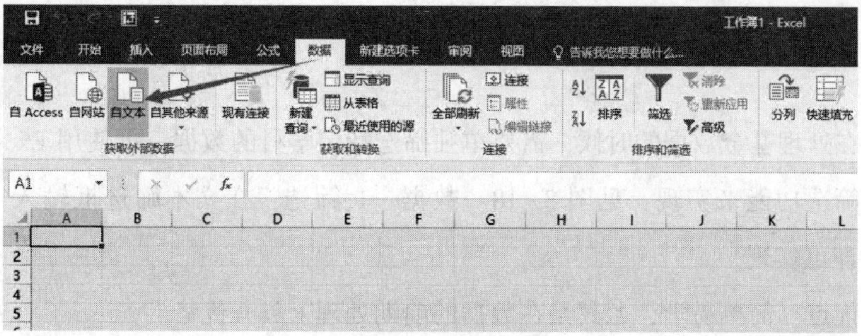

图 3-16 Excel 数据导入

（二）筛选异常值

使用 Excel 的排序功能可以筛选出异常值，见图 3-17。数据——排序，以 UT（WOS 入藏号）列为排序依据，降序（或升序）排序，UT 号为空的记录就会被集中放在表格的结尾或开头。就会看出，有几条数据的信息是不完全的，需要借助于其他的软件或人工处理，以保证数据的完整性。

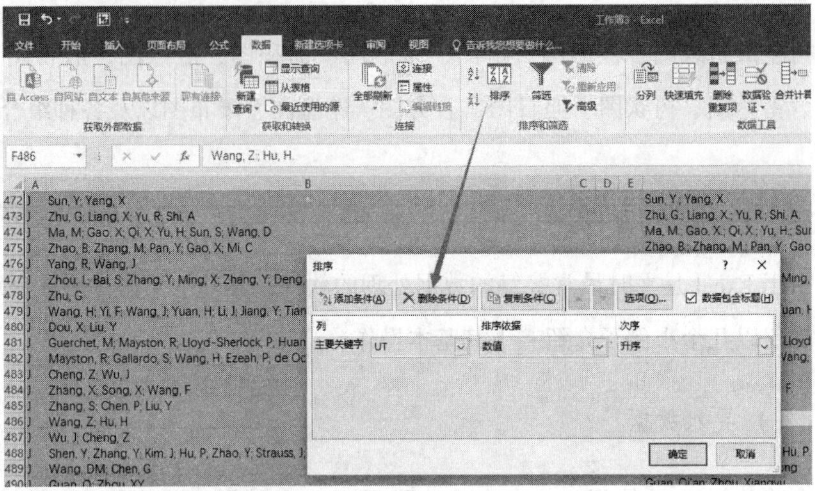

图 3-17　Excel 数据排序

（三）筛选特定数据

在处理基金数据的时候，需要单独筛选特定学科的数据，可使用 Excel 的数据筛选功能来实现，见图 3-18。数据——筛选，在文本筛选框输入“图书”即可实现。

优点：简单易学，尤其是在数据的前期处理上具有优势。

缺点：数据的深入分析比较复杂和有所欠缺，可结合 SPSS、Tableau、CiteSpace 等软件一起使用。

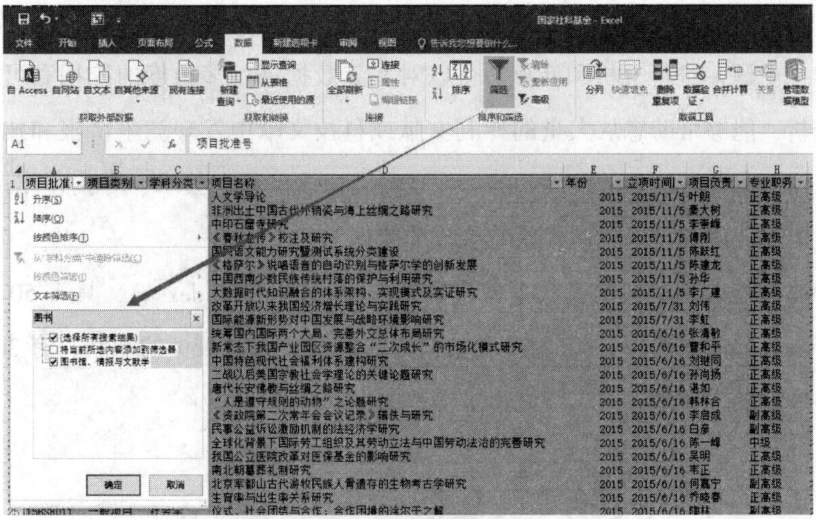

图 3-18 Excel 数据筛选

第五节 TDA

一、TDA 简介

TDA 最早起源于美国军方三大机构（美国国防预先研究计划局、美国陆军坦克自动化和武器司令部、美国陆军航空和导弹司令部）资助的海量数据工具研发项目，以帮助提高数据的分析，减轻沉重的数据分析人力成本。

目前的 Thomson Data Analyzer（TDA），是一个具有强大分析功能的文本挖掘软件，可以对文本数据进行多角度的数据挖掘和可视化的全景分析。

TDA 能够帮助用户从大量的专利文献或科技文献中发现竞争情报和技术情报，为洞察科学技术的发展趋势、发现行业出现的新兴技术、寻找合作伙伴，确定研究战略和发展方向提供有价值的依据。

TDA 具有数据导入和清理功能，可以对文献中的各个属性字段（作者、机构、主题）进行分析和计算，可以对文献数据进行多角度的挖掘和可视化的分析，能够帮助您从大量的专利文献或科技文献中发现竞争情报和技术情报，为洞察科学技术的发展趋势、发现行业出现的新兴技术、寻找合作伙伴，确定研究战略和发展方向提供有价值的依据。

德温特世界专利索引数据库（Derwent Innovation Index[SM]），具有 50 年专利分析经验的积累，有 48 家专利数据库的数据，涵盖 96%的专利，有 300 多名各领域的专家学者人工编制最被信赖的专利信息。

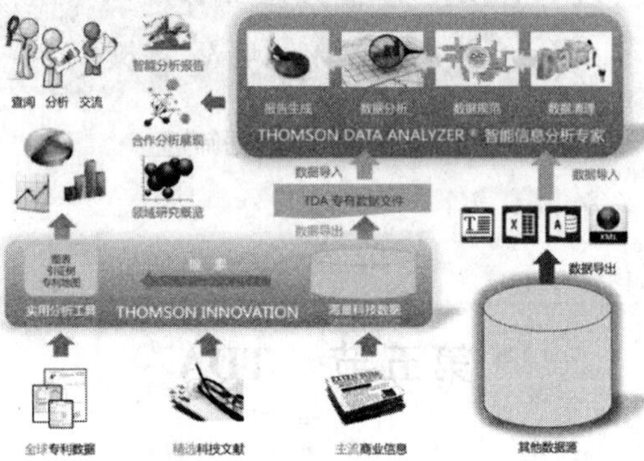

图 3-19

二、TDA 的主要功能

（一）数据导入与数据管理

TDA 能够导入目前互联网上绝大部分结构化数据库的数据，包括商业数据、专利数据、全文数据、回溯性和综合性的期刊信息等，例如 Dialog、STN、Questel. Orbit、Delphion 和 Derwent Innovations Index[SM]等德文特数据，还能导入 Thomson Innovations、Patent Web、Aureka 和 Delphion 的专利数据和专利文献等。

数据管理包括数据特性和数据统计信息（Dataset Properties，field statistics）、字段的更名以及增加删除等（Rename/copy/delete/merge fields）、将当前的数据集拆分（Create Sub-dataset）、文件的合并（Merging files）（Data Fusion）（Record Fusion）、记录的去重与合并（Dealing with duplicate）。

（二）数据清理/数据结构化

TDA 软件内部设有多个叙词表，为您提供快速的自动数据清理的功能，只需点击一个按钮，数据整理工作即可自动完成。

用户还可建立自己的叙词表，对著者/发明人、科研机构/专利申请人/专利授权人、国际专利分类号等字段加以清理。

（三）数据分析

有效的分析可将无序的数据转化为高附加值的情报。

List：快速排序分析各个字段，生成各种图表。

List comparison：对比任何两个列表，揭示其共性或发现某列表的独特性。例如对比分析两个科研机构或两个竞争对手。

Matrices：通过 Co-occurance 矩阵，Auto-correlation 矩阵，Cross-correlation 矩阵，发现隐含的发展趋势或相关性。

Maps：通过数据图谱将数据分析的结果可视化，例如将主因素分析、相关性分析的结果以 Map 的方式表达出来，揭示机构间，科研人员间或各类技术之间的关系。

（四）生成报告

TDA 帮助客户快速生成各种报告，为决策者更快做出更好的决策提供依据。只需点击按钮即可生成公司报告、公司间的比较和对某一技术的深入分析：Technology Report（分别以技术/机构/发明人为参照点考量新出现的/消失的/量最大的/独特的技术分布报告），Top Assignees（DWPI only，前 25 位专利权属人 Derwent 分类/发明人分析报告），Trend Analysis（DWPI only，从技术、市场、专利权人的角度，分析 Derwent 分类/Derwent 手工代码/IPC 号对应年份出现的新旧比例，显示技术发展趋势）。

三、TDA 的操作

TDA 目前是收费软件，用户需要购买才能够使用。由于高昂的费用和无汉化的操作界面，使得用户的范围比较小众，但由于其功能的强大，也受到专门从事情报分析和专利研究的科研人员的欢迎。

以 3G 为主题词在 web of science 里的 Derwent Innovations Index[SM] 搜索，在下面的检索框里选择德温特分类代码选项，然后点击从列表中选择如图 3-20 所示。

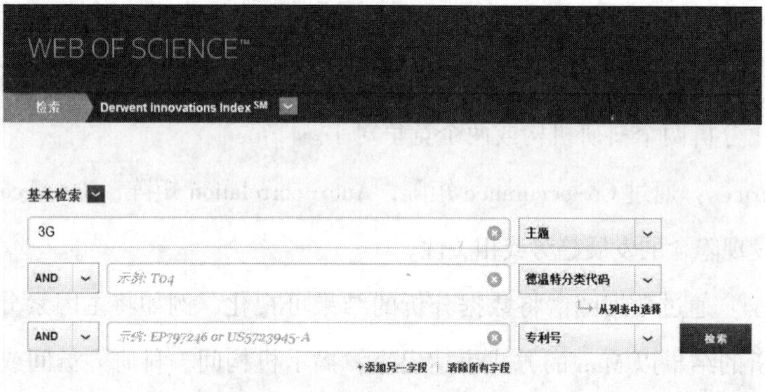

图 3-20

3G 属于电气领域，因此在展开后的列表中选择 Electrical&Electronic

Sections 一项，在展开的子项中选择 W01，并且添加后点击页面最下方的：将以下所选的代码传输至“检索”页面上的德温特分类代码字段，然后点击确定，如图 3-21 所示。

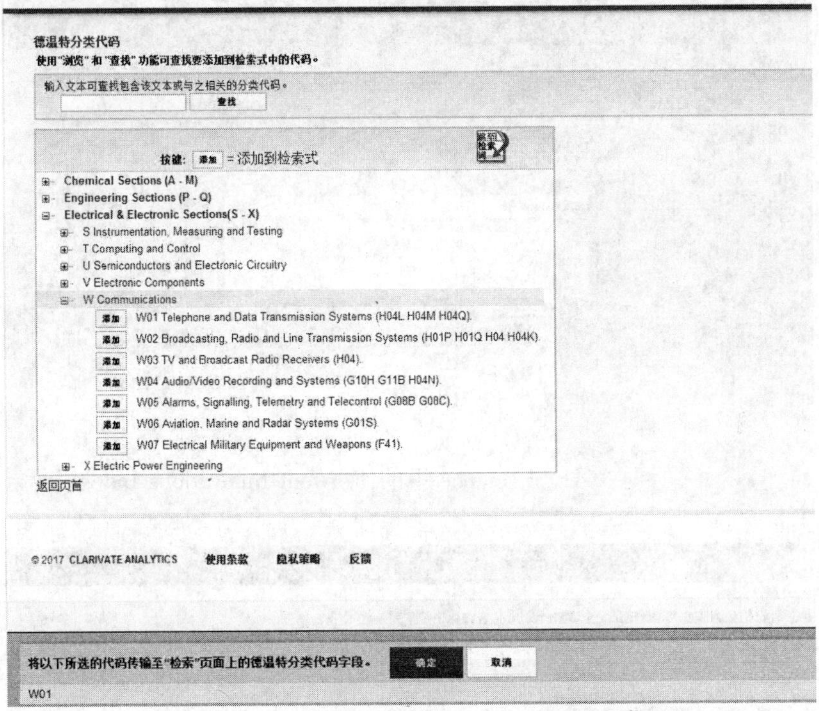

图 3-21

在搜索结果的页面点击添加到标记结果列表，Derwent Innovations Index[SM] 默认一次标记 5000 条记录，如图 3-22 所示，点击添加在标记列表页面选择需要导出的文本信息，在此页面，最多一次导入 500 条记录，如图 3-23 所示。因此如果数据在 500 以上的可以分批次分别导入另存，例如 2 000 条记录就需要分别导入另存 4 次，然后 TDA 里再导入 4 条保存好的数据文件，在导出选项里选择保存为其他格式，然后选择保存纯文本，如图 3-24 所示。保存名称分别为 3g4、3g5、3g6、3g7，如图 3-25 所示。

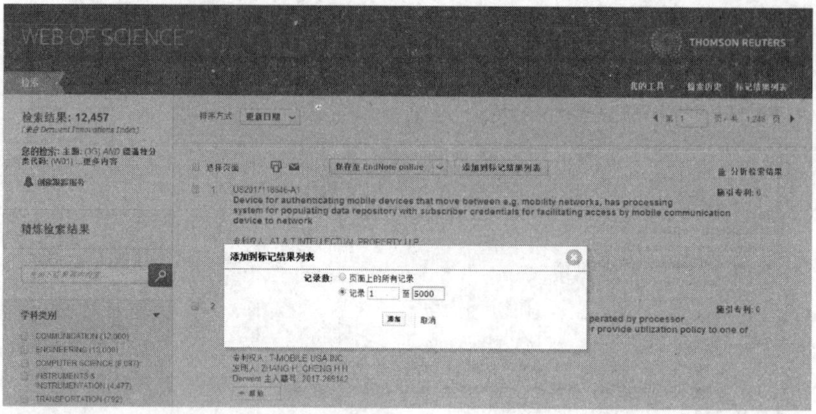
WEB OF SCIENCE
THOMSON REUTERS
检索结果: 12,457
添加到标记结果列表
记录数: 页面上的所有记录
记录 1 至 5000
添加 取消
Device for authenticating mobile devices that move between e.g. mobility networks, has processing system for populating data repository with subscriber credentials for facilitating access by mobile communication device to network

图 3-22

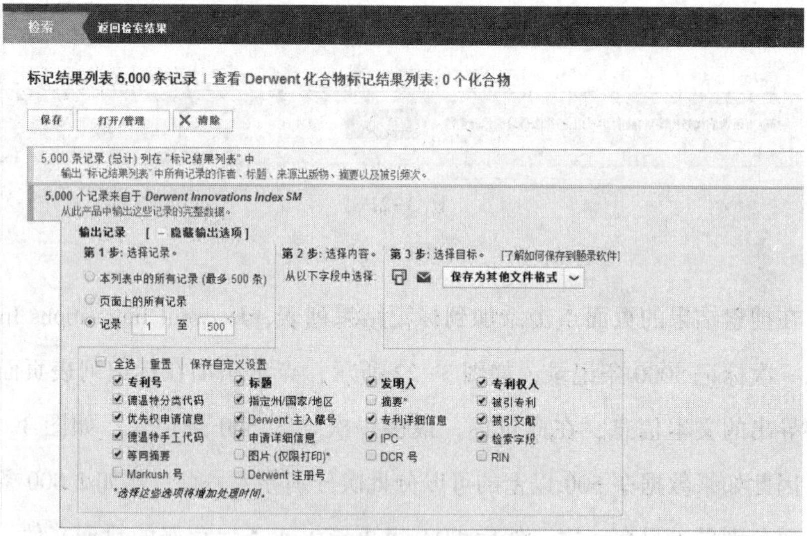
检索
返回检索结果
标记结果列表 5,000 条记录 | 查看 Derwent 化合物标记结果列表: 0 个化合物
保存
打开/管理
清除
5,000 条记录 (总计) 列在 "标记结果列表" 中
输出 "标记结果列表" 中所有记录的作者、标题、来源出版物、摘要以及被引频次。
5,000 个记录来自于 Derwent Innovations Index SM
从此产品中输出这些记录的完整数据。
输出记录 [- 隐藏输出选项]
第 1 步: 选择记录。
本列表中的所有记录 (最多 500 条)
页面上的所有记录
记录 1 至 500
第 2 步: 选择内容。
从以下字段中选择
第 3 步: 选择目标。
[了解如何保存到题录软件]
保存为其他文件格式
全选 | 重置 | 保存自定义设置
专利号
标题
发明人
专利权人
德温特分类代码
指定州/国家/地区
摘要*
被引专利
优先权申请信息
Derwent 主入藏号
专利详细信息
被引文献
德温特手工代码
申请详细信息
IPC
检索字段
等同摘要
图片 (仅限打印)*
DCR 号
RIN
Markush 号
Derwent 注册号
*选择这些选项将增加处理时间。

图 3-23

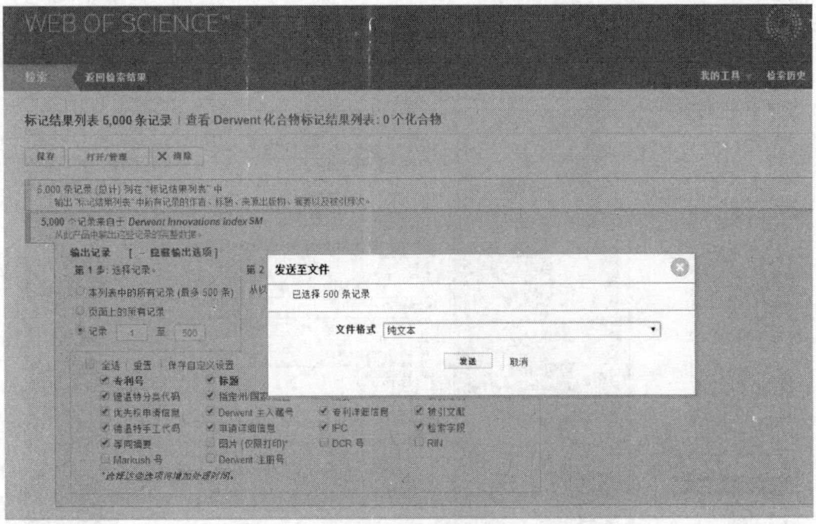
WEB OF SCIENCE™
检索
返回检索结果
我的工具
检索历史
标记结果列表 5,000 条记录 | 查看 Derwent 化合物标记结果列表: 0 个化合物
保存
打开/管理
清除
5,000 个记录来自于 Derwent Innovations Index SM
输出记录
第 1 步: 选择记录。
本列表中的所有记录 (最多 500 条)
页面上的所有记录
记录 1 至 500
发送至文件
已选择 500 条记录
文件格式 纯文本
发送
取消
全选
重置
保存自定义设置
专利号
标题
德温特分类代码
优先权申请信息
Derwent 主入藏号
专利详细信息
被引文献
德温特手工代码
申请详细信息
IPC
检索字段
等同摘要
图片 (仅限打印)*
DCR 号
RIN
Markush 号
Derwent 注册号
图 3-24

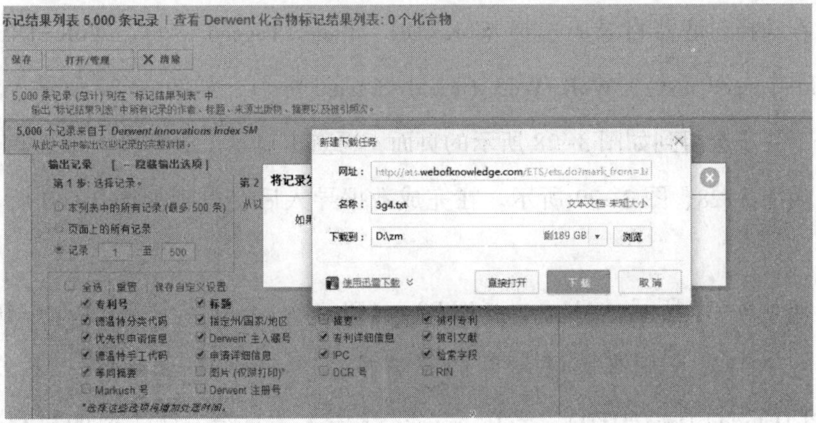
标记结果列表 5,000 条记录 | 查看 Derwent 化合物标记结果列表: 0 个化合物
保存
打开/管理
清除
5,000 条记录 (总计) 列在 "标记结果列表" 中
5,000 个记录来自于 Derwent Innovations Index SM
输出记录
第 1 步: 选择记录。
本列表中的所有记录 (最多 500 条)
页面上的所有记录
记录 1 至 500
新建下载任务
网址：
http://ets.webofknowledge.com/ETS/ets.do?mark_from=1
名称：
3g4.txt
文本文档 未知大小
下载到：
D:\zm
剩189 GB
浏览
使用迅雷下载
直接打开
下载
取消
全选
重置
保存自定义设置
专利号
标题
德温特分类代码
指定州/国家/地区
摘要*
被引专利
优先权申请信息
Derwent 主入藏号
专利详细信息
被引文献
德温特手工代码
申请详细信息
IPC
检索字段
等同摘要
图片 (仅限打印)*
DCR 号
RIN
Markush 号
Derwent 注册号
图 3-25

通过服务商提供的账号密码远程登录到 TDA 系统，点击文件打开，选择导入原始数据，如图 3-26 所示，就是刚才分 4 次导入和保存的关于 3G 的文本数据。

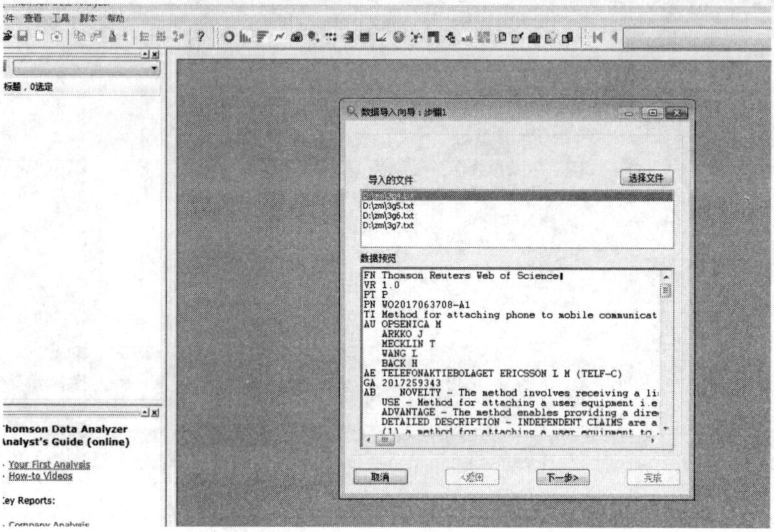

图 3-26

在选择过滤器目录上选择 WoK-DII（Field-Tagged text）、WoK-INSPEC（Field-Tagged text）、WoK-Wo5（Field-Tagged text），如图 3-27 所示，然后点击下一步会得到如图 3-28 所示的页面，再点击显示二级字段，最后点击完成，如图 3-28、图 3-29 所示。在完成数据导入后会得到如图 3-30 所示的页面。

如图 3-31 所示，Abstract（NLP）（Phrases），Novelty（Abstract-DWPI Novelty/NOV）是用来描述发明的独特性。Detailed Description（Abstract-DWPI Detailed Desc/DTD）：当在 Novelty 字段无法总结发明主要的权利主张时，摘要中会出现此字段。Activity（Abstract-DWPI Activity/ACT）：用于描述生物体或者化合物的生物活性；Mechanism（Abstract-DWPI Mechanism/

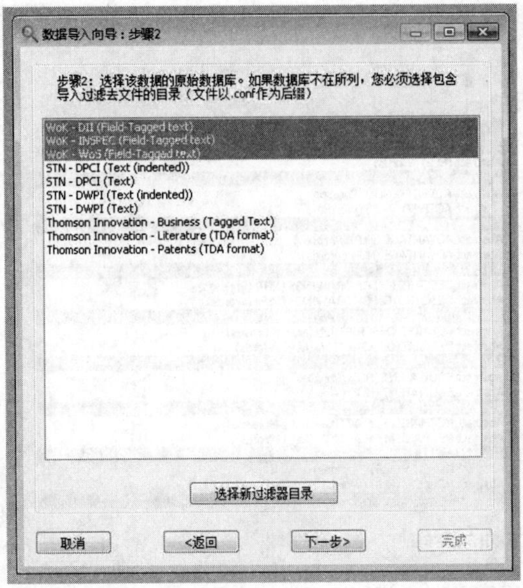
数据导入向导：步骤2
步骤2：选择该数据的原始数据库。如果数据库不在所列，您必须选择包含导入过滤去文件的目录（文件以.conf作为后缀）
WoK - DII (Field-Tagged text)
WoK - INSPEC (Field-Tagged text)
WoK - WoS (Field-Tagged text)
STN - DPCI (Text (indented))
STN - DPCI (Text)
STN - DWPI (Text (indented))
STN - DWPI (Text)
Thomson Innovation - Business (Tagged Text)
Thomson Innovation - Literature (TDA format)
Thomson Innovation - Patents (TDA format)
选择新过滤器目录
取消
<返回
下一步>
完成

图 3-27

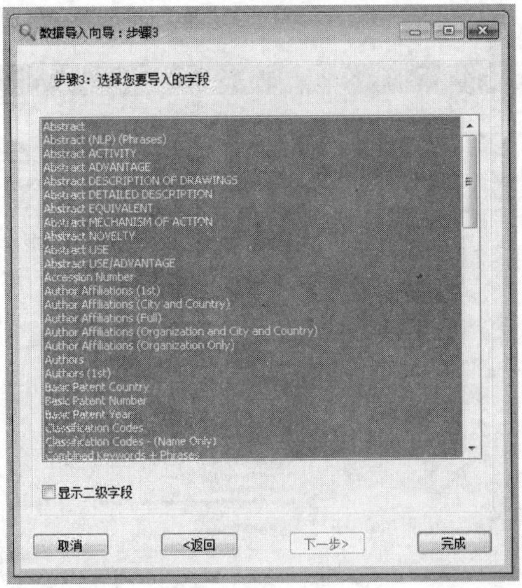
数据导入向导：步骤3
步骤3：选择您要导入的字段
Abstract
Abstract (NLP) (Phrases)
Abstract ACTIVITY
Abstract ADVANTAGE
Abstract DESCRIPTION OF DRAWINGS
Abstract DETAILED DESCRIPTION
Abstract EQUIVALENT
Abstract MECHANISM OF ACTION
Abstract NOVELTY
Abstract USE
Abstract USE/ADVANTAGE
Accession Number
Author Affiliations (1st)
Author Affiliations (City and Country)
Author Affiliations (Full)
Author Affiliations (Organization and City and Country)
Author Affiliations (Organization Only)
Authors
Authors (1st)
Basic Patent Country
Basic Patent Number
Basic Patent Year
Classification Codes
Classification Codes - (Name Only)
显示二级字段
取消
<返回
下一步>
完成

图 3-28

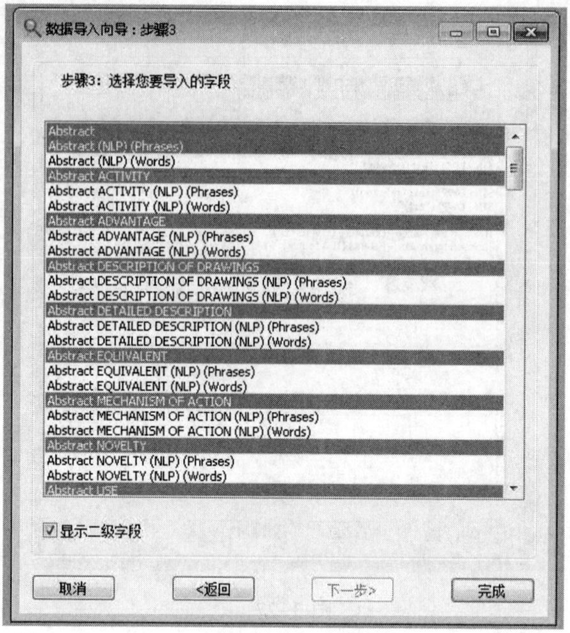
数据导入向导：步骤3
步骤3：选择您要导入的字段
Abstract
Abstract (NLP) (Phrases)
Abstract (NLP) (Words)
Abstract ACTIVITY
Abstract ACTIVITY (NLP) (Phrases)
Abstract ACTIVITY (NLP) (Words)
Abstract ADVANTAGE
Abstract ADVANTAGE (NLP) (Phrases)
Abstract ADVANTAGE (NLP) (Words)
Abstract DESCRIPTION OF DRAWINGS
Abstract DESCRIPTION OF DRAWINGS (NLP) (Phrases)
Abstract DESCRIPTION OF DRAWINGS (NLP) (Words)
Abstract DETAILED DESCRIPTION
Abstract DETAILED DESCRIPTION (NLP) (Phrases)
Abstract DETAILED DESCRIPTION (NLP) (Words)
Abstract EQUIVALENT
Abstract EQUIVALENT (NLP) (Phrases)
Abstract EQUIVALENT (NLP) (Words)
Abstract MECHANISM OF ACTION
Abstract MECHANISM OF ACTION (NLP) (Phrases)
Abstract MECHANISM OF ACTION (NLP) (Words)
Abstract NOVELTY
Abstract NOVELTY (NLP) (Phrases)
Abstract NOVELTY (NLP) (Words)
Abstract USE
显示二级字段
取消
<返回
下一步>
完成

图 3-29

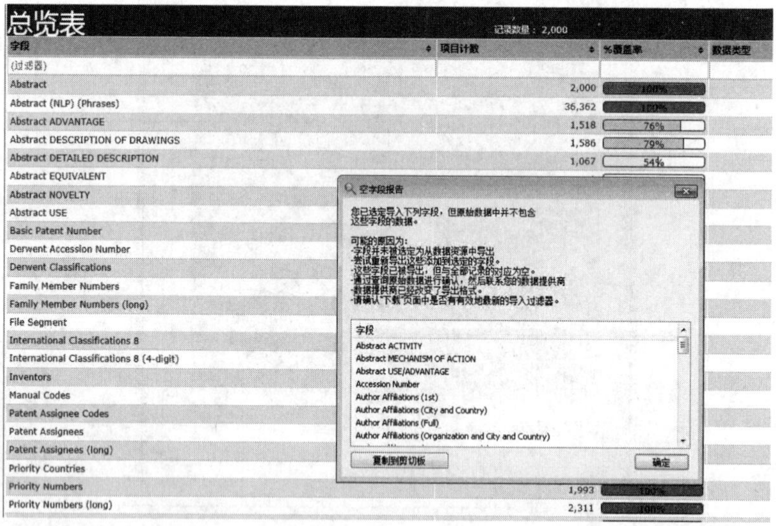
总览表
记录数量：2,000
字段
项目计数
%覆盖率
数据类型
(过滤器)
Abstract 2,000 100%
Abstract (NLP) (Phrases) 36,362 100%
Abstract ADVANTAGE 1,518 76%
Abstract DESCRIPTION OF DRAWINGS 1,586 79%
Abstract DETAILED DESCRIPTION 1,067 54%
Abstract EQUIVALENT
Abstract NOVELTY
Abstract USE
Basic Patent Number
Derwent Accession Number
Derwent Classifications
Family Member Numbers
Family Member Numbers (long)
File Segment
International Classifications 8
International Classifications 8 (4-digit)
Inventors
Manual Codes
Patent Assignee Codes
Patent Assignees
Patent Assignees (long)
Priority Countries
Priority Numbers 1,993 100%
Priority Numbers (long) 2,311 100%
空字段报告
您已选定导入下列字段，但原始数据中并不包含
这些字段的数据。
可能的原因为：
-字段并未被选定为从数据资源中导出
-尝试重新导出这些添加到选定的字段。
-这些字段已被导出，但与全部记录的对应为空。
-通过查询原始数据进行确认，然后联系您的数据提供商
-数据提供商已经改变了导出格式。
-请确认"下载"页面中是否有有效地最新的导入过滤器。
字段
Abstract ACTIVITY
Abstract MECHANISM OF ACTION
Abstract USE/ADVANTAGE
Accession Number
Author Affiliations (1st)
Author Affiliations (City and Country)
Author Affiliations (Full)
Author Affiliations (Organization and City and Country)
复制到剪切板
确定

图 3-30

MEC)：描述化合物或者生物体的生物机理。Use（Abstract-DWPI Use/USE）表示该发明在不同技术领域的使用（应用）。Advantage（Abstract-DWPI Advantage/ADV）表示由发明人所陈述的发明优势。Tech Focus（Abstract-DWPI Tech Focus/FOC）用来描述该发明包含的核心技术领域以外的技术。Drawing Description（Abstract-DWPI Drawing Desc/DRW）表示记录中所包括的技术图示的解释。

总览表　记录数量：2,000

字段	项目计数	%覆盖率	数据类型
(过滤器)			
Abstract	2,000	100%	
Abstract (NLP) (Phrases)	36,362	100%	
Abstract ADVANTAGE	1,518	76%	
Abstract DESCRIPTION OF DRAWINGS	1,586	79%	
Abstract DETAILED DESCRIPTION	1,067	54%	
Abstract EQUIVALENT	1	0%	
Abstract NOVELTY	1,985	100%	
Abstract USE	1,610	81%	
Basic Patent Number	2,000	100%	
Derwent Accession Number	2,000	100%	
Derwent Classifications	117	100%	
Family Member Numbers	2,565	100%	
Family Member Numbers (long)	2,597	100%	
File Segment	3	100%	
International Classifications 8	1,311	100%	
International Classifications 8 (4-digit)	180	100%	
Inventors	2,825	[illegible]	
Manual Codes	1,506	100%	
Patent Assignee Codes	791	100%	
Patent Assignees	1,557	100%	
Patent Assignees (long)	1,562	100%	
Priority Countries	34	100%	
Priority Numbers	1,993	100%	
Priority Numbers (long)	2,311	100%	
Priority Years	16	100%	年
Publication Type	1	100%	
Tech Focus	395	19%	
Title	2,000	100%	

图 3-31

如图 3-32 所示，在 Priority Years 里右键单击后选择查看统计数据，可以得到在 2 000 条数据记录中 2015 年的最高频次是 849 次，如图 3-33 所示。

右键单击 Abstract USE 选择重命名如图 3-34、图 3-35 所示，再勾选复制组选项，然后点击确定。

此时在页面的最下端就会出现两个列表，分别是 Abstract USE 和 Abstract USE 复制，如图 3-36 所示。当然新字段的名字是可以重新命名的，这样就整

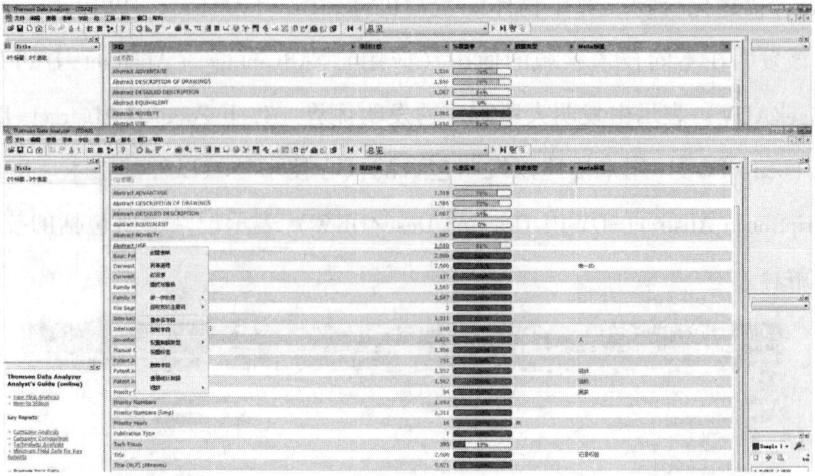

图 3-32

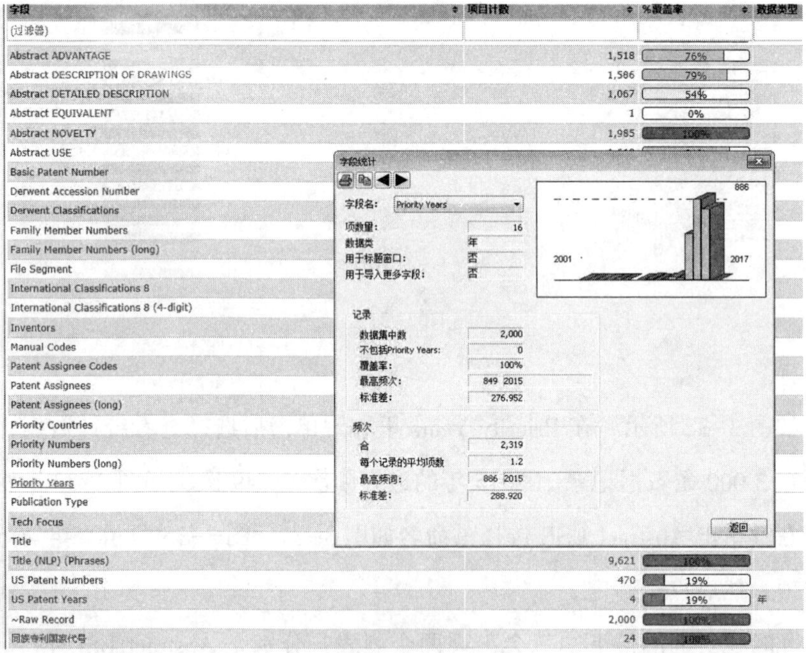
字段
项目计数
%覆盖率
数据类型
(过滤器)
Abstract ADVANTAGE
1,518
76%
Abstract DESCRIPTION OF DRAWINGS
1,586
79%
Abstract DETAILED DESCRIPTION
1,067
54%
Abstract EQUIVALENT
1
0%
Abstract NOVELTY
1,985
100%
Abstract USE
Basic Patent Number
Derwent Accession Number
Derwent Classifications
Family Member Numbers
Family Member Numbers (long)
File Segment
International Classifications 8
International Classifications 8 (4-digit)
Inventors
Manual Codes
Patent Assignee Codes
Patent Assignees
Patent Assignees (long)
Priority Countries
Priority Numbers
Priority Numbers (long)
Priority Years
Publication Type
Tech Focus
Title
Title (NLP) (Phrases)
9,621
100%
US Patent Numbers
470
19%
US Patent Years
4
19%
年
~Raw Record
2,000
100%
同族专利国家代号
24
100%
字段统计
字段名:
Priority Years
项数量:
16
数据类
年
用于标题窗口:
否
用于导入更多字段:
否
886
2001
2017
记录
数据集中数
2,000
不包括Priority Years:
0
覆盖率:
100%
最高频次:
849 2015
标准差:
276.952
频次
合
2,319
每个记录的平均项数
1.2
最高频词:
886 2015
标准差:
288.920
返回

图 3-33

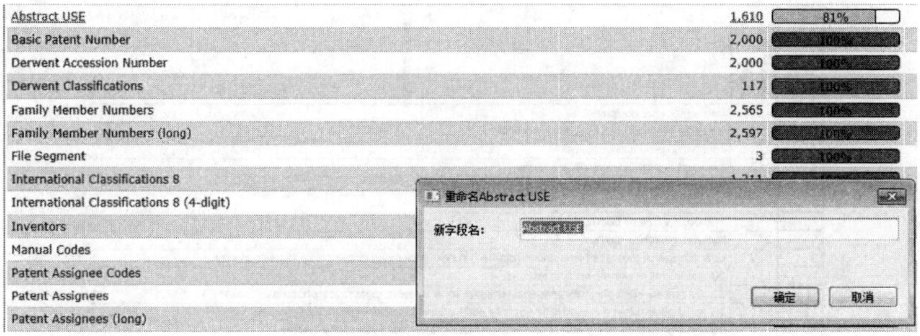

图 3-34

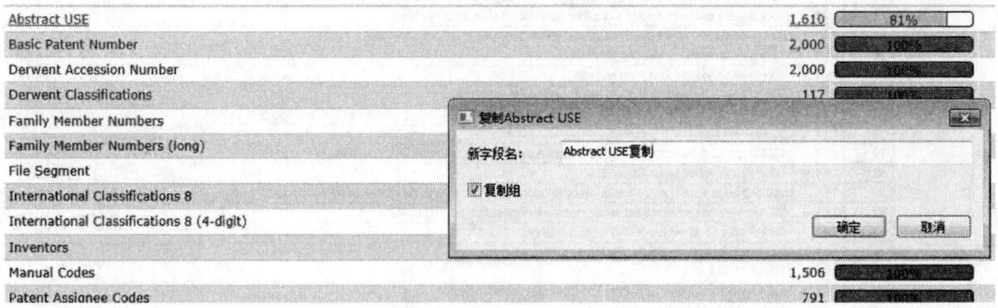

图 3-35

个复制 Abstract USE 这一列的数据，以便后续需要的操作。通过以上操作便可以实现数据集的重命名与数据集的拆分。

在工作页面点击工具可以看见子菜单选项：数据集合并，记录合并，合并冗余记录，移除冗余记录等选项，如图 3-37 所示。

选择数据集合并可以实现不同数据源的融合，并实现合并分析，如图 3-38所示。

如果选择合并冗余记录一项，便可以对图 3-39 中的各个字段进行合并冗余记录的处理，在这个清理过程中，TDA 会在用户的数据集合中创建新的字段用于后续的分析。这些字段包括 IPC、CPC、人工码与德温特分类的分类字段、用于族成员年份（最新的）及优先权国家（最早的）计算的字段、基于德温特码进行数据清理的专利权人字段等等。这个程序的运行时间基于用户

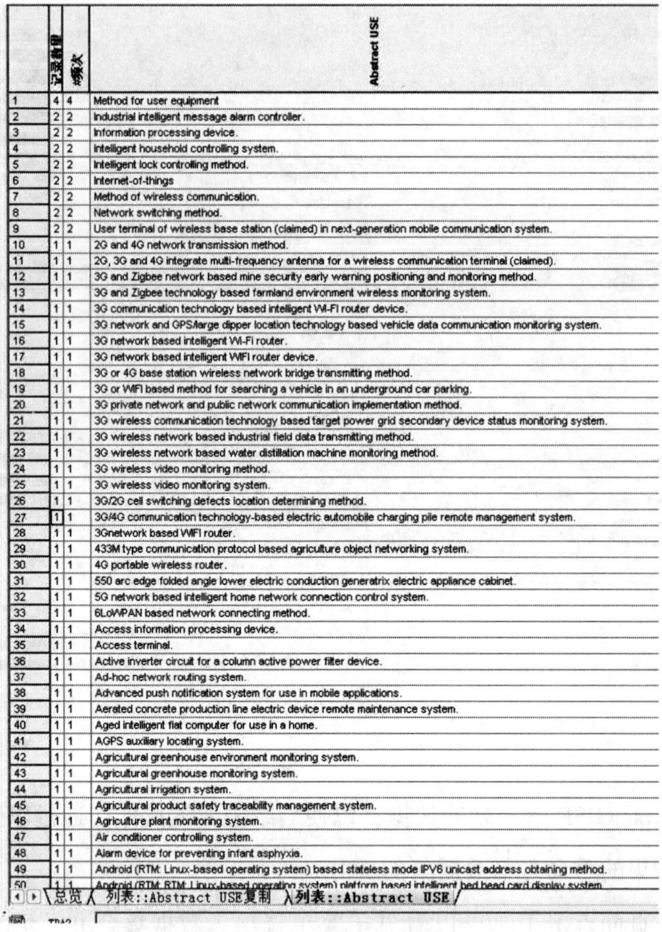

	记录数量	频次	Abstract USE
1	4	4	Method for user equipment
2	2	2	Industrial intelligent message alarm controller.
3	2	2	Information processing device.
4	2	2	Intelligent household controlling system.
5	2	2	Intelligent lock controlling method.
6	2	2	Internet-of-things
7	2	2	Method of wireless communication.
8	2	2	Network switching method.
9	2	2	User terminal of wireless base station (claimed) in next-generation mobile communication system.
10	1	1	2G and 4G network transmission method.
11	1	1	2G, 3G and 4G integrate multi-frequency antenna for a wireless communication terminal (claimed).
12	1	1	3G and Zigbee network based mine security early warning positioning and monitoring method.
13	1	1	3G and Zigbee technology based farmland environment wireless monitoring system.
14	1	1	3G communication technology based intelligent Wi-Fi router device.
15	1	1	3G network and GPS/large dipper location technology based vehicle data communication monitoring system.
16	1	1	3G network based intelligent Wi-Fi router.
17	1	1	3G network based intelligent WIFI router device.
18	1	1	3G or 4G base station wireless network bridge transmitting method.
19	1	1	3G or WIFI based method for searching a vehicle in an underground car parking.
20	1	1	3G private network and public network communication implementation method.
21	1	1	3G wireless communication technology based target power grid secondary device status monitoring system.
22	1	1	3G wireless network based industrial field data transmitting method.
23	1	1	3G wireless network based water distillation machine monitoring method.
24	1	1	3G wireless video monitoring method.
25	1	1	3G wireless video monitoring system.
26	1	1	3G/2G cell switching defects location determining method.
27	1	1	3G/4G communication technology-based electric automobile charging pile remote management system.
28	1	1	3Gnetwork based WIFI router.
29	1	1	433M type communication protocol based agriculture object networking system.
30	1	1	4G portable wireless router.
31	1	1	550 arc edge folded angle lower electric conduction generatrix electric appliance cabinet.
32	1	1	5G network based intelligent home network connection control system.
33	1	1	6LoWPAN based network connecting method.
34	1	1	Access information processing device.
35	1	1	Access terminal.
36	1	1	Active inverter circuit for a column active power filter device.
37	1	1	Ad-hoc network routing system.
38	1	1	Advanced push notification system for use in mobile applications.
39	1	1	Aerated concrete production line electric device remote maintenance system.
40	1	1	Aged intelligent flat computer for use in a home.
41	1	1	AGPS auxiliary locating system.
42	1	1	Agricultural greenhouse environment monitoring system.
43	1	1	Agricultural greenhouse monitoring system.
44	1	1	Agricultural irrigation system.
45	1	1	Agricultural product safety traceability management system.
46	1	1	Agriculture plant monitoring system.
47	1	1	Air conditioner controlling system.
48	1	1	Alarm device for preventing infant asphyxia.
49	1	1	Android (RTM: Linux-based operating system) based stateless mode IPV6 unicast address obtaining method.
50	1	1	Android (RTM: RTM: Linux-based operating system) platform based intelligent bed head card display system.

图 3-36

数据集合的大小，为了加速进程，TDA 的工作界面窗口将会最小化。在耐心等待一段时间后，便会弹出处理后的结果界面。

高质量的数据分析结果首先取决于数据的准确性与完整性，为了让数据的差异性最小，应尽量减少词汇的拼写差异、或者同义词等。因此有必要对数据进行清理，在 TDA 里清理数据的方法主要有：

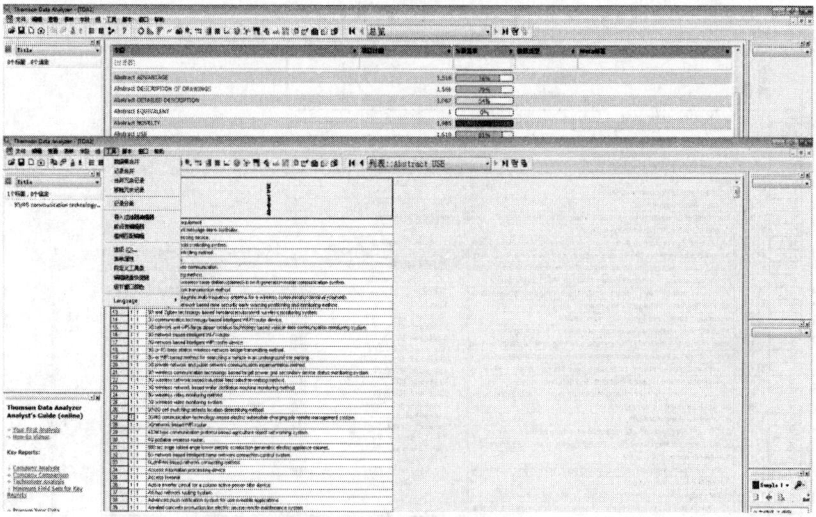
Thomson Data Analyzer - [TDA2]
Abstract ADVANTAGE
Abstract DESCRIPTION OF DRAWINGS
Abstract DETAILED DESCRIPTION
Abstract EQUIVALENT
Abstract NOVELTY
Abstract USE
列表::Abstract USE
Abstract USE
Thomson Data Analyzer Analyst's Guide (online)
Key Reports:
Language

图 3-37

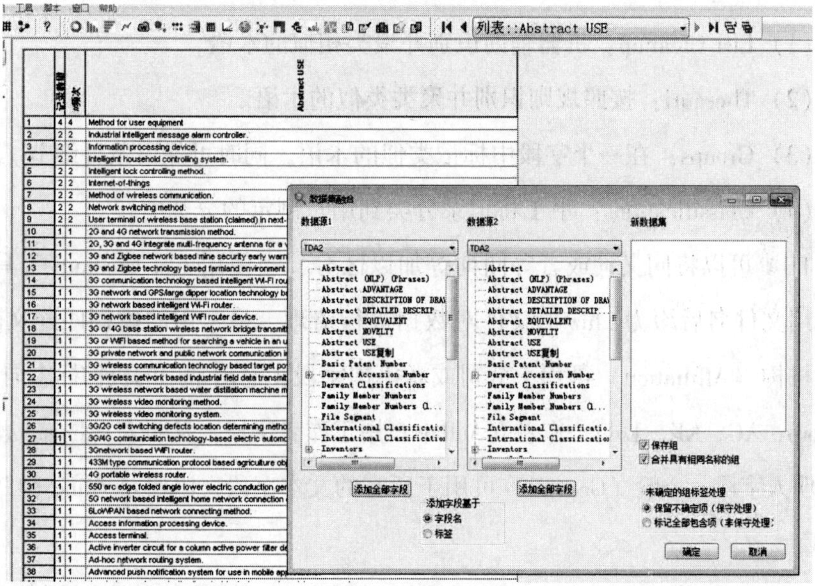
工具 脚本 窗口 帮助
列表::Abstract USE
记录数量
Abstract USE
1 4 4 Method for user equipment
Industrial intelligent message alarm controller.
Information processing device.
Intelligent household controlling system.
Intelligent lock controlling method.
Internet-of-things
Method of wireless communication.
Network switching method.
User terminal of wireless base station (claimed) in next-
2G and 4G network transmission method.
2G, 3G and 4G integrate multi-frequency antenna for a
3G and Zigbee network based mine security early warn
3G and Zigbee technology based farmland environment
3G communication technology based intelligent Wi-Fi rou
3G network and GPS/large dipper location technology b
3G network based intelligent Wi-Fi router.
3G network based intelligent WIFI router device.
3G or 4G base station wireless network bridge transmit
3G or WIFI based method for searching a vehicle in an u
3G private network and public network communication
3G wireless communication technology based target po
3G wireless network based industrial field data transmi
3G wireless network based water distillation machine m
3G wireless video monitoring method.
3G wireless video monitoring system.
3G/2G cell switching defects location determining metho
3G/4G communication technology-based electric automo
3Gnetwork based WIFI router.
433M type communication protocol based agriculture ob
4G portable wireless router.
550 arc edge folded angle lower electric conduction ge
5G network based intelligent home network connection
6LoWPAN based network connecting method.
Access information processing device.
Access terminal.
Active inverter circuit for a column active power filter d
Ad-hoc network routing system.
Advanced push notification system for use in mobile ap
数据库融合
数据源1
数据源2
新数据集
TDA2
TDA2
Abstract
Abstract (NLP) (Phrases)
Abstract ADVANTAGE
Abstract DESCRIPTION OF DRAW
Abstract DETAILED DESCRIP...
Abstract EQUIVALENT
Abstract NOVELTY
Abstract USE
Abstract USE复制
Basic Patent Number
Derwent Accession Number
Derwent Classifications
Family Member Numbers
Family Member Numbers (l...
File Segment
International Classificatio
International Classificatio
Inventors
添加全部字段
添加全部字段
添加字段基于
字段名
标签
保存组
合并具有相同名称的组
未确定的组标签处理
保留不确定项（保守处理）
标记全部包含项（非保守处理）
确定
取消

图 3-38

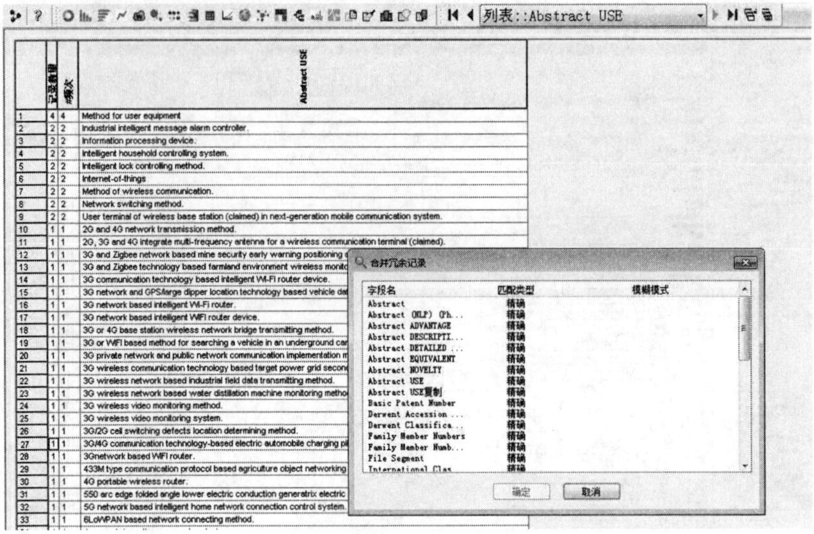

图 3-39

（1）List Cleanup：机器辅助识别并聚类相似的术语。

（2）Thesauri：按照规则识别并聚类类似的术语。

（3）Groups：在一个字段中标记类似的术语，同时可保留条目细节。

（4）Classifications：手工将记录分类到用户制定的分类中。

TDA 可以将同义词或者等同词等加以区分，当使用 List Cleanup 工具时，在使用文件名后缀为 . fuz 的文件对数据进行清理，最常用的模糊匹配文献包括：机构（Affiliation）可用于公司或者机构字段，忽略常用的机构标志词（比如 Corp，AG，KK，Ltd），作者（Author）用于作者字段，发明人（Inventor）用于发明人字段，一般（General）可用于所有的文本字段，比如 cleaning NLP text fields。

在 TDA 工作界面点击字段然后选择列表清理，在列表清理中选择 Patent Assignees，然后在查找范围内选择 Organization Names. fuz，再点击确定，如图 3-40、3-41 所示。

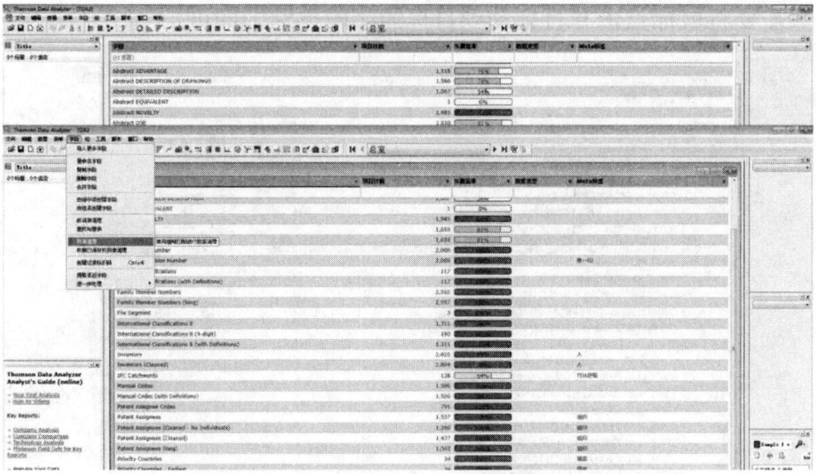

图 3-40

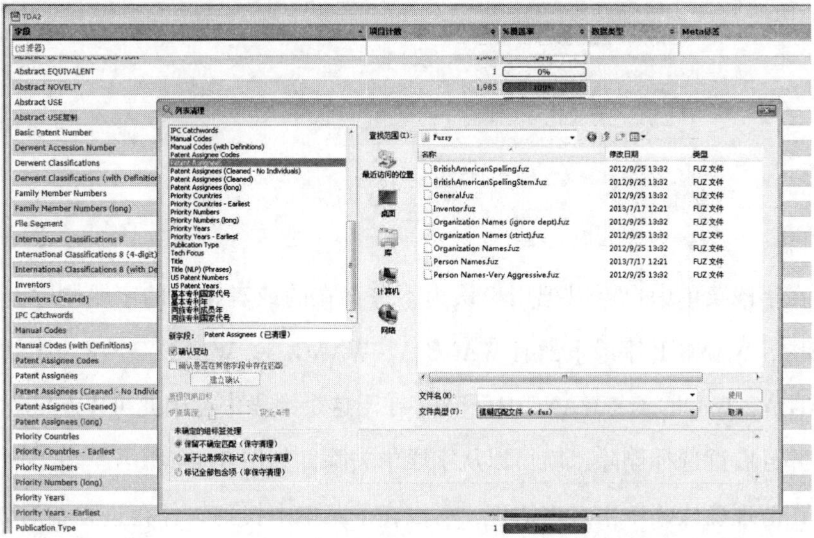
TDA2
字段
项目计数
%覆盖率
数据类型
Meta标签
(过滤器)
Abstract EQUIVALENT
Abstract NOVELTY
Abstract USE
Basic Patent Number
Derwent Accession Number
Derwent Classifications
Family Member Numbers
Family Member Numbers (long)
File Segment
International Classifications 8
Inventors
Inventors (Cleaned)
IPC Catchwords
Manual Codes
Manual Codes (with Definitions)
Patent Assignee Codes
Patent Assignees
Patent Assignees (Cleaned)
Patent Assignees (long)
Priority Countries
Priority Countries - Earliest
Priority Numbers
Priority Numbers (long)
Priority Years
Priority Years - Earliest
Publication Type
列表清理
查找范围(I):
Fuzzy
名称
修改日期
类型
BritishAmericanSpelling.fuz
BritishAmericanSpellingStem.fuz
General.fuz
Inventor.fuz
Organization Names (ignore dept).fuz
Organization Names (strict).fuz
Organization Names.fuz
Person Names.fuz
Person Names-Very Aggressive.fuz
最近访问的位置
桌面
库
计算机
网络
新字段:
Patent Assignees (已清理)
确认变动
文件名(N):
文件类型(T):
模糊匹配文件 (*.fuz)
使用
取消
未确定的组标签处理
保留不确定匹配(保守清理)
基于记录频次标记(次保守清理)
标记全部包含项(非保守清理)

图 3-41

如图 3-42 所示，用户可以在清理的窗口中操作，将相同的专利权人合并，只需要将鼠标点击并且拖动到目标的字段类别中即可。

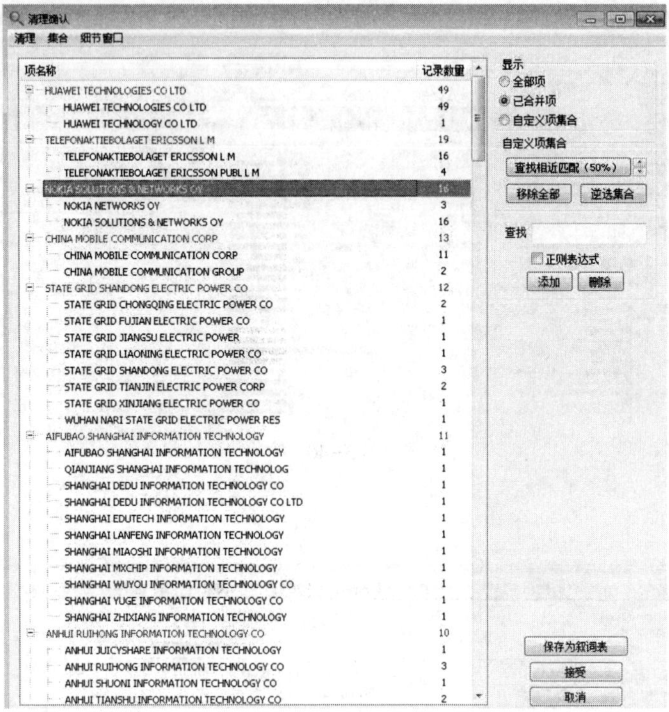

图 3-42

在字段菜单中也可以把用户认为不该存在的或者错误的字段删除，如图 3-43中，WANG L 字段下面有 WANG A，WANG G，WANG H，WANG L，而 WANG A，WANG G，WANG H 不该存在于这个字段中，因此可以左键点击它们，并且右键选择删除，就可以从字段中去除，如图 3-44 所示。

在清理确认菜单中点击清理，可以在子菜单中找到“保存进程稍后处理”然后可以输入一个关于这个清理进程的定义说明，例如机构合并，如图3-45、图 3-46。

在清理窗口选择保存为叙词表，例如机构叙词表重命名为 3g assign. the，

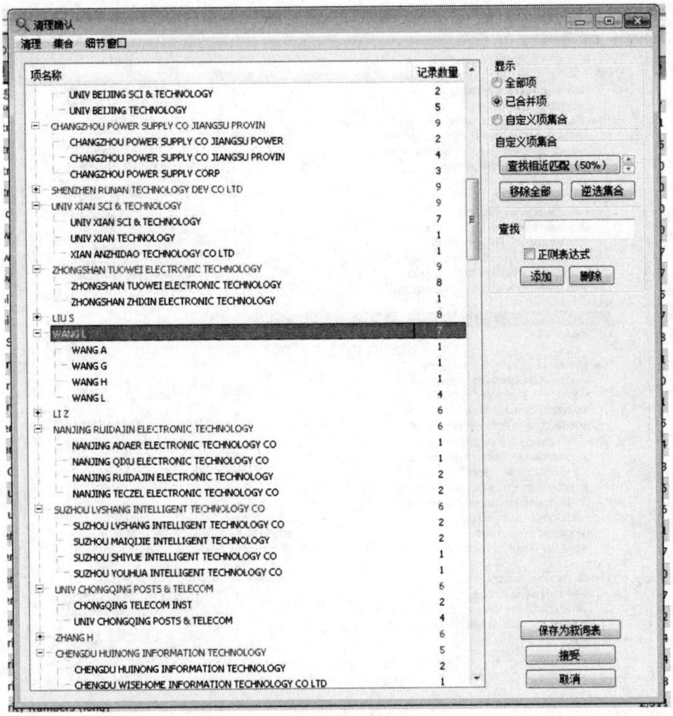

图 3-43

保存类型选择叙词表文件，这样在以后清理过程中就可以选择叙词表清理。如图 3-47 所示。

在工作页面点击字段选择叙词表清理，如图 3-48、图 3-49 所示，在叙词表中选择 Patent Assignees，选中刚才保存过的经过处理的叙词表文件 3g assign后点击使用，得到如图 3-50 所示的工作表界面。

Thesaurus 的意思就是叙词表，用户可以对一张数据列表利用叙词进行清理，可以自己编辑叙词表，可以手工拖拽生成叙词表。当在清理的对话框内点击“保存为叙词表”或者利用组创建叙词后，再选择已存在的叙词文件（＊. the），就可以将叙词表合并到一个已有的叙词表里。工作界面中点击工具，然后选择叙词表编辑器得到如图 3-51、图 3-52 所示界面，在左边可以

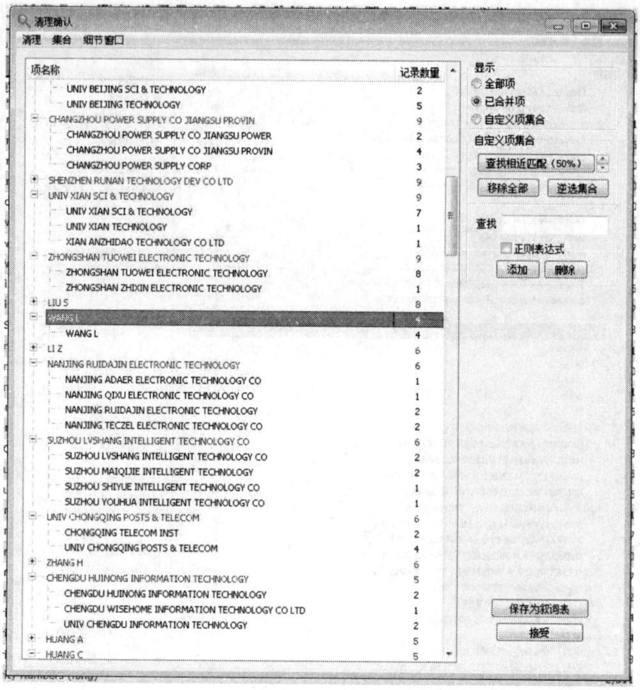
清理确认
清理 集合 细节窗口
项名称
记录数量
UNIV BEIJING SCI & TECHNOLOGY 2
UNIV BEIJING TECHNOLOGY 5
CHANGZHOU POWER SUPPLY CO JIANGSU PROVIN 9
CHANGZHOU POWER SUPPLY CO JIANGSU POWER 2
CHANGZHOU POWER SUPPLY CO JIANGSU PROVIN 4
CHANGZHOU POWER SUPPLY CORP 3
SHENZHEN RUNAN TECHNOLOGY DEV CO LTD 9
UNIV XIAN SCI & TECHNOLOGY 9
UNIV XIAN SCI & TECHNOLOGY 7
UNIV XIAN TECHNOLOGY 1
XIAN ANZHIDAO TECHNOLOGY CO LTD 1
ZHONGSHAN TUOWEI ELECTRONIC TECHNOLOGY 9
ZHONGSHAN TUOWEI ELECTRONIC TECHNOLOGY 8
ZHONGSHAN ZHIXIN ELECTRONIC TECHNOLOGY 1
LIU S 8
WANG L 4
WANG L 4
LI Z 6
NANJING RUIDAJIN ELECTRONIC TECHNOLOGY 6
NANJING ADAER ELECTRONIC TECHNOLOGY CO 1
NANJING QIXU ELECTRONIC TECHNOLOGY CO 1
NANJING RUIDAJIN ELECTRONIC TECHNOLOGY 2
NANJING TECZEL ELECTRONIC TECHNOLOGY CO 2
SUZHOU LVSHANG INTELLIGENT TECHNOLOGY CO 6
SUZHOU LVSHANG INTELLIGENT TECHNOLOGY CO 2
SUZHOU MAIQIJIE INTELLIGENT TECHNOLOGY 2
SUZHOU SHIYUE INTELLIGENT TECHNOLOGY CO 1
SUZHOU YOUHUA INTELLIGENT TECHNOLOGY CO 1
UNIV CHONGQING POSTS & TELECOM 6
CHONGQING TELECOM INST 2
UNIV CHONGQING POSTS & TELECOM 4
ZHANG H 6
CHENGDU HUINONG INFORMATION TECHNOLOGY 5
CHENGDU HUINONG INFORMATION TECHNOLOGY 2
CHENGDU WISEHOME INFORMATION TECHNOLOGY CO LTD 1
UNIV CHENGDU INFORMATION TECHNOLOGY 2
HUANG A 5
HUANG C 5
显示
全部项
已合并项
自定义项集合
自定义项集合
查找相近匹配（50%）
移除全部
逆选集合
查找
正则表达式
添加
删除
保存为叙词表
接受

图 3-44

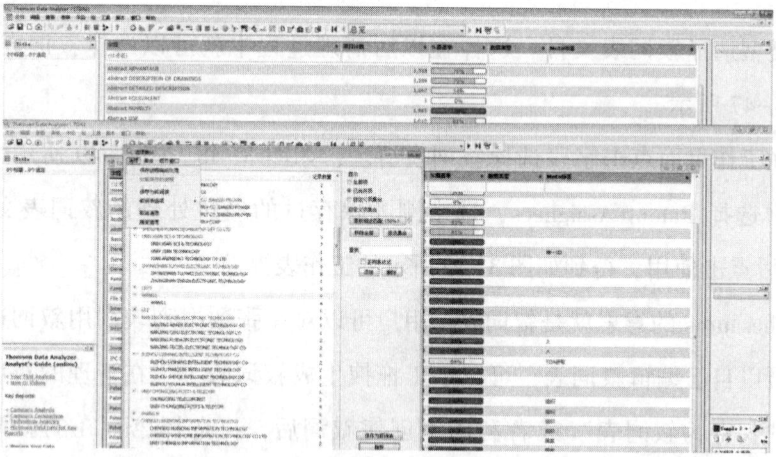

图 3-45

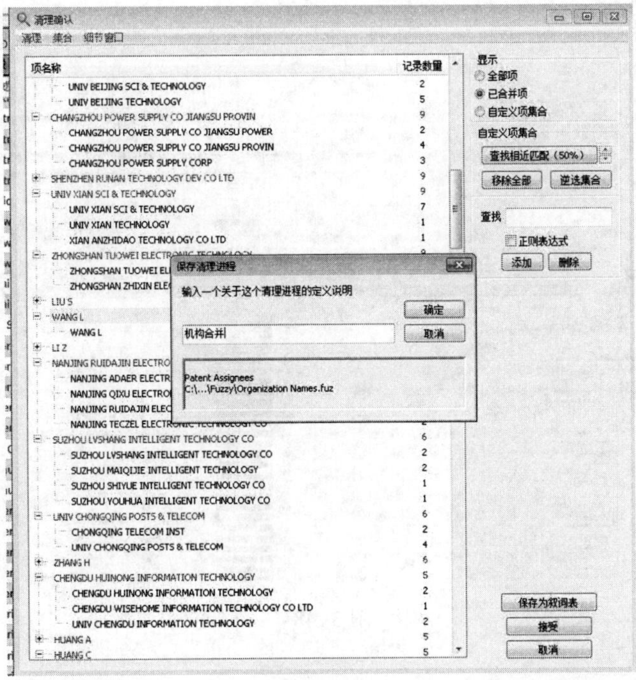
清理确认
清理 集合 细节窗口
项名称
记录数量
UNIV BEIJING SCI & TECHNOLOGY 2
UNIV BEIJING TECHNOLOGY 5
CHANGZHOU POWER SUPPLY CO JIANGSU PROVIN 9
CHANGZHOU POWER SUPPLY CO JIANGSU POWER 2
CHANGZHOU POWER SUPPLY CO JIANGSU PROVIN 4
CHANGZHOU POWER SUPPLY CORP 3
SHENZHEN RUNAN TECHNOLOGY DEV CO LTD 9
UNIV XIAN SCI & TECHNOLOGY 9
UNIV XIAN SCI & TECHNOLOGY 7
UNIV XIAN TECHNOLOGY 1
XIAN ANZHIDAO TECHNOLOGY CO LTD 1
LIU S
WANG L
WANG L
LI Z
SUZHOU LVSHANG INTELLIGENT TECHNOLOGY CO 6
SUZHOU LVSHANG INTELLIGENT TECHNOLOGY CO 2
SUZHOU MAIQIJIE INTELLIGENT TECHNOLOGY 2
SUZHOU SHIYUE INTELLIGENT TECHNOLOGY CO 1
SUZHOU YOUHUA INTELLIGENT TECHNOLOGY CO 1
UNIV CHONGQING POSTS & TELECOM 6
CHONGQING TELECOM INST 2
UNIV CHONGQING POSTS & TELECOM 4
ZHANG H 6
CHENGDU HUINONG INFORMATION TECHNOLOGY 5
CHENGDU HUINONG INFORMATION TECHNOLOGY 2
CHENGDU WISEHOME INFORMATION TECHNOLOGY CO LTD 1
UNIV CHENGDU INFORMATION TECHNOLOGY 2
HUANG A 5
HUANG C 5
显示
全部项
已合并项
自定义项集合
自定义项集合
查找相近匹配（50%）
移除全部
逆选集合
查找
正则表达式
添加
删除
保存清理进程
输入一个关于这个清理进程的定义说明
确定
取消
机构合并
Patent Assignees
C:\...\Fuzzy\Organization Names.fuz
保存为叙词表
接受
取消

图 3-46

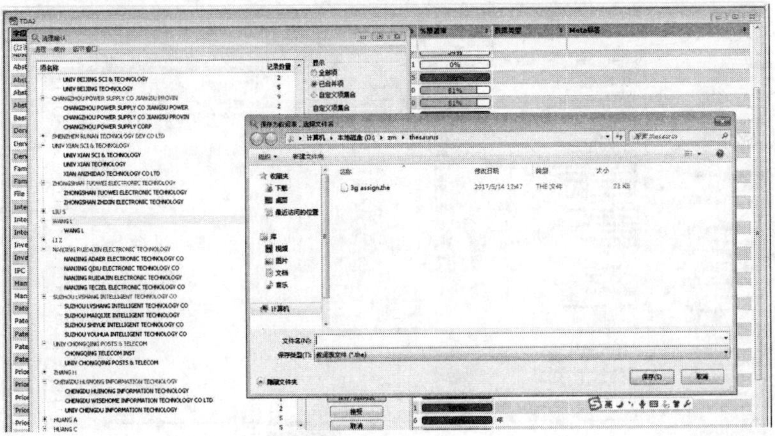

图 3-47

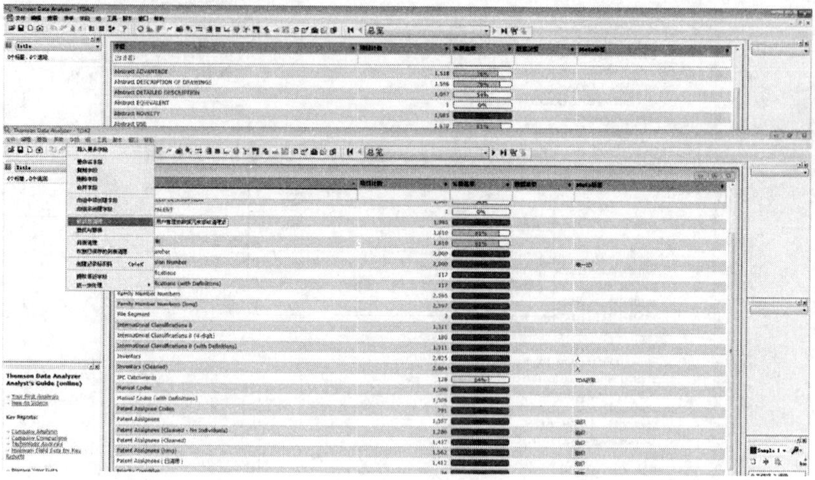

图 3-48

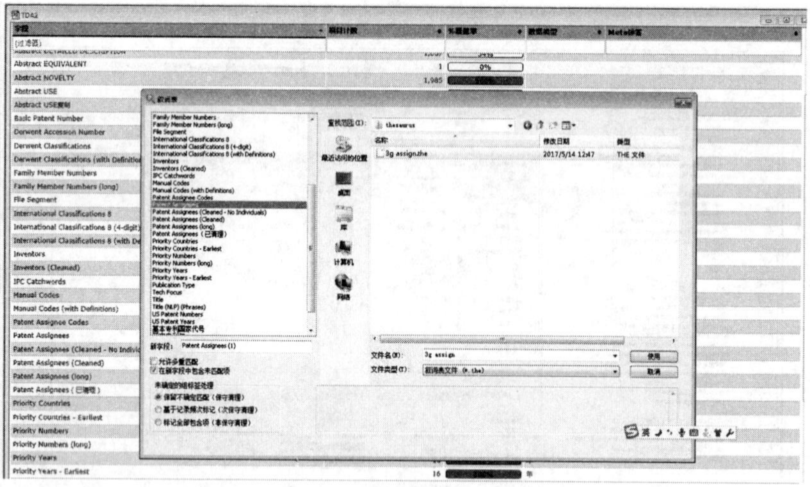

图 3-49

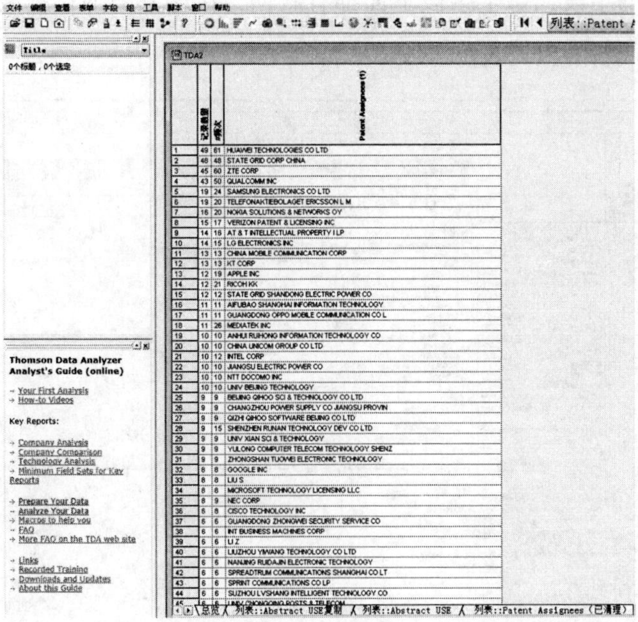
文件 编辑 查看 表单 字段 组 工具 脚本 窗口 帮助
列表::Patent A
Title
0个标题，0个选定
TDA2
记录数量
#实例
Patent Assignees (1)
1 49 61 HUAWEI TECHNOLOGIES CO LTD
2 48 48 STATE GRID CORP CHINA
3 45 60 ZTE CORP
4 43 50 QUALCOMM INC
5 19 24 SAMSUNG ELECTRONICS CO LTD
6 19 20 TELEFONAKTIEBOLAGET ERICSSON L M
7 16 20 NOKIA SOLUTIONS & NETWORKS OY
8 15 17 VERIZON PATENT & LICENSING INC
9 14 16 AT & T INTELLECTUAL PROPERTY I LP
10 14 15 LG ELECTRONICS INC
11 13 13 CHINA MOBILE COMMUNICATION CORP
12 13 13 KT CORP
13 12 19 APPLE INC
14 12 21 RICOH KK
15 12 12 STATE GRID SHANDONG ELECTRIC POWER CO
16 11 11 AIFUBAO SHANGHAI INFORMATION TECHNOLOGY
17 11 11 GUANGDONG OPPO MOBILE COMMUNICATION CO L
18 11 26 MEDIATEK INC
19 10 10 ANHUI RUIHONG INFORMATION TECHNOLOGY CO
20 10 10 CHINA UNICOM GROUP CO LTD
21 10 12 INTEL CORP
22 10 10 JIANGSU ELECTRIC POWER CO
23 10 10 NTT DOCOMO INC
24 10 10 UNIV BEIJING TECHNOLOGY
25 9 9 BEIJING QIHOO SCI & TECHNOLOGY CO LTD
26 9 9 CHANGZHOU POWER SUPPLY CO JIANGSU PROVIN
27 9 9 QIZHI QIHOO SOFTWARE BEIJING CO LTD
28 9 15 SHENZHEN RUNAN TECHNOLOGY DEV CO LTD
29 9 9 UNIV XIAN SCI & TECHNOLOGY
30 9 9 YULONG COMPUTER TELECOM TECHNOLOGY SHENZ
31 9 9 ZHONGSHAN TUOWEI ELECTRONIC TECHNOLOGY
32 8 8 GOOGLE INC
33 8 8 LIU S
34 8 8 MICROSOFT TECHNOLOGY LICENSING LLC
35 8 9 NEC CORP
36 6 8 CISCO TECHNOLOGY INC
37 6 6 GUANGDONG ZHONGWEI SECURITY SERVICE CO
38 6 6 INT BUSINESS MACHINES CORP
39 6 6 LI Z
40 6 6 LIUZHOU YIWANG TECHNOLOGY CO LTD
41 6 6 NANJING RUIDAJIN ELECTRONIC TECHNOLOGY
42 6 6 SPREADTRUM COMMUNICATIONS SHANGHAI CO LT
43 6 6 SPRINT COMMUNICATIONS CO LP
44 6 6 SUZHOU LVSHANG INTELLIGENT TECHNOLOGY CO
总览 列表::Abstract USE复制 列表::Abstract USE 列表::Patent Assignees（已清理）
Thomson Data Analyzer Analyst's Guide (online)
Your First Analysis
How-to Videos
Key Reports:
Company Analysis
Company Comparison
Technology Analysis
Minimum Field Sets for Key Reports
Prepare Your Data
Analyze Your Data
Macros to help you
FAQ
More FAQ on the TDA web site
Links
Recorded Training
Downloads and Updates
About this Guide

图 3-50

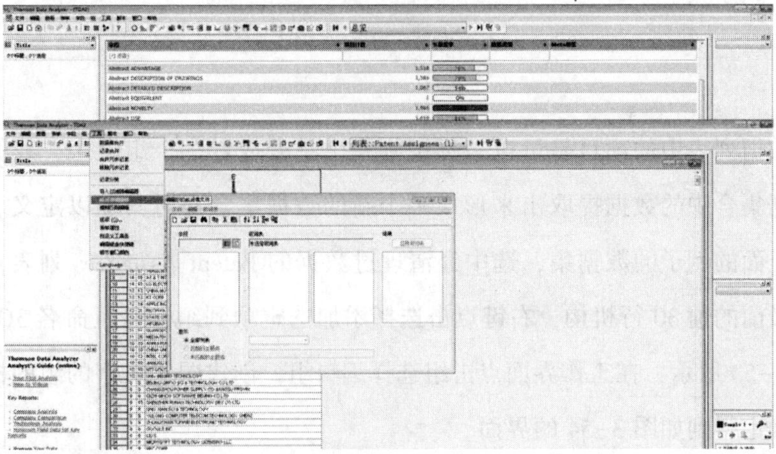

图 3-51

选择要编辑的字段，每个字段下面都有叙词，在这里增加，删减或者修改叙词后保存生成新的叙词表。

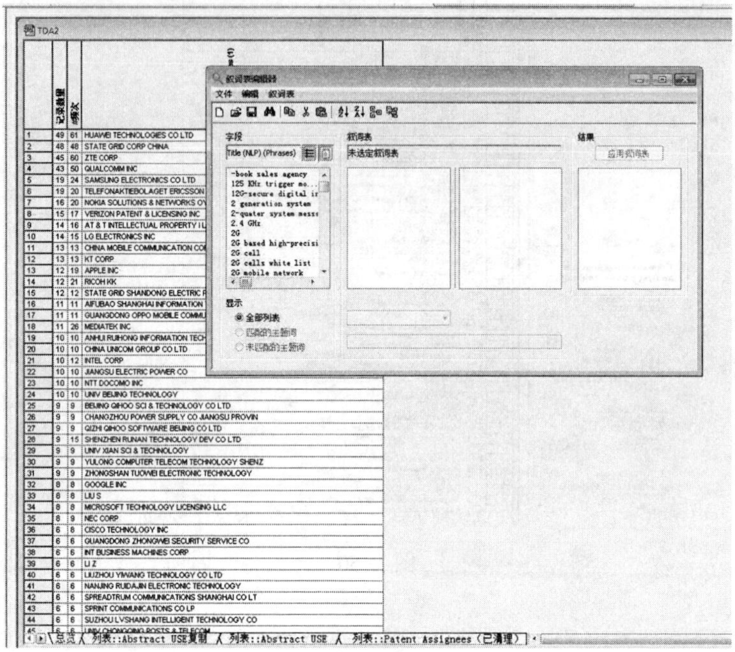

图 3-52

数据列表中的项目是可以被标记到一个集合或者一个组之中，我们可以将数据集合中的数据提取出来形成一个新的数据集合并对其加以定义。依旧延续上面的例子的数据集，选中经清理过数据的 Patent Assignees 列表，选择排名最前的前 30 行机构，右键点击选择添加选定项到组，并且命名 3G top30 如图 3-53 所示，在工作界面点击组选择编辑组，创建国家名字的组的标签后点击确定得到如图 3-54 的界面。

如图 3-55 所示，点击表单选项，在下拉菜单中有创建列表、创建矩阵、创建图谱三个选项，这三个选项在页面的工具栏中也可以找到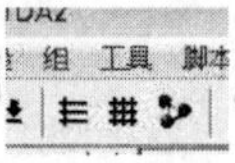。选

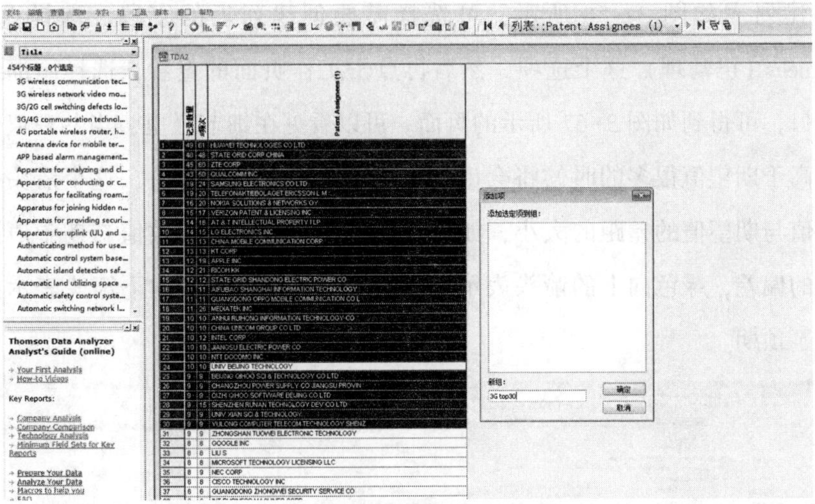
列表::Patent Assignees (1)
Title
454个标题，0个选定
TDA2
Patent Assignees (1)
HUAWEI TECHNOLOGIES CO LTD
STATE GRID CORP CHINA
ZTE CORP
QUALCOMM INC
SAMSUNG ELECTRONICS CO LTD
TELEFONAKTIEBOLAGET ERICSSON L M
NOKIA SOLUTIONS & NETWORKS OY
VERIZON PATENT & LICENSING INC
AT & T INTELLECTUAL PROPERTY I LP
LG ELECTRONICS INC
CHINA MOBILE COMMUNICATION CORP
KT CORP
APPLE INC
RICOH KK
STATE GRID SHANDONG ELECTRIC POWER CO
AIFUBAO SHANGHAI INFORMATION TECHNOLOGY
GUANGDONG OPPO MOBILE COMMUNICATION CO L
MEDIATEK INC
ANHUI RUIHONG INFORMATION TECHNOLOGY CO
CHINA UNICOM GROUP CO LTD
INTEL CORP
JIANGSU ELECTRIC POWER CO
NTT DOCOMO INC
UNIV BEIJING TECHNOLOGY
ZHONGSHAN TUOWEI ELECTRONIC TECHNOLOGY
GOOGLE INC
LIU S
MICROSOFT TECHNOLOGY LICENSING LLC
NEC CORP
CISCO TECHNOLOGY INC
GUANGDONG ZHONGWEI SECURITY SERVICE CO
添加项
添加选定项到组：
新组：
3G top30
确定
取消
Thomson Data Analyzer
Analyst's Guide (online)
Your First Analysis
How-to Videos
Key Reports:
Company Analysis
Company Comparison
Technology Analysis
Minimum Field Sets for Key Reports
Prepare Your Data
Analyze Your Data
Macros to help you

图 3-53

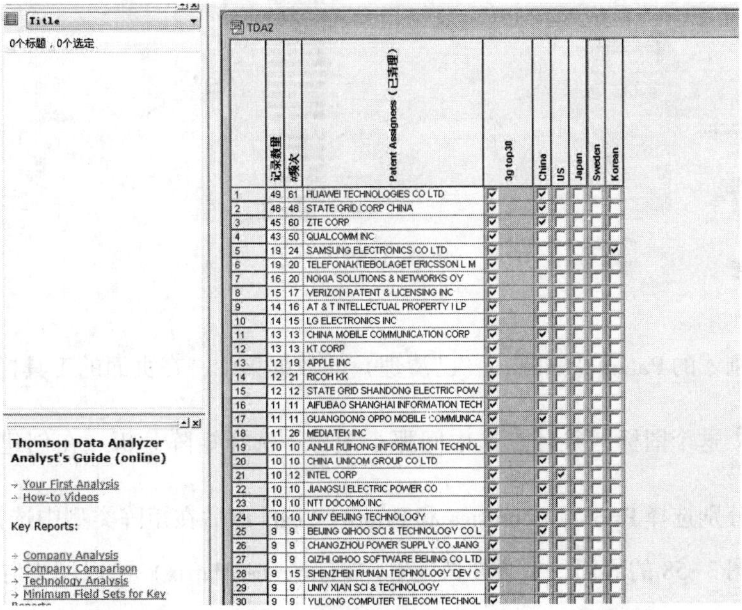
Title
0个标题，0个选定
TDA2
记录数量
#频次
Patent Assignees（已清理）
3g top30
China
US
Japan
Sweden
Korean
1 49 61 HUAWEI TECHNOLOGIES CO LTD
2 48 48 STATE GRID CORP CHINA
3 45 60 ZTE CORP
4 43 50 QUALCOMM INC
5 19 24 SAMSUNG ELECTRONICS CO LTD
6 19 20 TELEFONAKTIEBOLAGET ERICSSON L M
7 16 20 NOKIA SOLUTIONS & NETWORKS OY
8 15 17 VERIZON PATENT & LICENSING INC
9 14 16 AT & T INTELLECTUAL PROPERTY I LP
10 14 15 LG ELECTRONICS INC
11 13 13 CHINA MOBILE COMMUNICATION CORP
12 13 13 KT CORP
13 12 19 APPLE INC
14 12 21 RICOH KK
15 12 12 STATE GRID SHANDONG ELECTRIC POW
16 11 11 AIFUBAO SHANGHAI INFORMATION TECH
17 11 11 GUANGDONG OPPO MOBILE COMMUNICA
18 11 26 MEDIATEK INC
19 10 10 ANHUI RUIHONG INFORMATION TECHNOL
20 10 10 CHINA UNICOM GROUP CO LTD
21 10 12 INTEL CORP
22 10 10 JIANGSU ELECTRIC POWER CO
23 10 10 NTT DOCOMO INC
24 10 10 UNIV BEIJING TECHNOLOGY
25 9 9 BEIJING QIHOO SCI & TECHNOLOGY CO L
26 9 9 CHANGZHOU POWER SUPPLY CO JIANG
27 9 9 QIZHI QIHOO SOFTWARE BEIJING CO LTD
28 9 15 SHENZHEN RUNAN TECHNOLOGY DEV C
29 9 9 UNIV XIAN SCI & TECHNOLOGY
30 9 9 YULONG COMPUTER TELECOM TECHNOL
Thomson Data Analyzer
Analyst's Guide (online)
Your First Analysis
How-to Videos
Key Reports:
Company Analysis
Company Comparison
Technology Analysis
Minimum Field Sets for Key

图 3-54

择创建列表如图 3-56 所示，可选择需要创建列表的字段。选择 Patent Assignees（已清理）这个选项，然后再点击工作页面的查看，选择添加细节到窗口，可得到如图 3-57 所示的页面。可以看见在细节栏里，当共现值低于或者高于期望值很多的时候将会出现一个期望值显示的箭头，这个箭头表示共现值与期望值的差距的大小，如果没有箭头则表示这个数值与期望值没有太大的偏差，绿色向上的箭头表示共现值大于预期，红色向下箭头表示共现值低于预期。

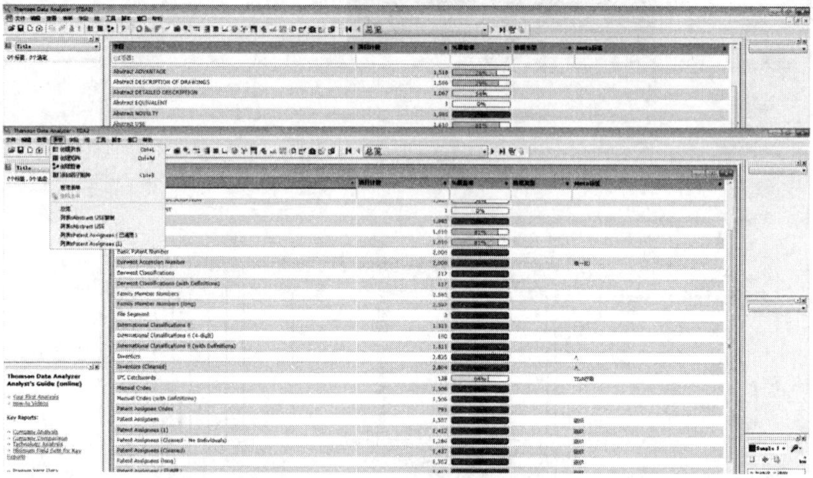

图 3-55

在刚才的 Patent Assignees（已清理）的数据集中，在页面的工具栏中找到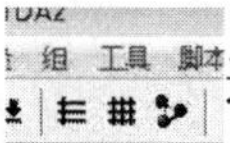

这个图标，并且点击中间那个图标，选择矩阵分析。在创建矩阵的页面中分别选择 Priority Countries 和 Priority Years 然后在矩阵类型中选择共现，便得到图 3-58 的界面，共现矩阵（Co-occurrence Matrix）可以用来寻找同时出现在两个矩阵参数中的记录。

在页面的工具栏中找到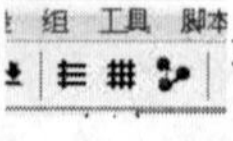

这个图标，并且点击中间那个图标，选

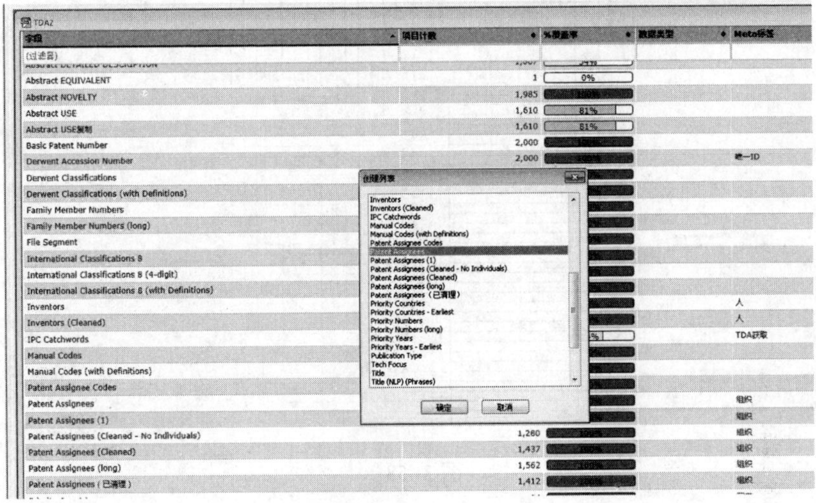
TDA2
字段
项目计数
%覆盖率
数据类型
Meta标签
(过滤器)
Abstract EQUIVALENT
Abstract NOVELTY
Abstract USE
Basic Patent Number
Derwent Accession Number
Derwent Classifications
Derwent Classifications (with Definitions)
Family Member Numbers
Family Member Numbers (long)
File Segment
International Classifications 8
International Classifications 8 (4-digit)
International Classifications 8 (with Definitions)
Inventors
Inventors (Cleaned)
IPC Catchwords
Manual Codes
Manual Codes (with Definitions)
Patent Assignee Codes
Patent Assignees
Patent Assignees (1)
Patent Assignees (Cleaned - No Individuals)
Patent Assignees (Cleaned)
Patent Assignees (long)
创建列表
Priority Countries
Priority Countries - Earliest
Priority Numbers
Priority Numbers (long)
Priority Years
Priority Years - Earliest
Publication Type
Tech Focus
Title
Title (NLP) (Phrases)
确定
取消
TDA获取

图 3-56

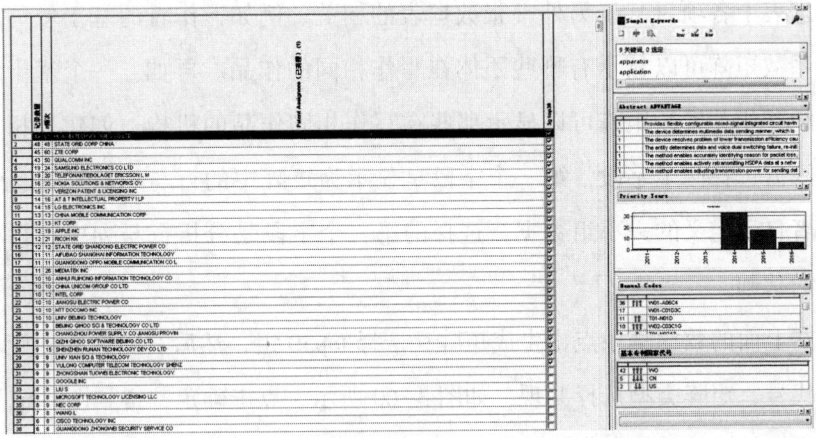

图 3-57

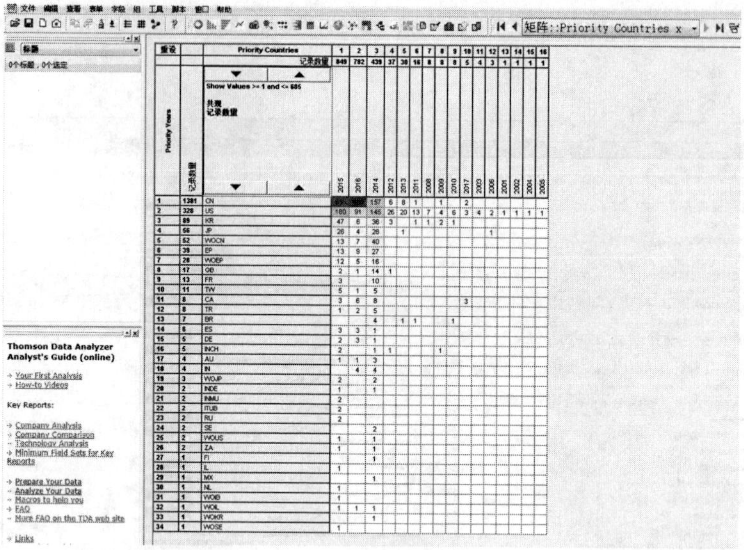

图 3-58

择矩阵分析。在创建矩阵的页面中分别选择 Patent Assignees（已清理）然后在矩阵类型中选择相互关系，便得到图 3-59 的界面。互相关系数矩阵显示某一数据表中各项目基于另外一张数据表的相关。例如，作者的基于叙词的互相关系数矩阵可以显示有哪些团体在写作相同的作品。再如：一个基于叙词的机构互相关系数矩阵可以显示那些在写作相同作品的机构。创建互相关系数矩阵需选择两个字段，第一个字段是显示为矩阵中的行与列通常为一个字段或者自己定义的一小组数据，选择的第二个字段是分析行与列中项目相关关系的基础。

在上面的数据集中点击生成矩阵，选择 top30 组，然后右侧选择同族专利国家代号，矩阵类型选择共现，如图 3-60 所示，点击确定，得到图3-61所示的界面，显示的是排名靠前的专利申请者的地区分布。

如果在刚才的步骤中选择 Priority Years，就可以得到排名靠前的专利申请者其专利申请活动的时间分布（最近 15 年），如图 3-62、图 3-63 所示，选

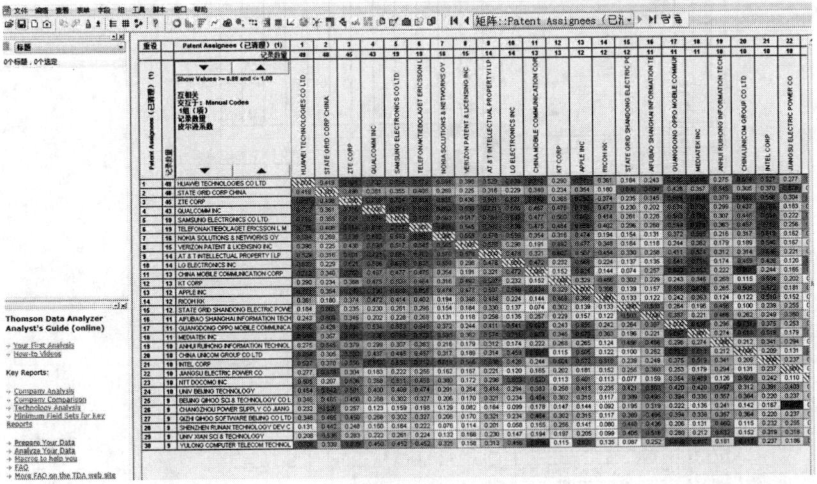

图 3-59

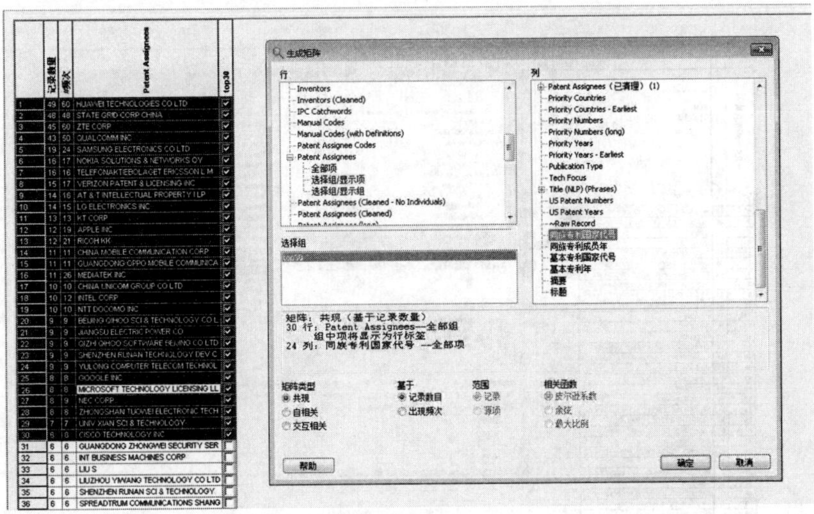
生成矩阵
行
列
选择组
矩阵：共现（基于记录数量）
30 行：Patent Assignees—全部组
组中项将显示为行标签
24 列：同族专利国家代号 —全部项
矩阵类型
共现
自相关
交互相关
基于
记录数目
出现频次
范围
记录
源项
相关函数
皮尔逊系数
余弦
最大比例
帮助
确定
取消

图 3-60

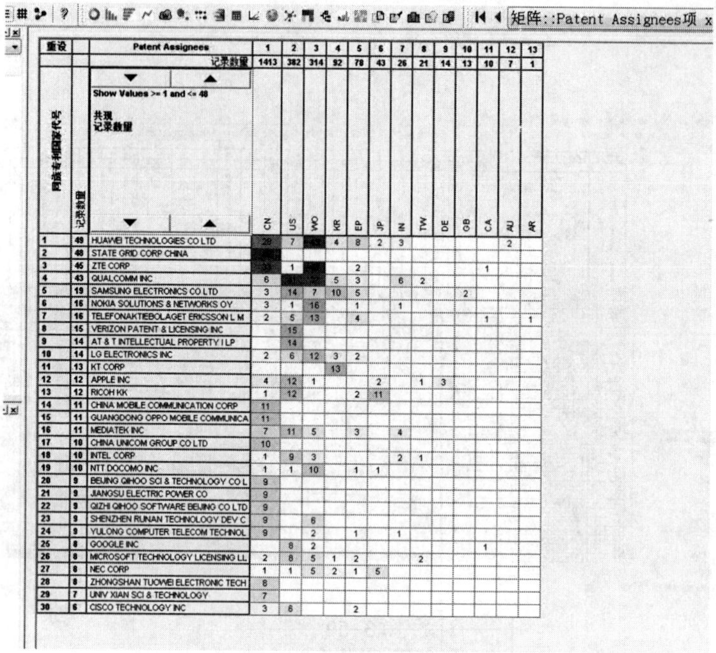

图 3-61

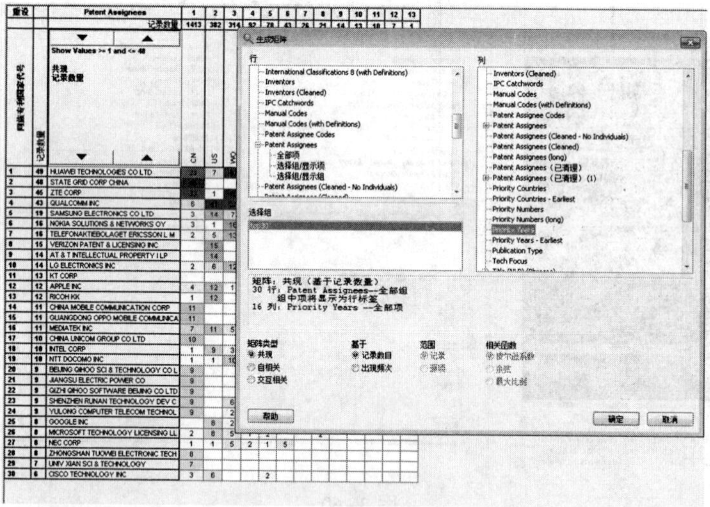

图 3-62

择 Manual Code，就可以得到技术发展趋势（时间分布、地区分布、专利权人分布），由此可以看到不同公司发展的技术侧重点随时间的变化，如图 3-64、图 3-65 所示。

以上便是 TDA 的最基本的应用功能，在这些基本的操作的基础上 TDA 会有更加专业复杂的应用，呈现出更加完善的功能。

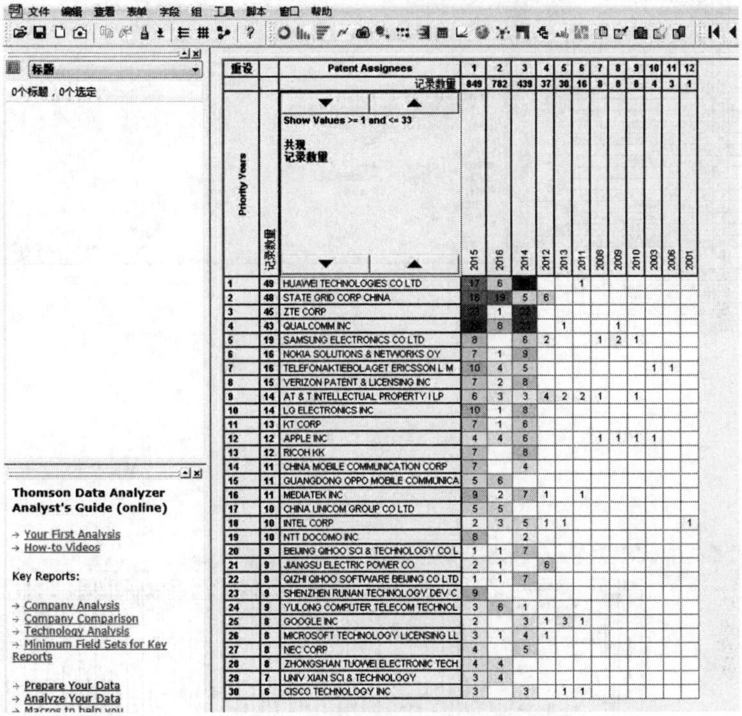

图 3-63

优点：对于大批量的数据清洗，TDA 是非常不错的选择，可以导入 Web of Science 数据集分析，可以创造虚词对数据集进行清洗，可以对文献中的各个属性字段（作者、机构、主题）进行分析和计算，可以对文献数据进行多角度的挖掘和可视化的分析，从大量的专利文献或科技文献中发现竞争情报和技术情报，为洞察科学技术的发展趋势、发现行业出现的新兴技术、寻找

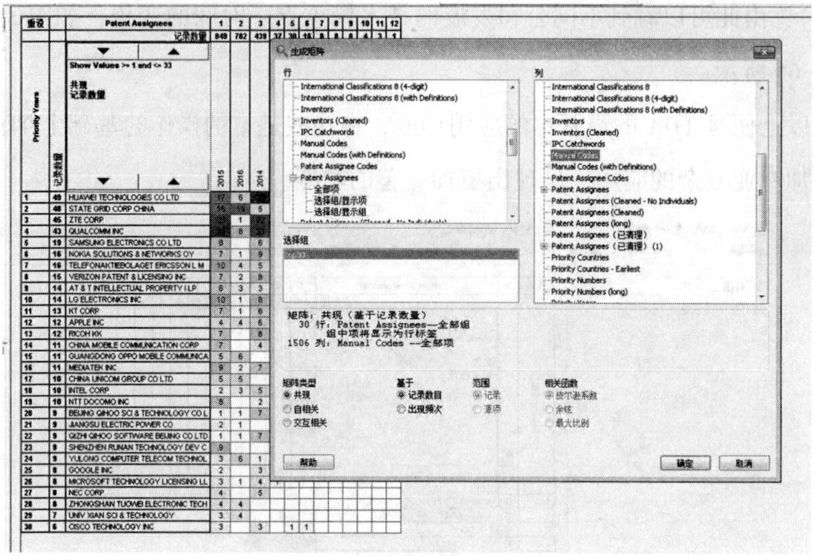
生成矩阵
行
列
选择组
矩阵：共现（基于记录数量）
30 行：Patent Assignees—全部组
组中项将显示为行标签
1506 列：Manual Codes —全部项
矩阵类型
共现
自相关
交互相关
基于
记录数目
出现频次
范围
相关函数
帮助
确定
取消

图 3-64

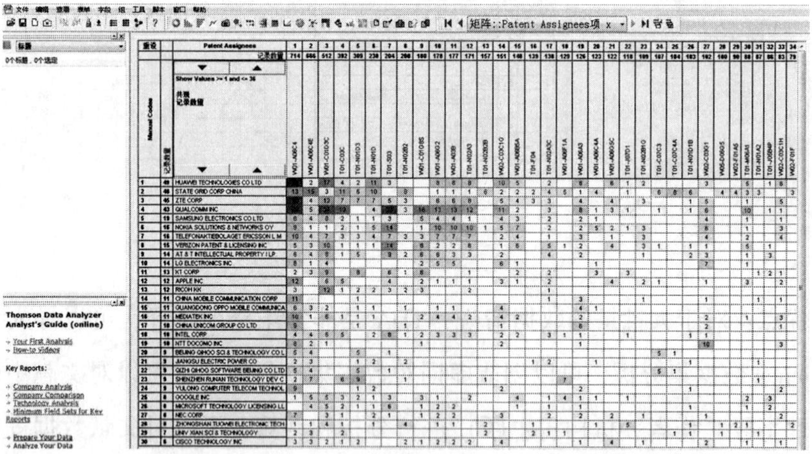
Patent Assignees
Show Values >= 1 and <= 36
共现
记录数量
Thomson Data Analyzer
Analyst's Guide (online)
Your First Analysis
How-to Videos
Key Reports:
Company Analysis
Company Comparison
Technology Analysis
Minimum Field Sets for Key Reports
Prepare Your Data
Analyze Your Data

图 3-65

合作伙伴，确定研究战略和发展方向提供有价值的依据。

缺点：TDA 是收费软件且费用昂贵，限账号限 IP 的远程登录的使用方式，如果在规定时限内不操作会自动退出。整个操作界面半中文半英文。

第六节 OpenRefine

一、OpenRefine 的简介

OpenRefine 是一款数据清理的工具。OpenRefine 起源于 MIT David Karger 实验室（主要从事交互式数据处理）的研究。后来，David Huynh 把这个研究带到 MetaWeb，也即 Freebase 团队，在被 Google 收购后，工具改称 Google Refine，在 2012 年 10 月开源成为 OpenRefine。

OpenRefine 作为一种完全免费的开源的数据清洗工具可以帮助用户转换数据，因为在现实的工作中，难免会遇见数据的杂乱无章或者数据在格式等方面的错误，而且数据量越大，这种错误的概率就越高。因此，在进行数据分析中，先对数据集进行清洗，剔除掉重复、无效、缺失甚至错误的数据后，才可以进行设计数据模型或者预测等数据分析处理过程。通过算法 KNN，回归，判定树分析，填补上残缺的数据。通过聚类，回归，分箱等手段剔除孤立点；还可以通过数据特征分布，剔除脱离分布的噪声数据。剔除相似度大于阈值的重复数据。

（一）OpenRefine 的下载与安装

在 OpenRefine 的官方网站上下载 OpenRefine，网址是：http：//openrefine. org/如图 3-66 所示，由于 OpenRefine 是基于 JAVA 环境运行的，因此要保证电脑上装了最新版本的 JAVA（可在此网址点击下载 https：//

www. java. com/zh_ CN/)，如图 3-67 所示。

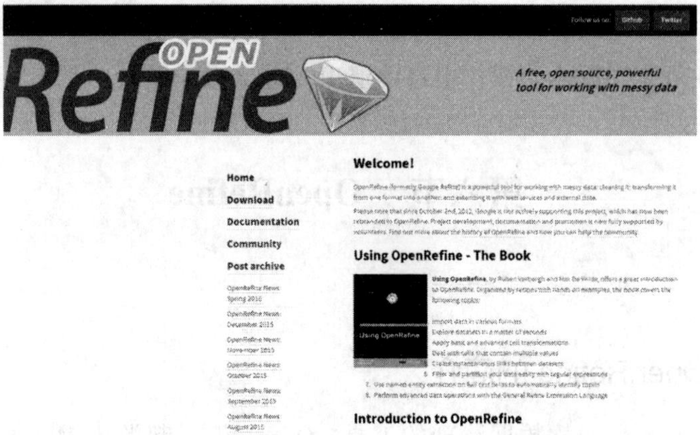

图 3-66

图 3-67

进入下载页面（https：//github. com/OpenRefine/OpenRefine/releases/），根据电脑的不同系统选择下载安装，OpenRefine 支持 Windows、Mac、Linux 操

作系统的安装。如图 3-68 所示。

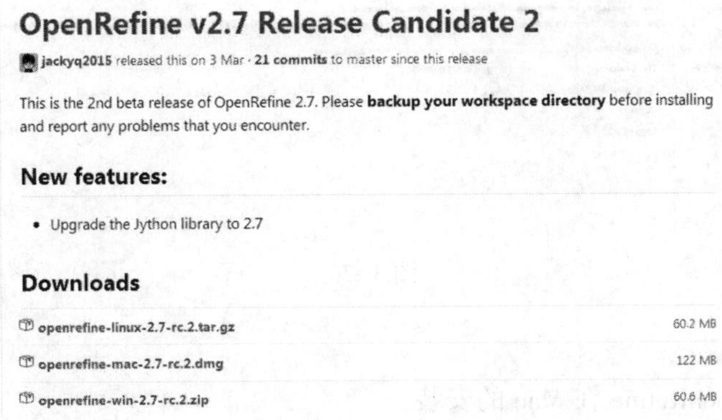

图 3-68

（1）OpenRefine 在 Windows 的安装

①将下载的压缩包解压到某个目录；

②要运行 OpenRefine，双击 openrefine. exe 文件，然后会依次弹出图 3-69、图 3-70 界面。

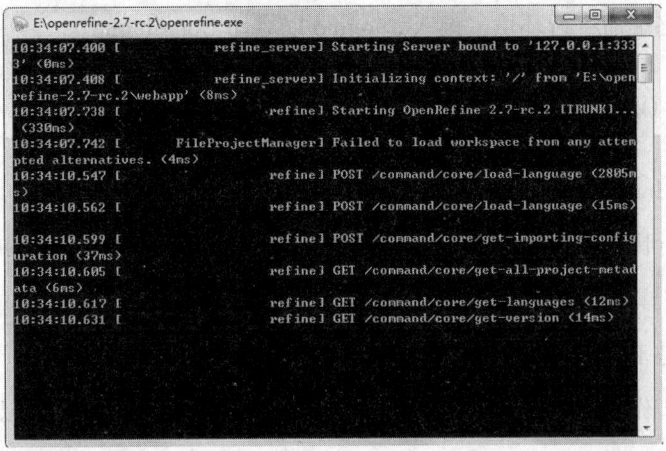

图 3-69

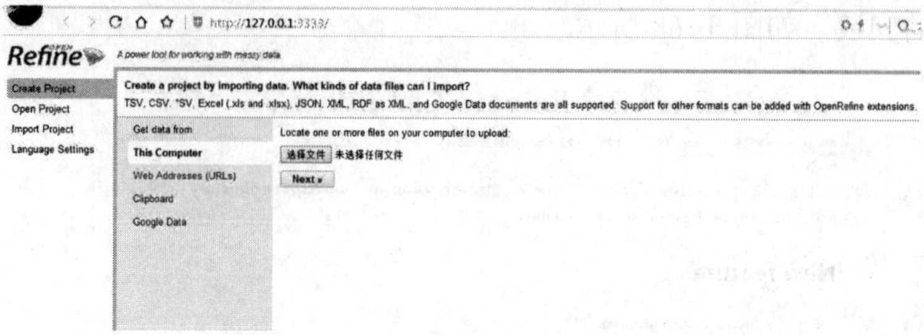

图 3-70

（2）OpenRefine 在 Mac 的安装

①下载 DMG 文件；

②打开磁盘镜像，拖动 OpenRefine 的图标到 Applications 目录；

③双击图标以启动 OpenRefine。

（3）OpenRefine 在 Linux 的安装

①下载 tar. gz ；

②解压到当前用户的 home 目录；

③在终端命令行环境，键入 ./refine 以启动 OpenRefine。

（二）OpenRefine 应用优势

IDT（Interactive Data Transformation tools）是交互数据转换工具，可以对大数据进行快速、廉价的操作，使用单个的集成接口。而 OpenRefine 就是这样的 IDT 工具，可以观察和操纵数据的工具。它类似于传统 Excel 的表格处理软件，但是工作方式更像是数据库，以列和字段的方式工作，而不是以单元格的方式工作。因此 OpenRefine 可以对新的数据进行编码，你可以自由使用，复制，修改，可以用于自己的项目。可以免费分享。对于计算机语言掌握好的人来说 OpenRefine 也许能发挥出意想不到的作用。

OpenRefine 另外一个优势就是免费，相比其他收费昂贵的数据清洗工具，

OpenRefine 是一个不错的选择。

二、OpenRefine 的使用过程

运行 openrefine. exe 文件后，在 openrefine 的工作界面里可以选择语言，设置为中文，如图 3-71 所示，然后操作界面就如图 3-72 所示。点击新建项目，可以选择数据的来源。OpenRefine 完美支持 TSV，CSV，* SV，Excel (. xls and . xlsx)，JSON，XML，RDF as XML，and Google Data documents 这些格式。此外的其他格式可以通过添加 refine 扩展来支持。可以导入的数据包括本地电脑的数据、网站的数据，也可以通过复制粘贴到剪贴板实现数据的导入。

图 3-71

（一）导入数据

在本案例中使用如下网址的数据 https：//en. wikipedia. org/wiki/Comparison_ of_ text_ editors，数据导入后界面如图 3-73、图 3-74 所示，点击右上角的新建项目并且可以重新命名项目名称。

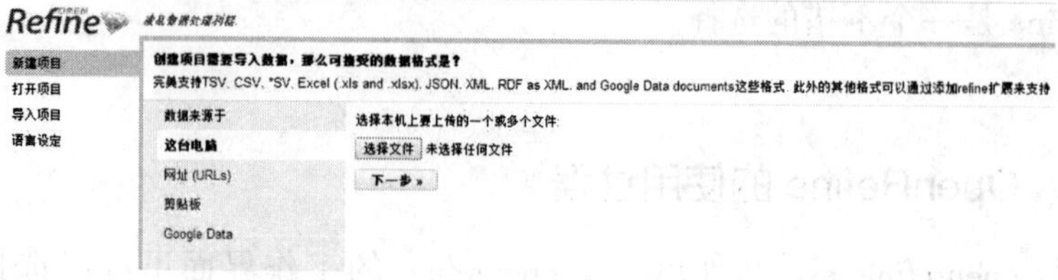

图 3-72

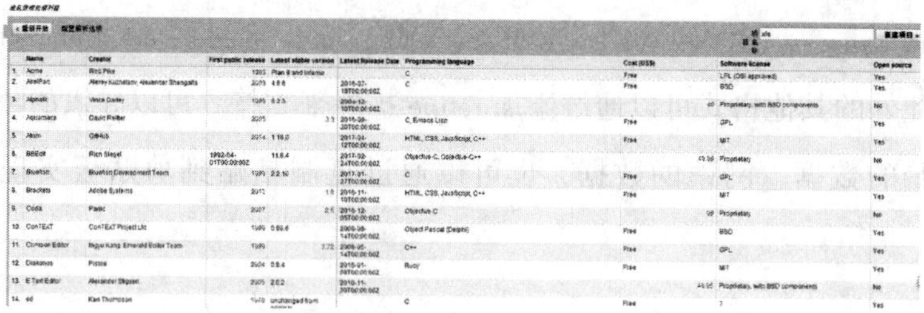

图 3-73

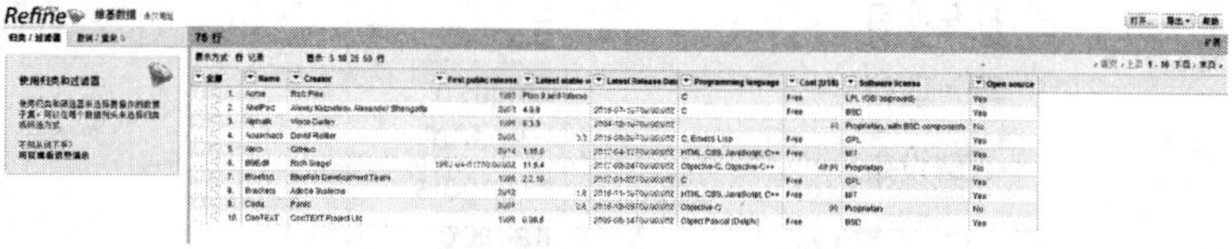

图 3-74

（二）选择过滤数据

在 First public release 里选择文本归类，如图 3-75 所示，然后在左侧栏中选择 1986、1988、1991 便可以从右侧栏中看见有 7 条数据匹配，如图 3-76 所示。

在选出的匹配数据中，点击 Latest stable version，在下拉菜单中选择文本过滤器一项，然后选择正则表达式，并在空白处写出正则表达式：. + \ . +。如图 3-77、图 3-78 所示。

图 3-75

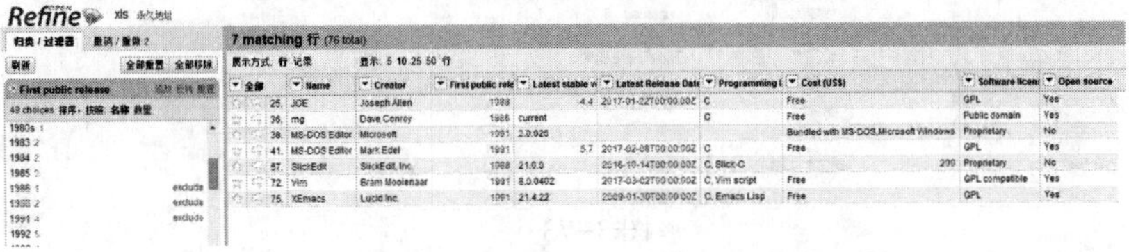

图 3-76

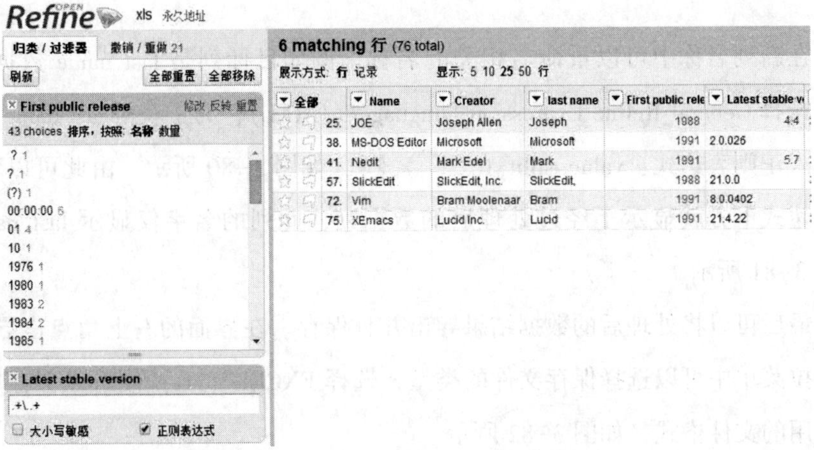

图 3-77

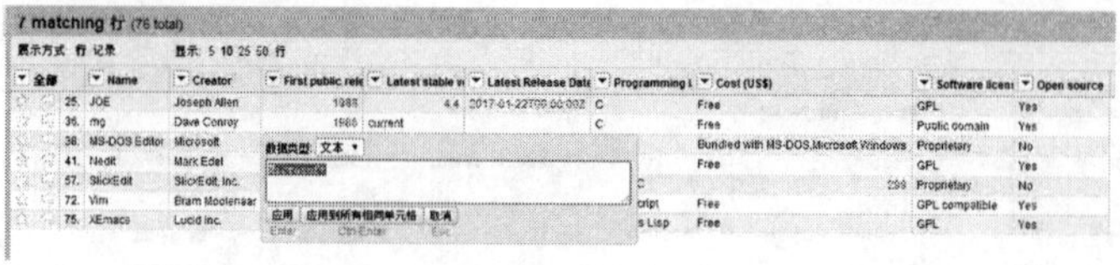

图 3-78

点击 Creator 列在下拉菜单中选择由此派生新列选项，如图 3-79 所示。

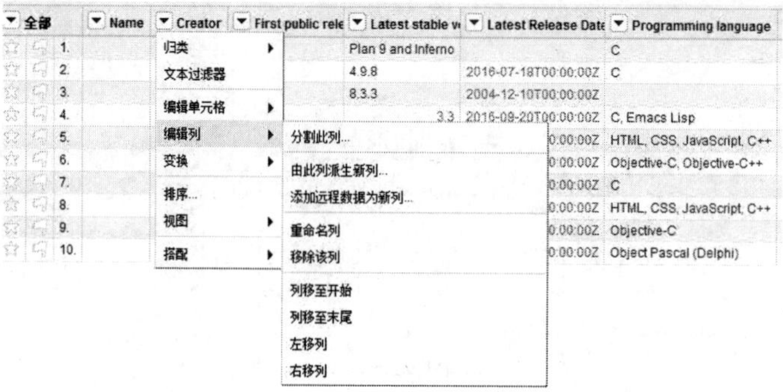

图 3-79

在新列名称中可以重命名相关的名称。例如目标列是 last name 数据列，语言选择 General Refine Expression Language（GREL），为了获得 last name，需要填入正则表达式：value. split（“”）[ ]，如图 3-80 所示。由此可以看见在表达式下方就显示了经过处理后的数据列，此列的名字仅显示 last name，如图 3-81 所示。

最后可以将处理后的数据结果导出并且保存。在界面的右上角点击导出，在下拉菜单中可以选择保存文件的类型，选择 EXCEL（xls）便可以保存成我们常用的文件格式，如图 3-82 所示。

优点：完全免费。

缺点：对中文的支持不够，在国内有些关联数据集没办法连接使用，部分关联数据集没有开放 reconcile 的接口。

图 3-80

图 3-81

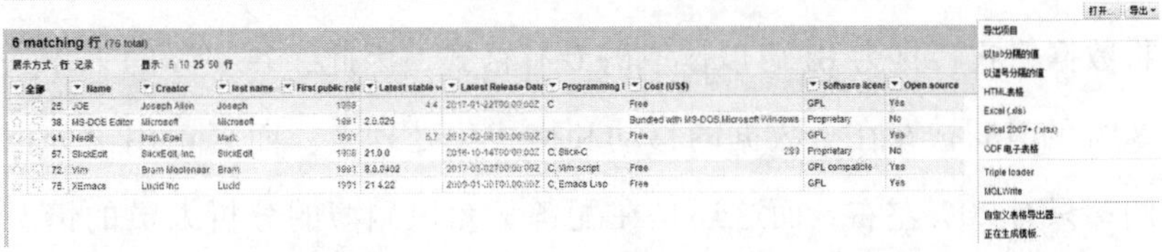

图 3-82

第七节 Tableau

一、Tableau 简介

(一) Tableau 的发展历程

提到 Tableau 首先不得不提的是商业智能（Business Intelligence，以下简称 BI），BI 这个概念是由加特纳集团（Gartner Group）提出，其本质是将数据仓库（DW）、联机分析处理（OLAP）、数据挖掘（DM）等技术与资源管理系统（ERP）结合起来应用于商业活动实际过程当中。BI 在处理企业的日常工作中，通过对数据的提取、分析和整理，最终通过分析结果制定企业的策略、规划，从而实现资源的有效配置，节约资金成本提高企业收益。在挖掘数据支持决策上最典型的案例就是“尿片和啤酒”的故事。在案例中，通过超市数据的统计分析发现，星期五男性购买尿片的同时又有 30%—40%的人会同时为自己购买啤酒，因为周五是电视台转播橄榄球赛的时段。因此，在尿片的旁边放置啤酒或者把二者捆绑销售这种方式取得了让人意外的销售成果，而发现和挖掘这种潜在商业规律的技术就是 BI。

然而在传统的 BI 平台中，数据的格式并不友好，BI 有自己的专有数据格式。因此在收集完相关的企业业务信息后，分析人员还需要做专门的数据转化，将数据格式转化为 BI 可以读取的专有格式。因此，在实际的工作过程中有近 80%的时间被花在了数据的移动和格式化处理上，而真正用于分析数据的时间却只有 20%左右，而这还是在配备了知识渊博的分析人员的情况下才能实现。

Tableau 的出现解决了这一问题，Tableau 可以直接处理大众认识度普遍较高的数据源，不需要复杂的数据转化过程。Tableau 是新一代的 BI 软件，基于斯坦福大学的突破性技术，Tableau 公司在全球拥有 9000 多家企业或组织客户，遍及各个行业的各类规模企业。2011 年，Tableau 被美国高德纳（Gartner）咨询公司评为世界上发展速度最快的商业智能公司。以下是 Tableau 业内用户的评价：

“Tableau 是一座桥梁，是一座将业务运营和大数据分析紧密融合的生产力桥梁。”

——柳卿博士，上海贝尔股份有限公司

“Tableau 提供了几乎所有数据源的访问接口，分析处理能力强大，图表精美，操作简单。”

——庄晓天博士，亚马逊（中国）

“我本人非常喜欢 Tableau 的强大计算能力、地理空间分析能力和预测建模分析能力。”

——江萍，百度地图数据分析经理

“Tableau 真正地帮助我们快速发展和创造价值。对于生产，这种帮助无时无刻不在体现。”

——Will Bishop，特斯拉汽车公司高级测试工程师

“Tableau 帮助我们以更少的资源清理和整塑用于报告的数据，因为我们已经能够实现报告自动化，所以现在我们这个小小的团队可以将大量资源集中在将数据分析转变成见解上面。”

——Secil Watson，富国银行集团执行副总裁

“我们完全钟情于 Tableau，钟情于它对提供组织中的每个人而不只是分析师和高级用户使用现成、可操作的数据的承诺。”

——David Baudrez，思科公司欧洲、中东和非洲地区商业洞察主管

“如果一次又一次地重复同一件事情，我永远也无法跳出固有的思维模

式。Tableau 可以让我们以一种完全不同的方式来查看数据。”

——Kevin King，可口可乐装瓶公司报告与分析主管

“如果没有开始使用 Tableau，我会继续使用 Excel。我会仍然对数据抱有恐惧。我将无法更充分地了解数据能够为我的日常工作提供怎样的帮助。”

——EUNICE LIM，商业分析高级经理

“以前，所有数据都是一行行一列列的数字。现在，我渴望进行新的分析，因为可以通过比以前轻松很多的方式真正看到趋势、故事以及数据带来的力量。”

——MARTA MAGNUSZEWSKA，特别调查部分析师

（二）Tableau 产品简介

Tableau Desktop 的系统要求：

（1）Windows

Microsoft © Windows © 10、8、7、Vista 或 XP SP3；或者 Server 2012、2008 或 2003（基于 x86 或 x64 芯片组）。

32 位或 64 位版 Windows。

最低需要 Intel Pentium 4 或 AMD Opteron 处理器，至少 250 MB 可用磁盘空间。

建议使用 32 位色深。

注意：不支持 Internet Explorer 6。

（2）Mac

iMac（2007 年中期或更新机型）

MacBook（2008 年晚期铝壳机型，或 2009 年早期或更新机型）

MacBook Pro（2007 年中期/晚期机型或更新机型）

MacBook Air（2008 年晚期或更新机型）

Mac mini（2009 年早期或更新机型）

OS X 10. 8. 1 或更高版本（推荐 10. 8. 6 或更高版本）

2 GB 内存

500 MB 可用磁盘空间

Tableau Server 的系统要求：

可连接到 Tableau 支持的所有数据源，包括关系数据库、多维数据集、云端数据、Hadoop 以及桌面设备中的文件

可处理所有 Tableau Professional 工作簿

以完整解决方案形式交付，无需其他必备软件

Microsoft © Windows © Server 2012、2008、2008 R2、2003 SP1 或更高版本；或者 Windows 8 * 或 7 *

32 位或 64 位版 Windows * *

建议使用 32 位色深

硬件规格：* * *

极小规模部署（即概念验证或初始评估，1 至 2 名用户）

建议至少采用 2. 0 GHz 或更高频率的双核 CPU

至少 2 GB 系统内存（4 GB 更好）

至少 1. 5 GB 可用磁盘空间

小规模部署（即用户数少于 25 名）

建议至少采用 2. 0 GHz 或更高频率的四核 CPU

至少 8 GB 系统内存

至少 5 GB 可用磁盘空间

中等规模部署（即用户数少于 100 名）

建议至少采用 2 个 2. 0 GHz 或更高频率的四核 CPU

至少 32 GB 系统内存

至少 50 GB 可用磁盘空间

企业级部署

注意：

＊在 Microsoft © Windows © 7 或 Windows © 8 桌面设备上安装 Tableau Server 前，Tableau 建议您先查阅所有适用的许可协议，确定其是否可能会约束或以其他方式限制您在桌面操作系统上安装服务器应用程序的能力。Tableau Server 在 Windows 7 家庭版本上不受支持。

＊＊Tableau 已经过测试，可在 64 位版 Windows 上运行。Tableau 是一款 32 位应用程序，需要 32 位版本的数据库驱动程序，即使在 64 位版 Windows 上运行也是如此。

＊＊＊Tableau 产品要求计算机至少采用 Pentium 4（2001 年发布）或 AMD Opteron（2003 年发布）处理器。这些是包含 Tableau 所需 SSE2 指令集的第一批处理器。

上述计算机配置是建议采用的最低指导性配置。根据用户负载、数据量，可视化复杂性和其他因素的不同，需要的实际硬件配置会有所不同。

Tableau 的所有产品都支持 Unicode，并兼容用任何语言存储的数据。用户界面和支持文档的语言有英语、法语、德语、西班牙语、巴西葡萄牙语、日语、韩语和简体中文。

Windows 环境和 MacOS 环境都支持 Tableau Desktop。此外，在配置了适当的底层 Windows 操作系统，并满足最低硬件要求的情况下，所有 Tableau 产品都可在虚拟化环境中运行。这些虚拟解决方案包括 Citrix 环境、Parallels、Microsoft Virtual PC 和 VMware。

二、Tableau 功能

（一）简单易用

Tableau 软件简单易学，其最重要的一个特征就是：普通商业用户，而非专业的开发人员，也可以使用这些应用程序，使用拖放式的用户界面就可迅速地创建图表。为此，IT 团队就可以避免各种数据请求的积压，转而把更多的时间放在战略性的 IT 问题上，而软件用户又可以通过自己就获得想要的数据和报告。

传统 BI 平台往往显得非常复杂，随着时间推移，它们变得臃肿而难以使用。仅仅是为了完成基本的任务，用户就需要注释清单的帮助。事实上，最近一项名为“BI 报告”的调研发现，仅有 8%的 BI 用户真正使用他们的 BI 应用，换句话说，就是有 92%的用户是不完全使用专为他们设计的 BI 工具的。

传统方式想预先估计每个员工的分析需求几乎是不可能的。一个 IT 部门能真正读懂商业用户的想法吗？在解决实际问题时，往往商业用户使用自己的工具会更富有成效。调研公司 TDWI（数据仓库研究所）研究了许多自助服务分析工具后，发现：用户自己创建的仪表板比起 IT 开发人员创建的来说，更具洞察力。

那么，Tableau 的简单易用主要体现在哪些方面呢？主要有如下几个方面。

点击几下鼠标就可以连接到所有主要的数据库。

通过拖放就可快速地创建出美观分析视图，并可随时修改。

智能推荐最适合数据展现的图形。

通过网页和邮件就可以轻松与他人分享结果。

在网页上提供交互功能，比如向下钻取和过滤数据。

Tableau 是比 Excel 还要易用的分析工具，但简单易用并不意味着功能有限，使用 Tableau，用户可以分析海量数据，创建出具有美观性和交互性的各种图表。

（二）极速高效

BI 要求运行速度快且容易扩展，为达到此性能，一个 BI 解决方案必须要有很多方法。为了有较快的速度，传统的商业智能平台需要将数据复制到 BI 系统中的专有格式中。如此，公司的分析人员，并不是在做数据分析，而是在数据间来回重组，从一种格式换到另一种格式。这样的结果就是，一个知识渊博的分析专员把他 80%的时间花在了移动和格式化数据上，而真正分析数据的时间却只占 20%。

在 Tableau 中，用户访问数据只需指向数据源，确定要用的数据表和它们之间的关系，然后单击 OK 按钮进行连接就可以了。

Tableau 顺应人的本能用可视化的方式处理数据，所以一个巨大的优势就是：速度。通过拖放的方式就可改变分析内容，单击一下突出显示，即可识别趋势。再单击一下就可以添加一个过滤器。你可以不停地变换角度来分析数据，直到你能深刻地理解数据为止。

将你的数据导入 Tableau 的高性能数据引擎，你将以惊人的速度处理你的数据。只需单击鼠标，无需任何编程，就可以完成对数据的分析。Tableau 可以将几百万条数据，在你思考的瞬间就转变为你所想要的答案。Tableau 独特的 Architecture-aware 内存使用方式意味着，在较少的硬件上可以处理更多的数据。

Tableau 的可视化方法意味着用户思考的并不是如何来使用软件，而是在思考他们的问题和数据。极速 BI 是基于新一代的拖放可视化界面，速度快、容易使用，几乎任何一个用户都可以进行大范围的查询（验证用户界面最好的方法就是获取一个可用的试用版本，并实际使用一下）。

所以，在针对海量数据设计BI战略时，请考虑以下因素。

（1）充分利用当前商品硬件实现响应数百万行数据的即时查询

仅仅是使用普通笔记本电脑的最高级别内存层次结构和将所有数据变成内存数据，数据库就能表现出性能优势。一个商业智能解决方案应能充分利用最新硬件和完整内存层次结构的性能，来帮助用户工作得更快，即使数据源缓慢也应如此。

（2）不能把可分析数据的大小限制在可用内存范围内

第一代"内存"的解决方案使得计算快很多，但代价是把可分析数据的大小限制在了可用内存范围内。极速Tableau代表着下一代内存解决方案：通过在不同时间使用不同层级的内存，使得客户可以充分利用每台PC的计算能力，而不用将可分析数据大小限制在内存许可的范围内。

（3）对于聚合或者汇总的查询量和预先计算没有要求

极速BI真正支持即时大型数据集查询，也就是说客户不用再预先决定采用哪种测量来聚合或查询了，只需要加载内存中的数据然后就可进行即时分析。

（三）美观交互的视图与界面

Tableau另一个很重要的特点就是可以迅速地创建出美观、交互、恰当的视图或者仪表板。

Tableau的研发思路就是为了顺应人的本能，让人们用可视化的方式来处理数据。相对于观察分析密密麻麻的数据交叉表，人们对于美观的数据图的分析和摄取能力是惊人的。

Tableau拥有智能推荐图形的功能，当你选中要分析的字段时，Tableau就会自动推荐一种合适的图形来展示你的数据。当然，你也可以随时切换其他的图形。

除了创建出美观、交互的视图和仪表板，Tableau 还拥有轻松的可视化界面，主要体现在以下几个方面：

（1）交互式的数据可视化

Tableau 就如它主要的分析方法一样提供数据的可视化，在数据图形上的选择和互动，就是对数据本身的计算，分析过程从一开始就是可视化的，而不是查询——获取数据——写报告——使用图表的一个继承过程。

（2）简单易用的用户界面

Tableau 的用户界面简单直白，易于理解，界面使用的是商业术语。普通商业用户会发现只需拖放、单双击的操作即可实现所有的功能。

（3）地理情报的功能

一个组织发生的所有事情必定发生在某个地方，地理分析是非常重要的。Tableau 拥有强大的地图绘制功能，无需专业地图文件、插件、费用和第三方工具。

（4）向下钻取

使用 Tableau，用户可以轻松地钻取底层细节数据。并且，向下钻取和钻透功能可以自动发生，而无需特殊脚本或者预先设置。更为重要的是，在 Tableau 中，用户能够随时选择数据图形来查看底层。

（四）轻松实现数据融合

不管数据是否存储在同一个地方，商业用户都可以调用他们需要的任何数据。传统的 BI 是假设所有重要数据都可以被移动到一个综合的企业架构当中。但这对于大多数企业来说，都是不现实的，因为他们在不同地方有不同的数据库，数据又是根据时间和员工来分类的，而企业的需求又是不断变化的。

对于你现有的 BI 平台，请思考以下这些问题。

IT 人员是否需要在商业用户可以分析数据之前，将分开的数据整合到一个单一的地方？

为了给一块业务建模，用户需要不断地从昂贵的数据仓库中将数据复制粘贴到电子表格中吗？

如果你的回答是 YES，那你就得考虑另一个更快更灵活的 BI 了。

Tableau 可以灵活地融合不同的数据源，你不需要知道数据具体是如何存储的就可以来询问和回答问题，无论数据是在电子表格、数据库还是数据仓库中，或在其他所有的结构中，都可以快速连接到他们所需要的数据并使用它。

Tableau 对于数据融合的方便性体现在以下几方面：

（1）允许用户融合不同的数据源

用户可以在同一时间查看多个数据源，在不同的数据源间来回切换分析，并允许把两个不同数据源结合起来使用。

（2）允许用户扩充数据

Tableau 能让用户随时加入公司外部的数据，比如人口统计学和市场调研数据，在制作数据图表的过程中，还可以随时连接新的数据源。

（3）减少了对 IT 的需求

Tableau 能让用户在现有的数据架构中工作。如此，IT 人员也从无休止地创建数据立方体和数据仓库过程中解放了。IT 人员只要将数据准备好，开放相关的数据权限，Tableau 用户自己就可连接数据源并进行分析。

（五）简便的管理

Tableau 软件在现有员工和架构的基础上能够支持新的 BI 应用。传统的 BI 已为 IT 带来很多琐事，如：安装、部署、编程、撰写报告、变更请求、支持和维护，这甚至还不包括昂贵且必需的专业服务。更麻烦的是，当业务要求改变部署或增加新功能时，传统 BI 经常就“无力”了，这将导致客户的软件升级延缓或根本没有升级，进而减弱了利用技术进步的能力。即使他们的软件真的升级了，那也是一个涉及许多资源的庞大工程。

Tableau 软件公司的极速 BI 对 IT 资源的要求甚少，不管是安装还是维护。不用配置新的数据库，不用安装新的中间层服务器，不用进行痛苦的数据建模练习，不用进行长达一个礼拜之久的管理员培训课程，也不用 IT 人员去拿各种证书。软件的升级是无痕迹的。更重要的是，Tableau 的 BI 会遵守现有的安全验证模型，不用设置新的安全措施来保证一致性。软件的扩展也是内置的，通过利用低成本的硬件选项可以扩展到数千用户。

（六）灵活的配置

企业需要根据当前的需求来部署 BI，但又不限制未来的增长。与以往任何时候相比，现在的经济要求组织能根据需要合理地在软件许可证上进行花费。但是，由于传统 BI 的安装与维护非常的复杂，使得经销商难以为客户提供小型的用户套餐。更糟糕的是，模块新增功能往往意味着额外的许可费。而人们通常又都希望先试验一些只有少数用户的分析项目，然后随时间再逐步扩展。

传统的 BI 限制太多，它要求组织购买大量最低配置牌照，以满足潜在的需求，而这些又不是实际需求，导致软件的很多配置荒废着。代表着新一代的 Tableau BI 工具，在每一个环节都证明了它的价值。组织可以根据需要购买牌照，可以买一个、十个或上千个。从本地文件工作的单个分析师到通过网络访问众多数据源的成千个用户，经济实惠的 Tableau 几乎支持所有的配置。更方便的是，这些概念的证明非常简单，只要在网上下载试用版软件，安装试用体验即可。

三、Tableau的使用

Tableau 的产品有 Tableau desktop，Tableau Sever，Tableau Online，其中 Tableau desktop 是针对个人的，每个人都能使用的分析工具。下面的章节就介绍 Tableau desktop 的基本使用过程。

（一）数据连接

目前最新版本的 Tableau desktop 已经更新到 Tableau10. 2，用户可以去 Tableau 的官方网站上（www. Tableau. com）下载最新版本，由于 Tableau 是收费软件，对于每一个新的用户 Tableau 给予 15 天的免费试用期。在完成下载安装后点击 Tableau10. 2 应用图标

打开软件。这时会看见 Tableau desktop 的起始页面，如图 3-83。

（二）拖放数据

在 Tableau 中选择左上角文件-打开，在 Tableau 的安装目录中有 dataset 文件夹，打开后有 Tableau 提供的使用数据 dataset_ 超市，里面包括有关超市的产品、销售额、利润等信息。通过把这些信息导入 Tableau 发掘其中的销售规律。

打开 dataset_ 超市数据集后，Tableau 会自动弹进画布界面，若没有弹进此界面可点击文件下方的图标切换。如图 3-84 中红色框所示：

将左侧工作表中的订单、退货、销售人员的数据集直接拖拽到右侧的方框内，得到如图界面，然后点击左下角红色方框工作表 1，得到如图 3-85 界面。

Tableau 将数据类型（如日期、数字、字符串等）和角色（维度或度量）自动分配给导入的数据。而在工作表 1 的左侧是数据源选项，如果在处理过

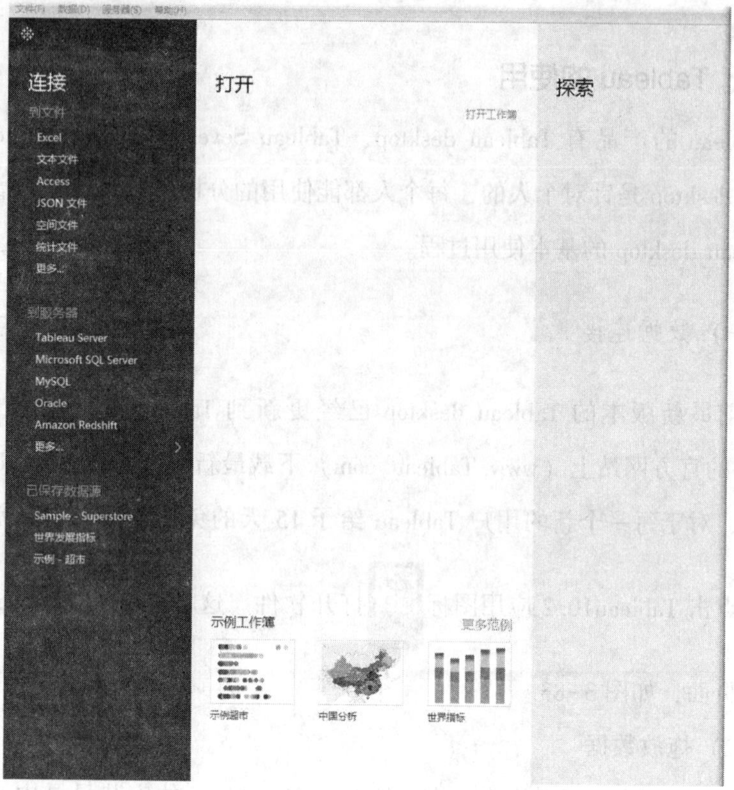
文件(F) 数据(D) 服务器(S) 帮助(H)
连接
到文件
Excel
文本文件
Access
JSON 文件
空间文件
统计文件
更多...
到服务器
Tableau Server
Microsoft SQL Server
MySQL
Oracle
Amazon Redshift
更多...
已保存数据源
Sample - Superstore
世界发展指标
示例 - 超市
打开
打开工作簿
探索
示例工作簿
更多范例
示例超市
中国分析
世界指标

图 3-83

文件(F) 数据(D) 窗口(N) 帮助(H)
dataset_超市
连接
添加
dataset_超市
Excel
工作表
订单
退货
销售人员
新建并集
将工作表拖到此处
排序字段
数据源顺序
显示别名
显示隐藏字段

图 3-84

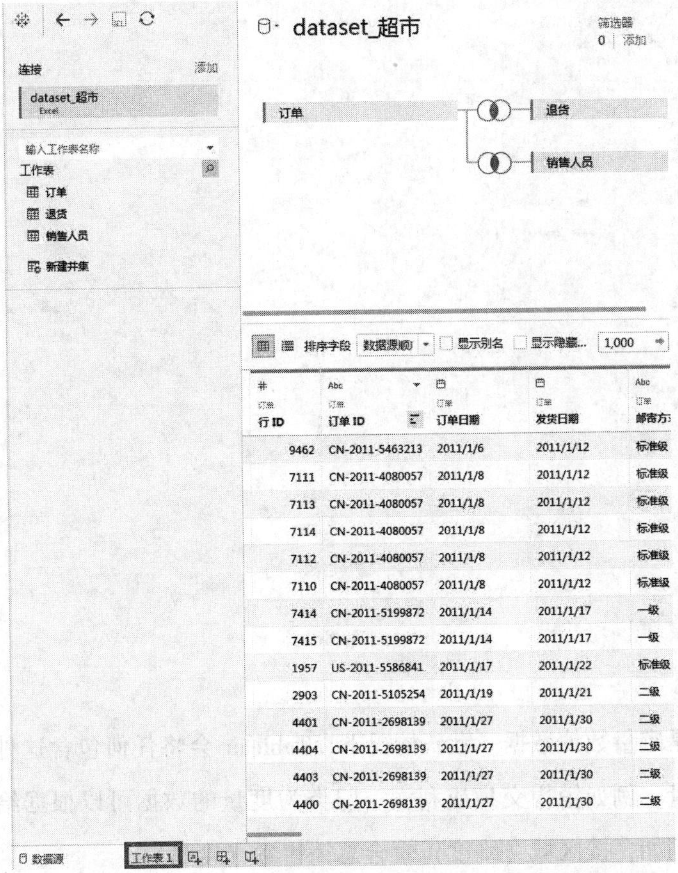

图 3-85

程中想要看部分数据，直接点击数据源即可返回图 3-85 的界面，再点击工作表即可返回图 3-86 界面。Tableau 默认可以查看前 1000 条数据，并且在 Tableau 修改数据并不会影响到原本的数据源的数据。

关于维度和度量，Tableau 是这样定义的：

维度是定性数据，例如名称或日期。默认情况下，Tableau 会自动将包含定性信息或分类信息的数据归类为维度，例如，任何具有文本或日期值的字段。这些字段通常显示为数据行的列标题，例如“客户名称”或“订单日期”。

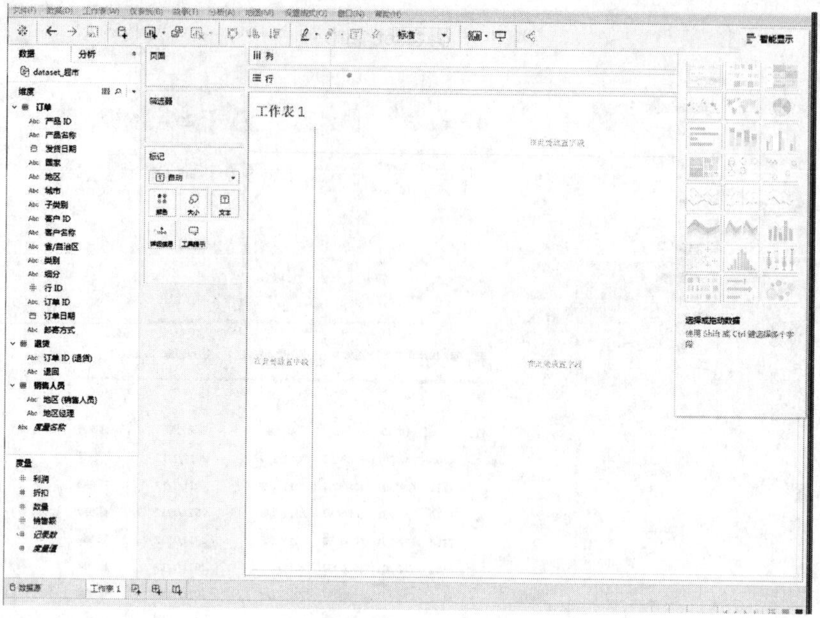

图 3-86

度量是定量数值数据。默认情况下，Tableau 会将任何包含这种数据的字段视为度量，例如销售交易或利润。归类为度量的数据可以根据给定维度进行聚合，例如，按区域（维度）聚合总销售额（度量）。

按住左键将左侧栏维度下的订单日期拖拽到右侧工作区的列栏目的空白处，然后将左侧栏度量里的销售额拖拽到右侧工作区的行的空白处。因此这两个的交集就可以体现超市每年的销售总额的变化趋势。从图 3-87 可以看出本超市的销售额随时间增长而增长。但是，此图并不能反映出商品细类的变化趋势，通过进一步挖掘来查看哪些商品增长的快，哪些商品的销售额比其他类商品高。

通过图 3-88 红框内的标记可以改变图标的类型。通常这个选项选择自动。

把鼠标移动到柱形图中的任何一条可以显示出当前柱形图表示的维度和

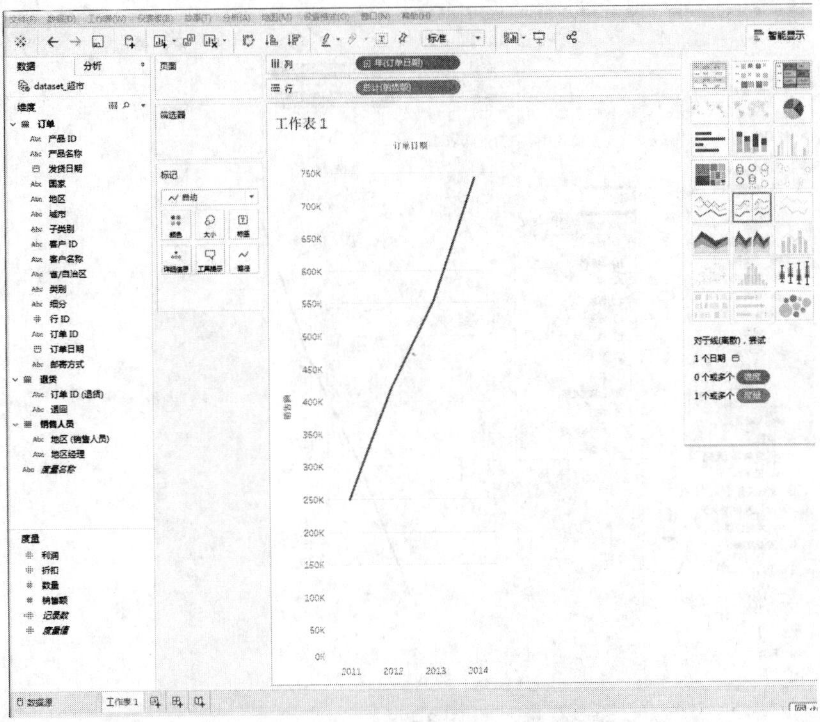

图 3-87

度量的信息，从此案例可以看出显示的是 2014 年，家具的销售额是 277 149，如图 3-89 所示。

在左侧维度栏里分别右键点击子类别、订单日期、类别，然后选择显示筛选器，就可以看见维度右侧的筛选器一栏有刚才选中的子类别、订单日期、类别，在工作簿的最右侧也有显示具体的类别、子类别和时间，这里每一项前面的勾都是可以根据用户的数据偏好点击去除的，如图 3-90 所示。

将子类别拖拽添加到列的工作栏后可以生成如图 3-91 的柱形图，从图中可以清晰地看出每个子类别随年代变化销售额的变化情况，在最右侧可以勾选感兴趣的子类别看具体的变化情况，例如如果只勾选了电话这个子类别，工作簿中的条形图也只会显示电话这个子类别的年代销售额的柱形图。

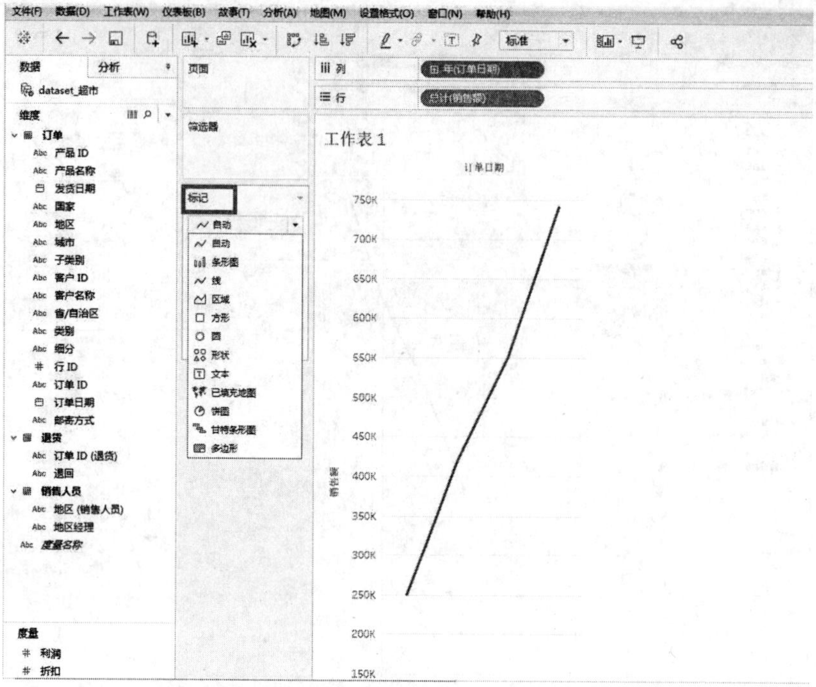
文件(F) 数据(D) 工作表(W) 仪表板(B) 故事(T) 分析(A) 地图(M) 设置格式(O) 窗口(N) 帮助(H)
标准
数据
分析
dataset_超市
维度
订单
产品 ID
产品名称
发货日期
国家
地区
城市
子类别
客户 ID
客户名称
省/自治区
类别
细分
行 ID
订单 ID
订单日期
邮寄方式
退货
订单 ID (退货)
退回
销售人员
地区 (销售人员)
地区经理
度量名称
度量
利润
折扣
页面
筛选器
标记
自动
自动
条形图
线
区域
方形
圆
形状
文本
已填充地图
饼图
甘特条形图
多边形
列
年(订单日期)
行
总计(销售额)
工作表 1
订单日期
750K
700K
650K
600K
550K
500K
450K
400K
350K
300K
250K
200K
150K
图 3-88

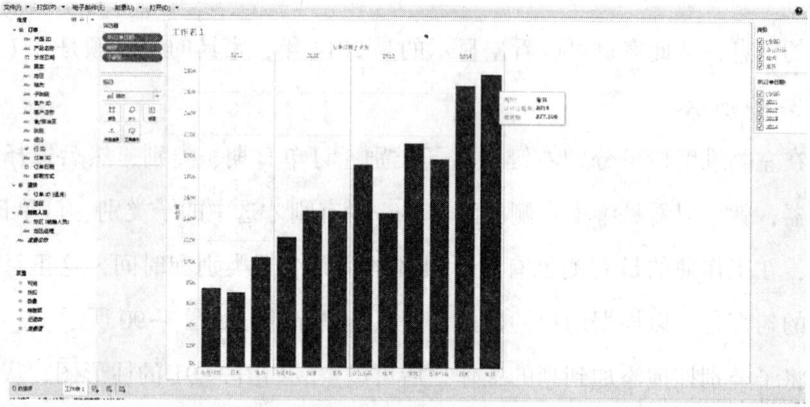
图 3-89

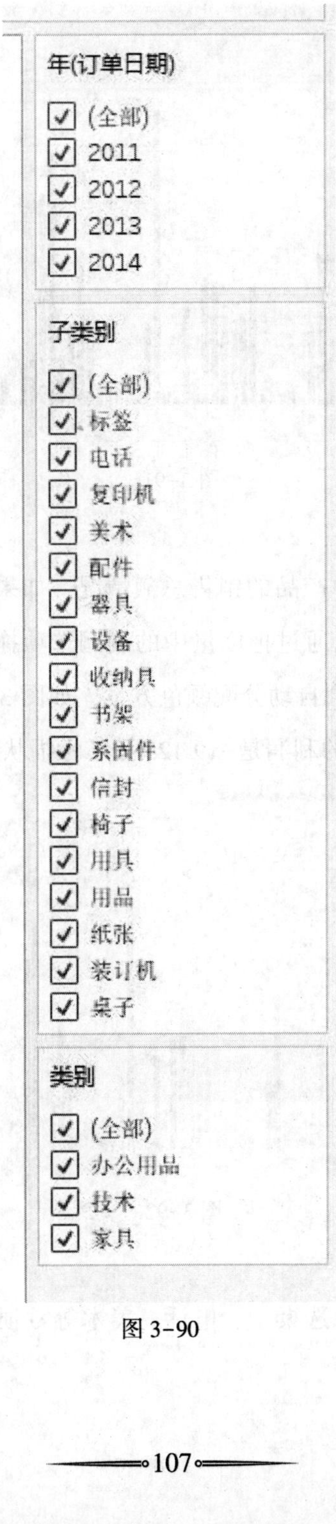
年(订单日期)
(全部)
2011
2012
2013
2014
子类别
(全部)
标签
电话
复印机
美术
配件
器具
设备
收纳具
书架
系固件
信封
椅子
用具
用品
纸张
装订机
桌子
类别
(全部)
办公用品
技术
家具

图 3-90

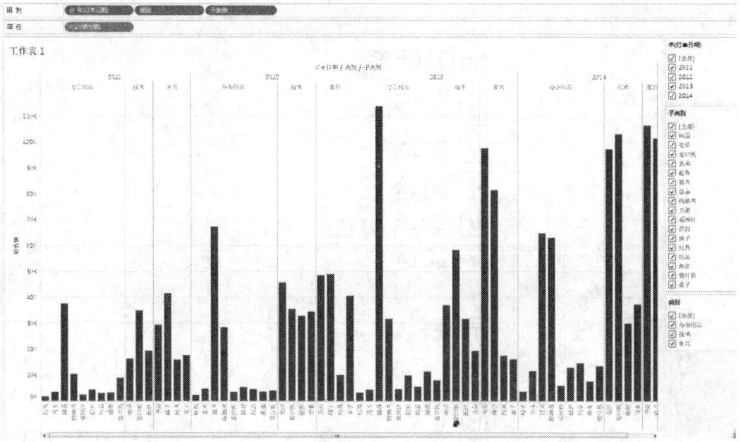

图 3-91

在图中可以看见各种产品的销售总额情况，如果想在一张图上清楚地看出产品的盈利情况，可以通过把度量中的利润选项拖拽到标记工作栏中的颜色选项来实现，Tableau 会自动分配颜色方案，如图 3-92、图 3-93 所示，红色桌子子类别在 2012 年的利润是-19 125 处于亏损状态。

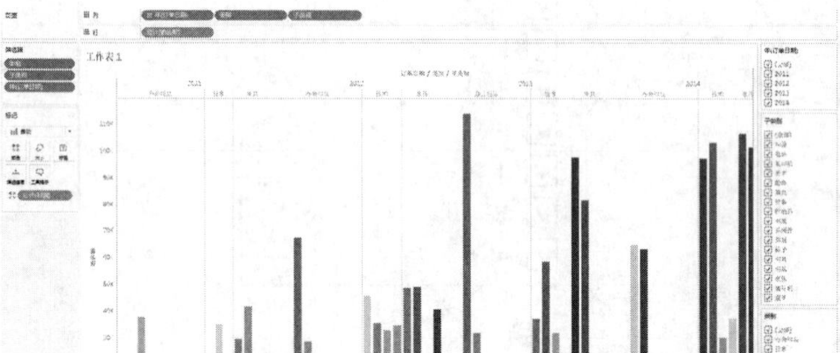

图 3-92

通过最右侧工具栏勾选桌子、电话、美术等亏损子类别商品就可以只显

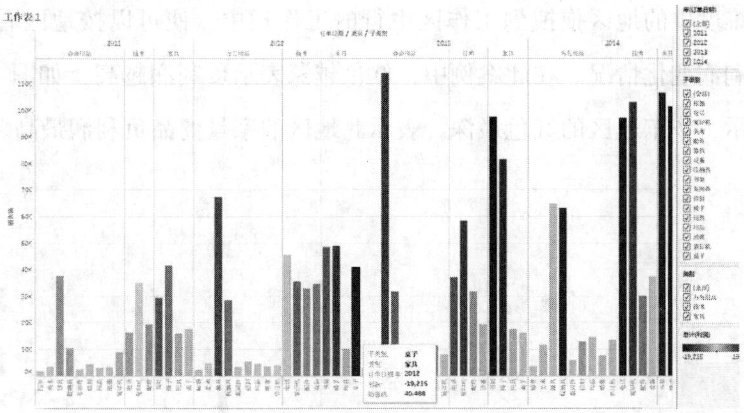

图 3-93

示桌子、电话、美术的销售额以及利润随时间变化情况。如图 3-94 所示，电话商品在某些年份还是盈利的，桌子商品的亏损是较为明显的。

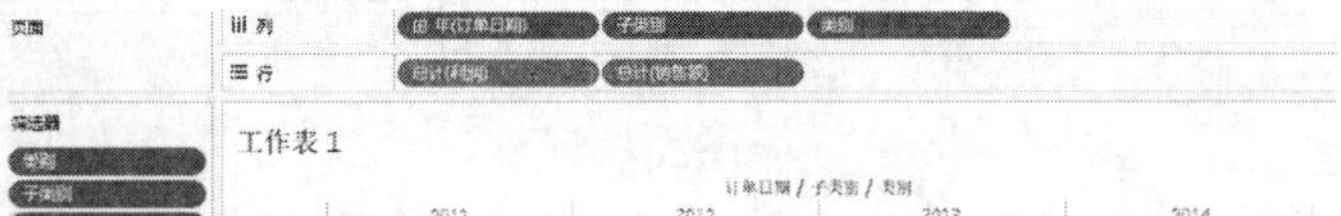

图 3-94

将维度中的地区拖拽到工作区中行的工作栏中，便可以按地区看见其销售额和利润变化情况。在此案例中，红色越深表示负利润越高，如图 3-95 蓝色框所示，华东地区的红色最深，表示此地区的家具商品负利润最高。

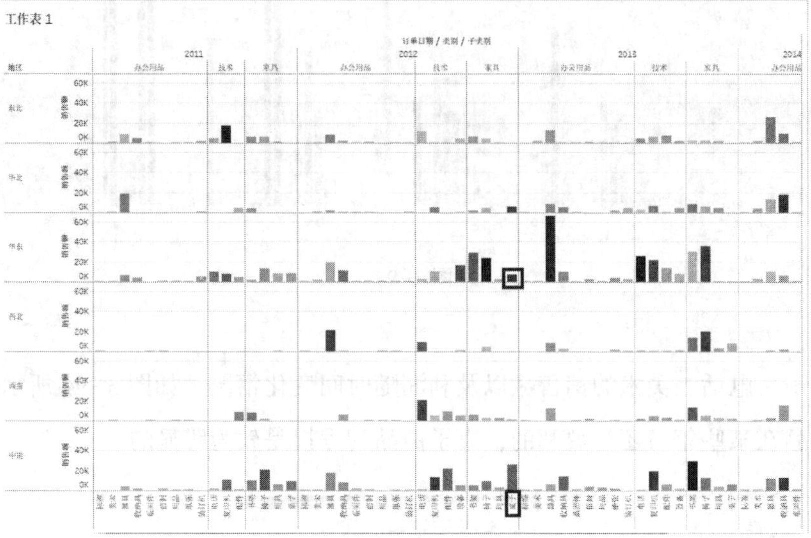

图 3-95

下面的工作也许会具体分析华东地区的数据情况，但目前的分析视图包括所有地区，如果既想保留目前结果，又想利用此图标进一步深入分析，可以选择双击左下角的工作表 1 或者右键单击均可以重命名：“按商品地区列出销售额”。然后再新建工作表，并且复制原先的“按商品地区列出销售额”工作表，在新建工作表中右键选择粘贴。在新得到工作表中把维度中的地区拖拽至筛选器，然后取消除华东地区以外的所有地区前面的勾，然后点击确定，如图 3-96。得到华东地区销售额与利润的分析图，如图 3-97 所示。

Tableau 另外一个特色功能就是可以通过地图视图来反映数据变化情况。Tableau 如果为维度中的单位自动分配了地理数据的话，在数据维度下的地理字段旁会有🌐的图标。如果没有只显示 Abc 图标的话，那就表示 Tableau 未自

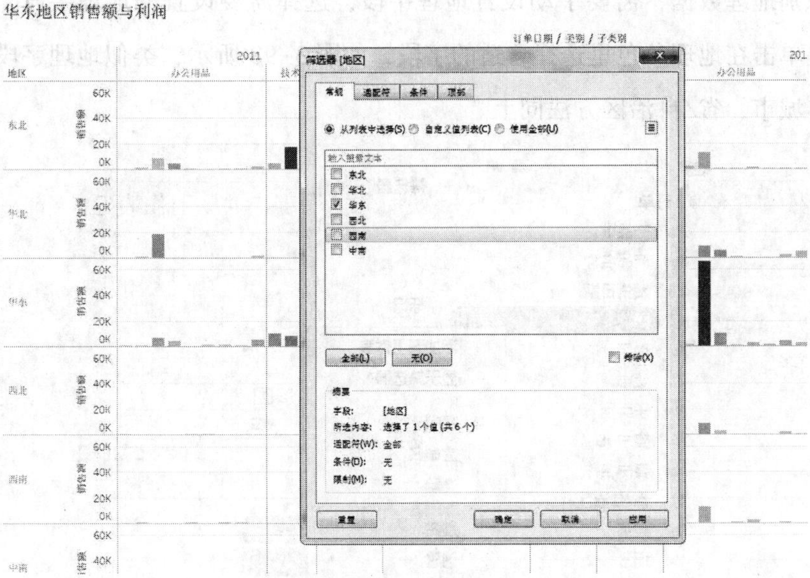
华东地区销售额与利润
订单日期 / 类别 / 子类别
2011
地区
办公用品
东北
华北
华东
西北
西南
中南
60K
40K
20K
0K
筛选器 [地区]
常规
通配符
条件
顶部
从列表中选择(S)
自定义值列表(C)
使用全部(U)
输入搜索文本
东北
华北
华东
西北
西南
中南
全部(L)
无(O)
排除(X)
摘要
字段: [地区]
所选内容: 选择了 1 个值(共 6 个)
通配符(W): 全部
条件(D): 无
限制(M): 无
重置
确定
取消
应用

图 3-96

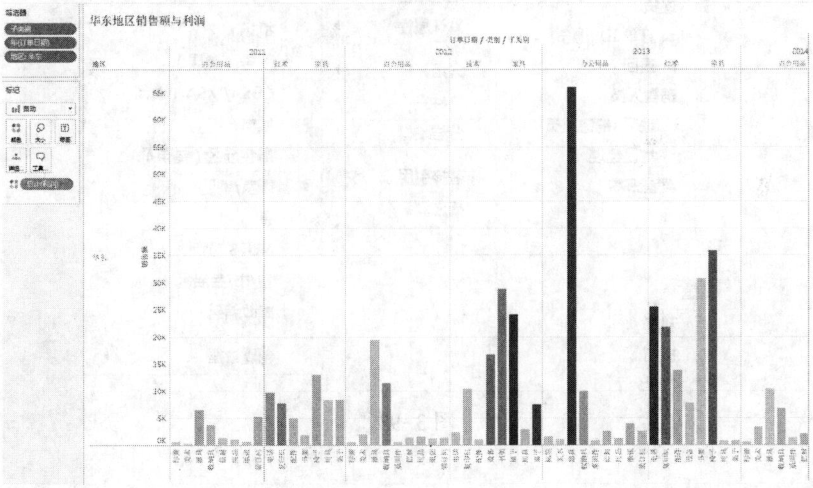
筛选器
标记
华东地区销售额与利润
订单日期 / 类别 / 子类别
2011
2012
2013
地区
办公用品
技术
家具
华东

图 3-97

动识别地理数据，需要手动设置地理字段，选择需要设置的地理字段，然后右键单击在地理角色里选择合适的字段，如图 3-98 所示，类似地理字段如地区、城市、省/自治区方法同上。

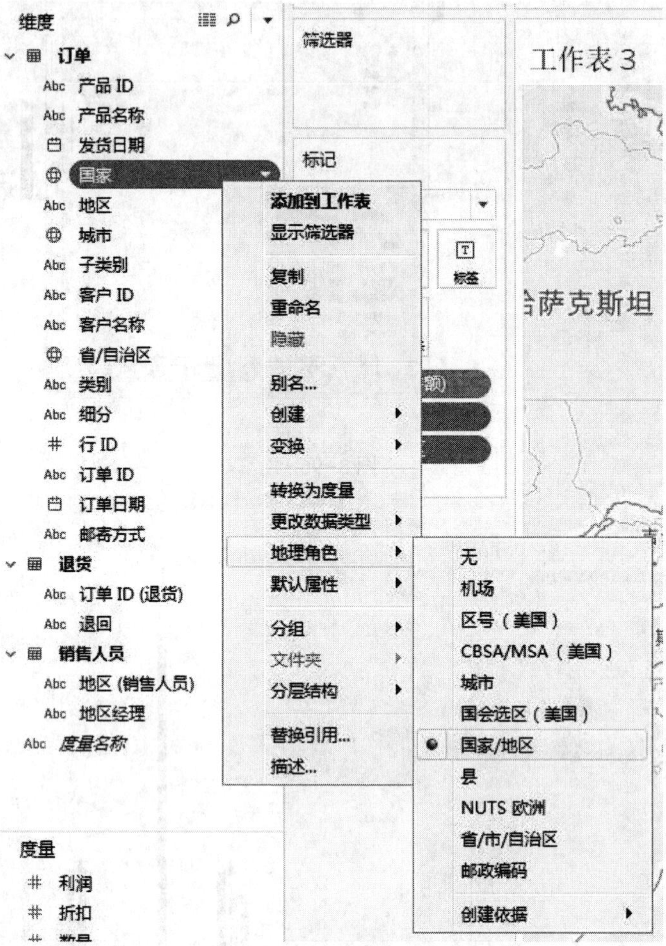

图 3-98

双击数据维度中的省/自治区选项，然后将度量中的销售额拖拽到标记的颜色功能区，即可以得到全国各省/自治区的销售总额情况，如图 3-99，广东省以 199 353 的销售额在图中显示为深蓝色，也是全国销售额最高的省。

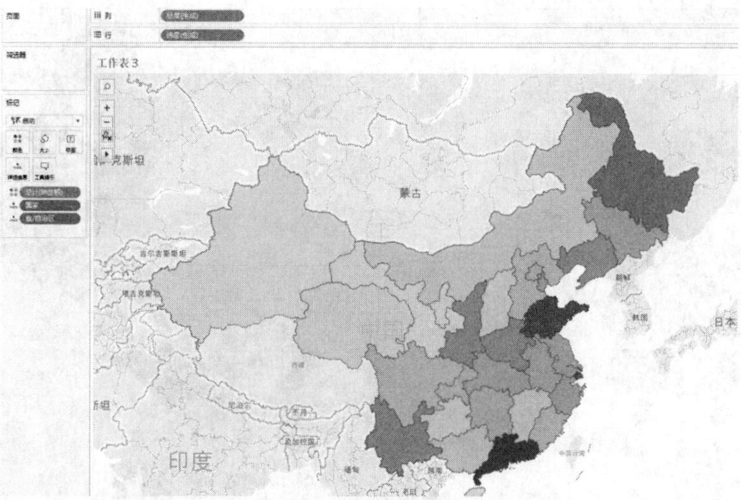

图 3-99

然后将度量中的利润拖拽到标记的颜色功能区，即可以得到全国各省/自治区的销售利润情况，如图 3-100 所示，浙江省以-31 566 的负利润成为最不盈利的省份。但是在销售额的全国图中，浙江省的销售额是 72 474 在整个全国销售额里面算是不错，但是却出现了严重的负利润，这里面存在的原因值得进一步挖掘。

将目前的工作表重命名为利润地图，然后在最右侧智能显示中选择横向的条形图。

前面图 3-95、3-96、3-97 提到到的华东地区的商品利润最低，下面就具体分析其具体原因。在利润地图的工作表中将左侧维度中的地区拖拽到筛选器里，并且在地区中选择华东，然后将子类别也拖拽到筛选器中，然后将维度中的省自治区选项拖拽到标记中的标签栏目下，将度量下的利润也拖拽到标签栏目下，这样就可以得到只显示华东地区的利润地图，并且可以在地图上直观地看到华东各省的名字和利润数值，在最右侧的子类别中有可以选择的商品的子类别，在子类别的选择里选择从底部开始利润排名倒数的前 5 名，

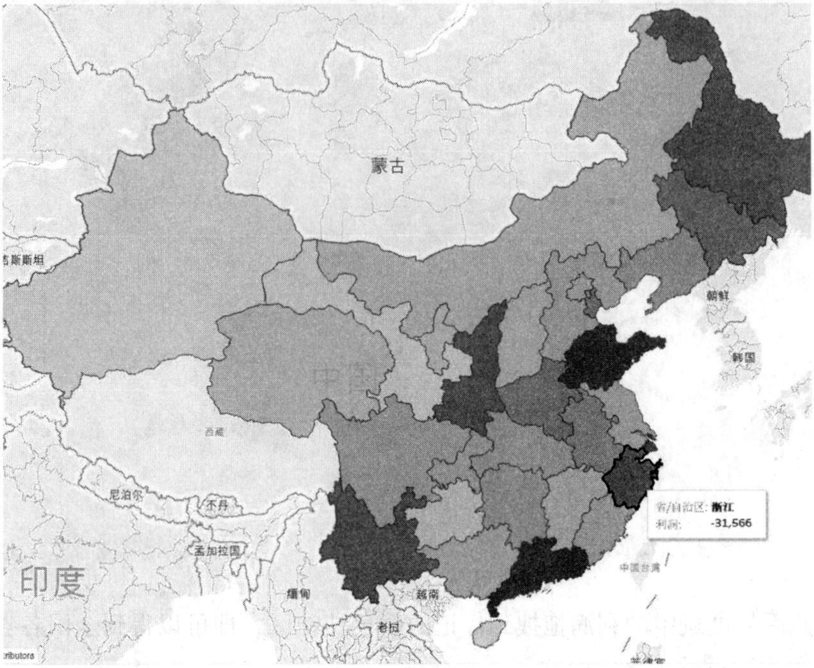

图 3-100

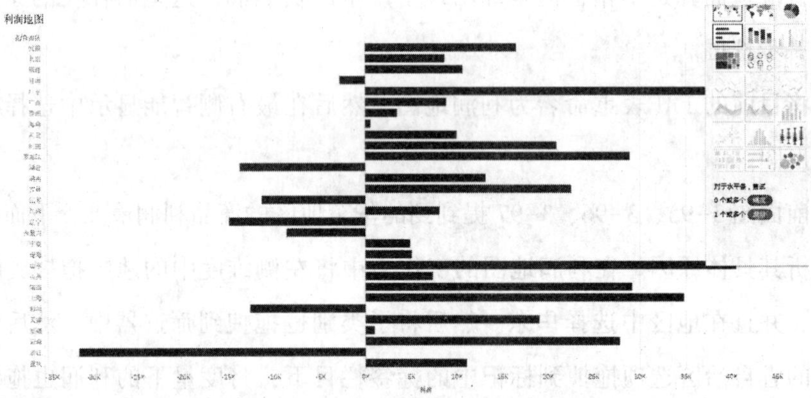

图 3-101

如图 3-102 所示

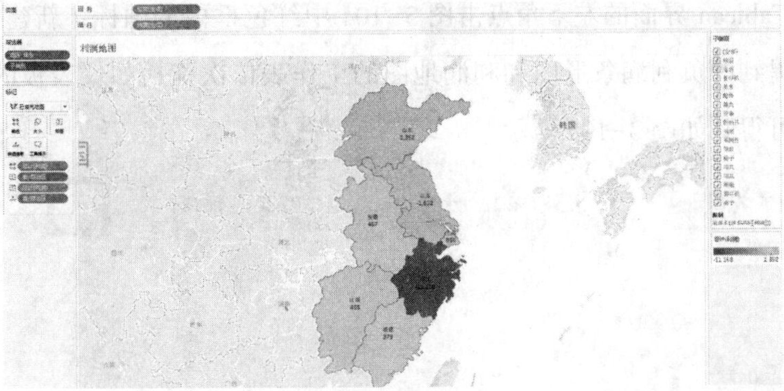

图 3-102

如图 3-103 所示，在最右侧筛选器的子类别下面，可以通过勾选不同的子类别得到不同的华东地区利润图的分布情况，通过去除桌子、装订机、美术这三个超市商品的子类别，华东地区的利润视图就变成了正数。

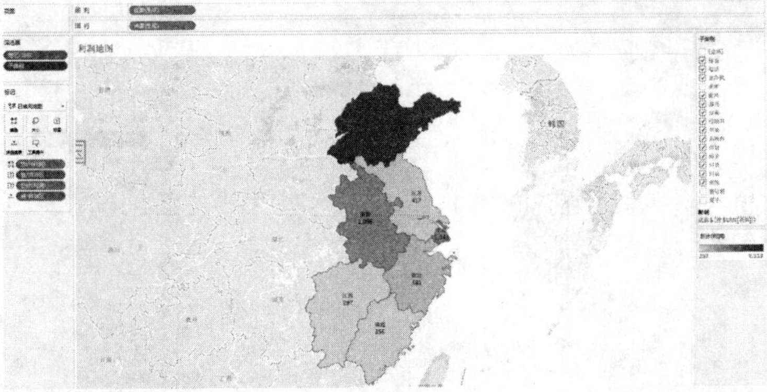

图 3-103

我们可以看出在华东地区存在负利润的是浙江省和江苏省，而造成这种情况的是超市子类商品中的桌子、装订机、美术。那么怎么样强调这几种商品不佳的表现呢？在 Tableau 里有个功能是设置仪表板，通过把地图视图和利润条形图的结合反映在同一个界面，下面就介绍仪表板的制作方法。

在 Tableau 界面的左下角点击图 3-104 中红色框内的图标，新建仪表板。将前面提到的负利润条形图和利润地图的工作表依次拖拽如仪表板的工作区内，便可得到如图 3-105 所示。

图 3-104

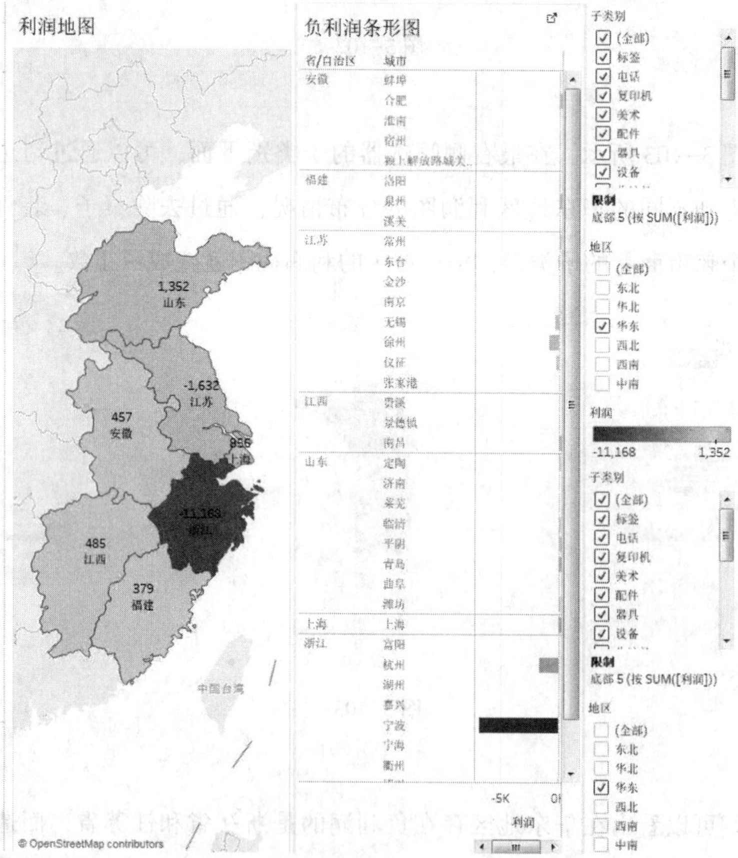

图 3-105

但此时的仪表板并不美观，条形利润图里显示也不完全，为了更直观简单的了解，需要进一步调整。可以将右侧筛选器里的订单日期拖拽到利润地图的正下方，或者右键单击选择浮动，然后再拖拽。如果筛选器里没有订单日期的选项，可在原先利润地图的工作表中添加，并且在筛选器里右键单击后选择显示筛选器即可同步显示了。同理，利润颜色图例也可以拖拽到负利润条形图的下方，最后调整好的仪表板如图 3-106 所示。此时可以较为清晰对华东地区负利润的形势和商品有所判断，通过利润地图下方订单日期的滑块拖拽还可以显示不同年份情况下，华东地区的利润变化情况。

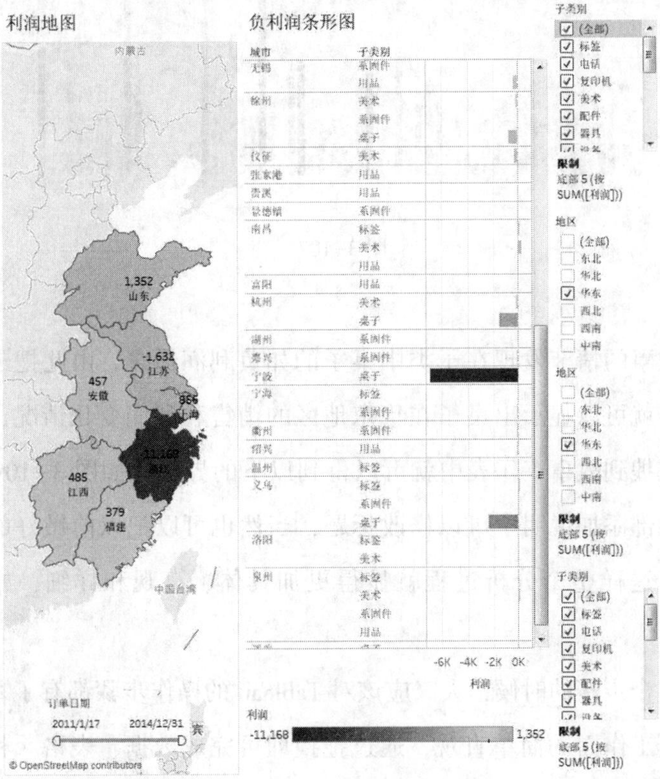

图 3-106

Tableau 也可以用故事的方式陈述，点击新建故事如图中红框所示 

然后将之前做好的华东地区的销售额与利润的工作表（图 3-107）拖入新建故事的工作表中，得到如图 3-108 所示的结果。

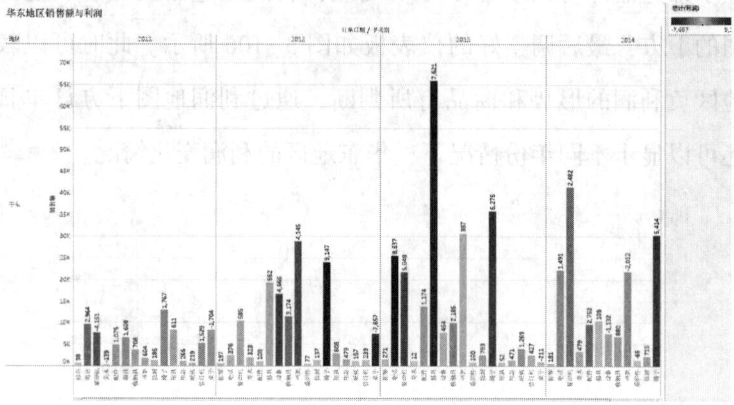

图 3-107

按照故事的情节发现在子类中桌子的如负利润最多，由此把子类别中只选择桌子，就可以显示出桌子在华东地区的销售和利润变化情况，然后把此工作表再拖拽到故事工作表中就可以得到以下的界面，如图 3-109 所示，可以看见在顶部添加说明中可以修改标题，当然也可以把以前做好的仪表板拖入故事中，这样整个分析过程就显得更加具体、直观和详细，如图 3-110 所示。

做到这个步骤的时候，大家应该对 Tableau 的操作步骤都有了基础的认识了，由于其工作面的简单直观，通过拖拽即可完成数据、表格、和图像之间的切换与显示。Tableau 是个界面非常友好的软件，不需要编码即可对大量的数据进行图形化的处理和分析，而且可以处理很常用的 EXCEL 格式的数据。

优点：Tableau 功能强大，操作简单直接，通过简单的拖拽就可以处理多

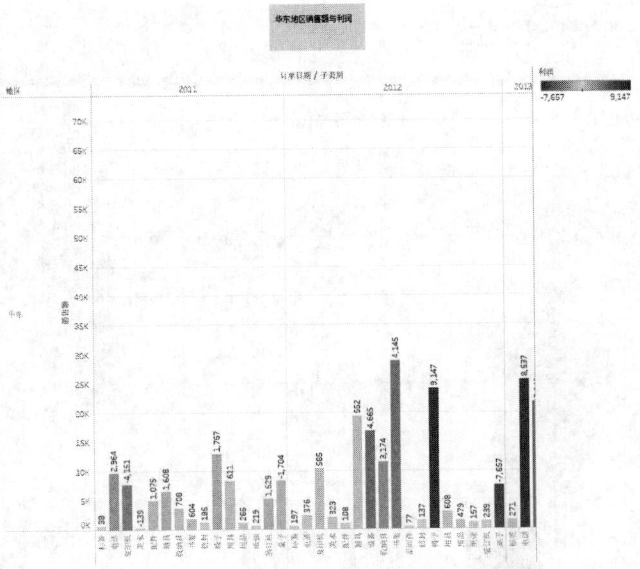
华东地区销售额与利润
订单日期 / 子类别
地区
2011
2012
2013
利润
-7,657
9,147
华东
销售额

图 3-108

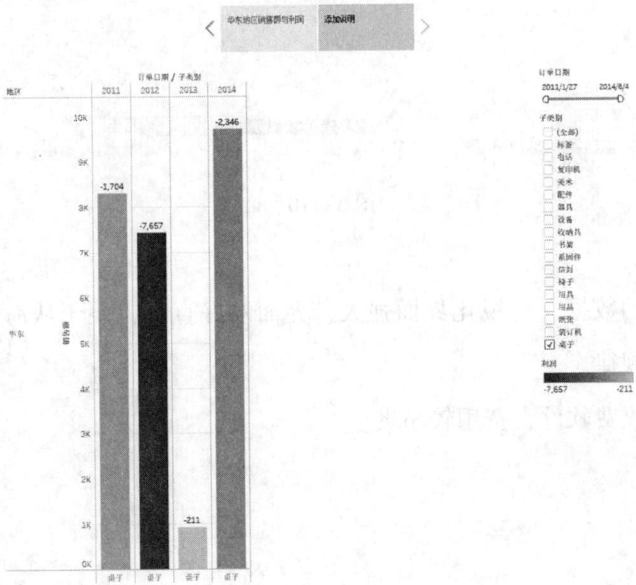
华东地区销售额与利润
添加说明
订单日期 / 子类别
地区
2011
2012
2013
2014
-1,704
-7,657
-211
-2,346
华东
销售额
桌子
订单日期
2011/1/27
2014/8/4
子类别
(全部)
标签
电话
复印机
美术
配件
器具
设备
收纳具
书架
系固件
信封
椅子
用具
用品
纸张
装订机
桌子
利润
-7,657
-211

图 3-109

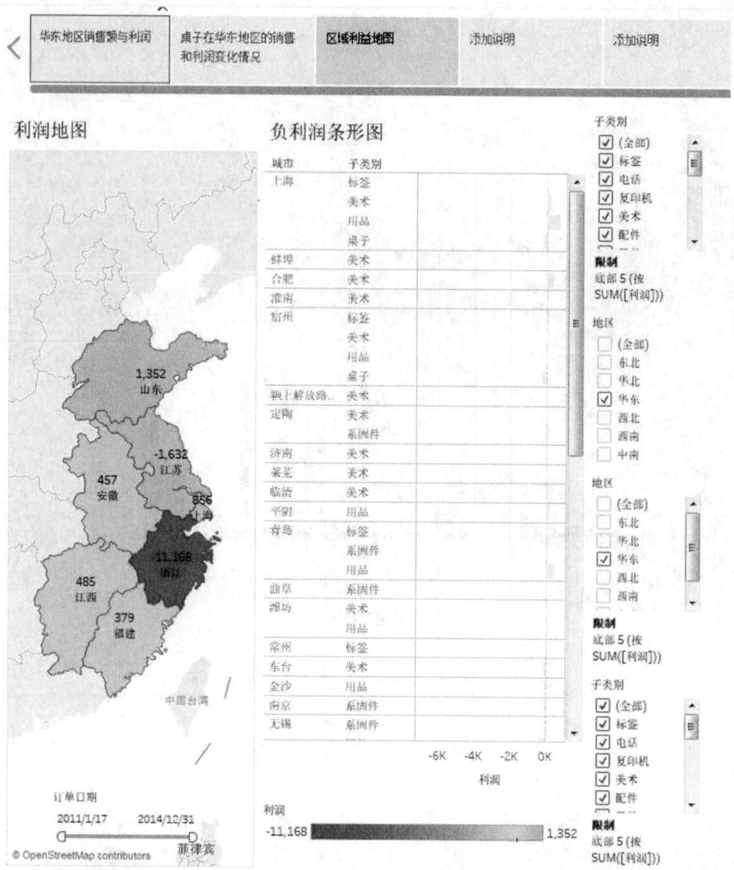

图 3-110

种数据格式的数据，可视化界面强大，界面友好直观，便于从海量的数据中发现潜在的规律。

缺点：收费软件，费用较昂贵。

第八节 ESI

一、ESI 简介

基本科学指标数据库（Essential Science Indicators，简称 ESI）是由世界著名的学术信息出版机构美国科技信息所（ISI）于 2001 年推出的衡量科学研究绩效、跟踪科学发展趋势的基本分析评价工具，是基于汤森路透 Web of Science?（SCIE/SSCI）所收录的全球 12 000 多种学术期刊的 1 000 多万条文献记录而建立的计量分析数据库，ESI 已成为当今世界范围内普遍用以评价高校、学术机构、国家/地区国际学术水平及影响力的重要评价指标工具之一。

ESI 对全球所有高校及科研机构的 SCIE、SSCI 库中近 11 年的论文数据进行统计，按被引频次的高低确定出衡量研究绩效的阈值，分别排出居世界前 1%的研究机构、科学家、研究论文，居世界前 50%的国家/地区和居前 0.1%的热点论文。ESI 针对 22 个专业领域，通过论文数、论文被引频次、论文篇均被引频次、高被引论文、热点论文和前沿论文等 6 大指标，从各个角度对国家/地区科研水平、机构学术声誉、科学家学术影响力以及期刊学术水平进行全面衡量。

基本科学指标数据库 ESI 是当今世界范围内普遍用以评价学术机构和大学的国际学术水平及影响的重要指标。中国校友会网大学研究团队学术评价首席专家、我国科学计量学专家、中国民航大学党亚茹教授指出，ESI 给出的国家、机构和科学家引文排位中，由于采用了对每一位作者的贡献都给以统计的方法，即一篇 n 个作者/机构/国家合作的论文，将被统计 n 次，因此能很好地表现出每位学者对国家、机构的学术贡献程度，是体现国家/地区、机构国际学术声誉的重要标志。

2012 年 1 月，中国校友会网大学研究团队率先将我国大学进入世界 1%的 “ESI 论文总被引频次” 作为反映大学 “学术声誉” 指标纳入中国大学评价中，引导大学提高自主创新能力和学术研究水平；并根据 2000 年 1 月 1 日～2010 年 12 月 31 日的 ESI 论文统计结果推出 “2012 中国大学 ESI 论文排行榜”，作为评价大学科学研究能力和学术声誉的重要标志。[1]

如图 3－111 所示，在 Web Of Science 主界面点击 Essential Science Indicators 可以进入 ESI 数据库的主界面（如图 3–112）。

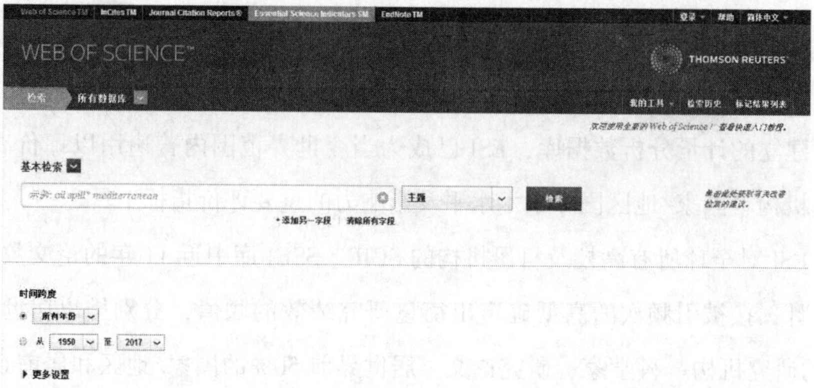

图 3–111

二、ESI 的主要功能

如图 3–113 所示，图中红框标注的为各个功能区 中文翻译，如图 3–114 所示，在 Results List 的子菜单中，Research Fields 表示领域统计数据，Authors，Institutions，Journals，Countries–Territories 都属于排名表单，Research 是研究前沿。

1　ESI 百度百科 . http：//baike. baidu. com/link？ url＝CF9tQPnbLAw–cEA6rSKnwcoafsb8XJwuGA-bMUPmtPUppJ9H0OxB6P7IOjHpzaEei9Kahr3Nxh6MI8o0K3vndDq

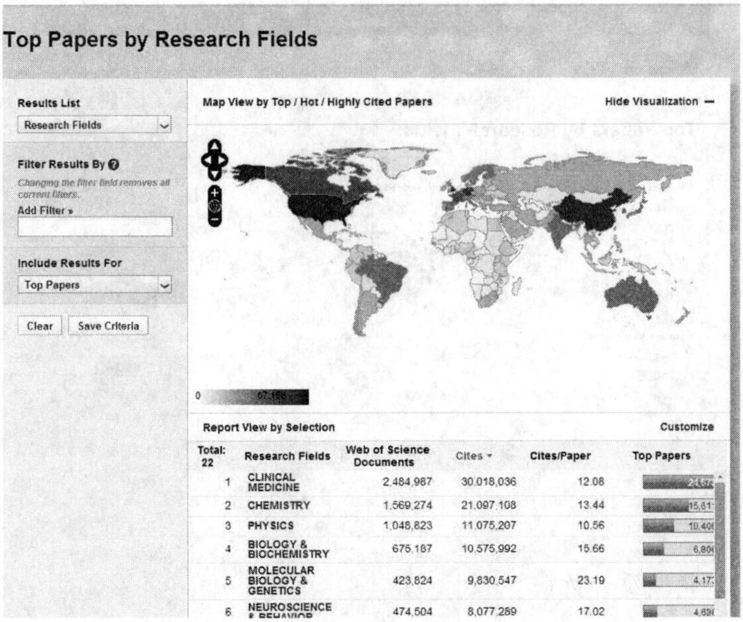
Top Papers by Research Fields
Results List
Research Fields
Filter Results By
Changing the filter field removes all current filters.
Add Filter »
Include Results For
Top Papers
Clear
Save Criteria
Map View by Top / Hot / Highly Cited Papers
Hide Visualization —
Report View by Selection
Customize
Total: 22
Research Fields
Web of Science Documents
Cites
Cites/Paper
Top Papers
1 CLINICAL MEDICINE 2,484,987 30,018,036 12.08
2 CHEMISTRY 1,569,274 21,097,108 13.44
3 PHYSICS 1,048,823 11,075,207 10.56
4 BIOLOGY & BIOCHEMISTRY 675,187 10,575,992 15.66
5 MOLECULAR BIOLOGY & GENETICS 423,824 9,830,547 23.19
6 NEUROSCIENCE 474,504 8,077,289 17.02

图 3-112

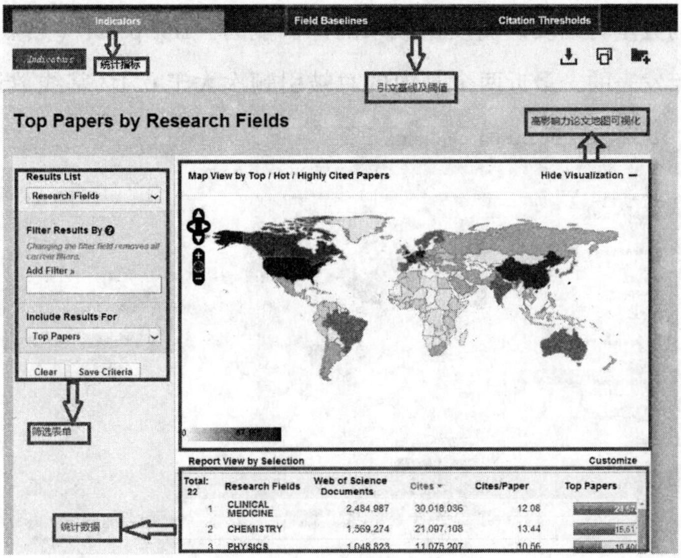
Indicators
Field Baselines
Citation Thresholds
统计指标
引文基线及阈值
Top Papers by Research Fields
高影响力论文地图可视化
Results List
Research Fields
Filter Results By
Add Filter »
Include Results For
Top Papers
Clear
Save Criteria
筛选菜单
Map View by Top / Hot / Highly Cited Papers
Hide Visualization —
Report View by Selection
Customize
统计数据
Total: 22
Research Fields
Web of Science Documents
Cites
Cites/Paper
Top Papers
1 CLINICAL MEDICINE 2,484,987 30,018,036 12.08
2 CHEMISTRY 1,569,274 21,097,108 13.44
3 PHYSICS 1,048,823 11,075,207 10.56

图 3-113

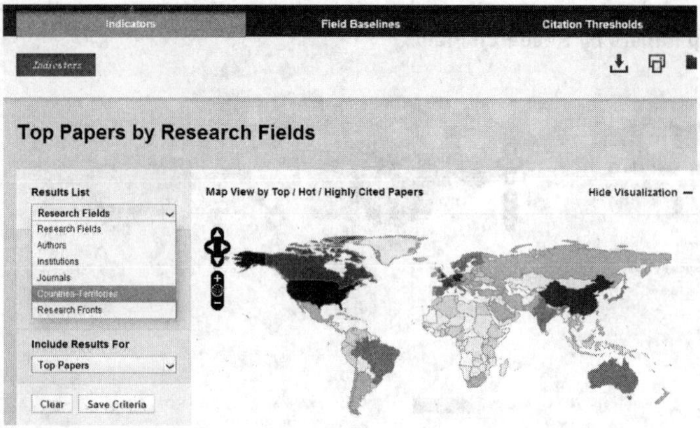

图 3-114

（一）领域统计数据

如图 3-115 所示，在 Include Results For 的子菜单中，Highly Cited Papers（高被引论文）表示最近 10 年发表的，被引频次大于 1%基线数量的论文。高被引论文的数量可以反映高质量成果的产出能力；Hot paper（热点论文）表示最近 2 年发表的，最近两个月内的总被引频次大于 0.1%基线数量的论文，

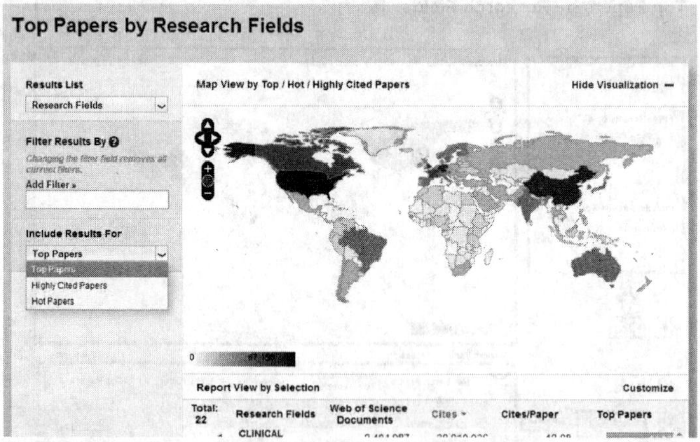

图 3-115

代表近期最受关注的论文。

如图 3-116 所示，点击进入二级分析页面后，左侧选项栏包括 citations Trends 和 Documents 两类。Citations trends 反映总论文数、总被引数、篇均被引数、高影响论文数、高影响论文被引数、高影响论文篇均被引数六个指标的变化趋势，统计了 6 种指标，7 个五年期的数据；这里之所以会显示高影响论文的三个指标，是由于我们在出去指标选择时默认为 Top Paper；在折线图下面是各组数据与第一组数据的比值，展示各指标的变化趋势。

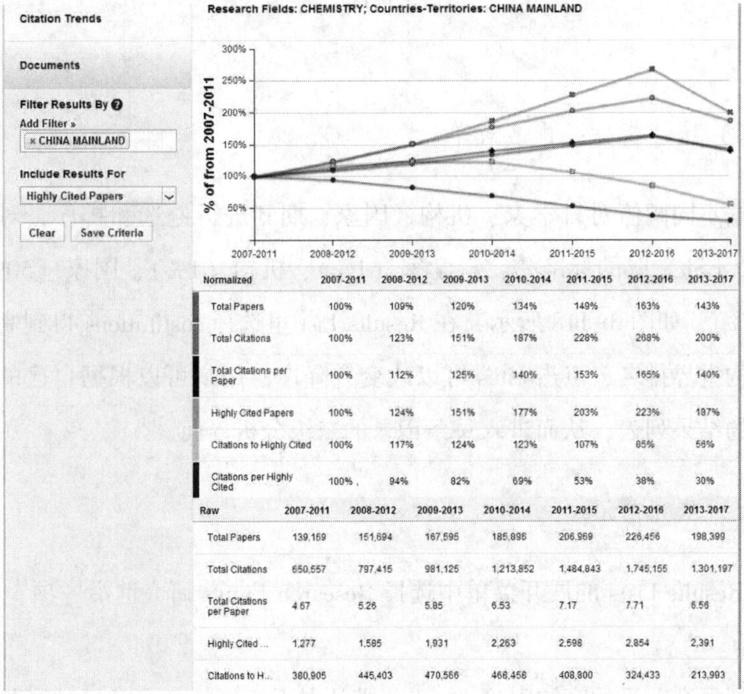

Normalized	2007-2011	2008-2012	2009-2013	2010-2014	2011-2015	2012-2016	2013-2017
Total Papers	100%	109%	120%	134%	149%	163%	143%
Total Citations	100%	123%	151%	187%	228%	268%	200%
Total Citations per Paper	100%	112%	125%	140%	153%	165%	140%
Highly Cited Papers	100%	124%	151%	177%	203%	223%	187%
Citations to Highly Cited	100%	117%	124%	123%	107%	85%	56%
Citations per Highly Cited	100% ,	94%	82%	69%	53%	38%	30%

Raw	2007-2011	2008-2012	2009-2013	2010-2014	2011-2015	2012-2016	2013-2017
Total Papers	139,169	151,694	167,595	185,898	206,969	226,456	198,399
Total Citations	650,557	797,415	981,125	1,213,852	1,484,843	1,745,155	1,301,197
Total Citations per Paper	4.67	5.26	5.85	6.53	7.17	7.71	6.56
Highly Cited ...	1,277	1,585	1,931	2,263	2,598	2,854	2,391
Citations to H...	380,905	445,403	470,566	466,458	408,800	324,433	213,993

图 3-116

在 Documents 里点击 Times Cited 可以出现柱状图分析，如图 3-117 所示，这反映了在这个领域里 Top Paper 引用次数最多的文章，以及这篇文章引用次数随年代的变化情况。

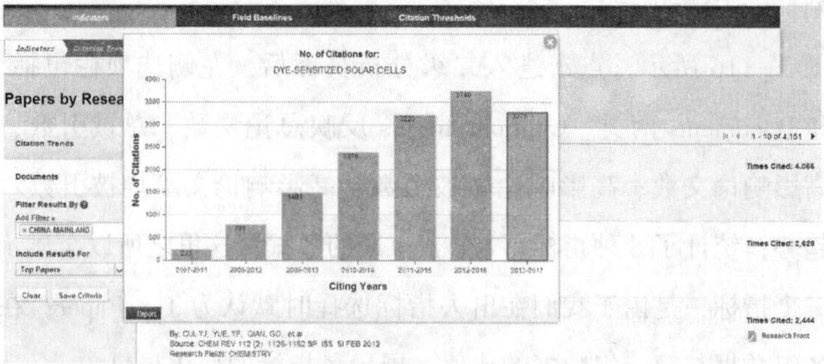

图 3-117

（二）统计指标：排名表单

根据不同阈值对科学家、机构、国家、期刊进行遴选和排序，对于阈值的选择，ESI 采取的标准是：科学家（1%）、机构（1%）、国家（50%）、期刊（50%）。如图 3-118 所示，在 Results List 里选择 Institutions 得到高被引论文的机构世界排名，点击 cites 可以改变升降序，用户可以根据自己的需求点击右侧的结果列表，从而进入每条记录的二级分析界面。

（三）研究前沿

在 Results Lists 的展开菜单中选择 Research Fronts 研究前沿一项，如图 3-119 所示。

得到研究前沿的高被引论文，ESI 默认对近 5 年间各个领域的高被引论文进行同被引分析，从而确定某一研究领域的“研究前沿”。如图 3-120 所示。在右侧的 Research Fronts 的显示列表里可以点击任何一列查看二级分析页面，点开后页面如图 3-121 所示，显示了高被引论文的数量以及施引情况

在图 3-121 的界面中点击 Documents 可以看见具体的高被引论文列表，点击 Times Cited 可以得到此高被引论文随年代变化的引用次数变化情况。

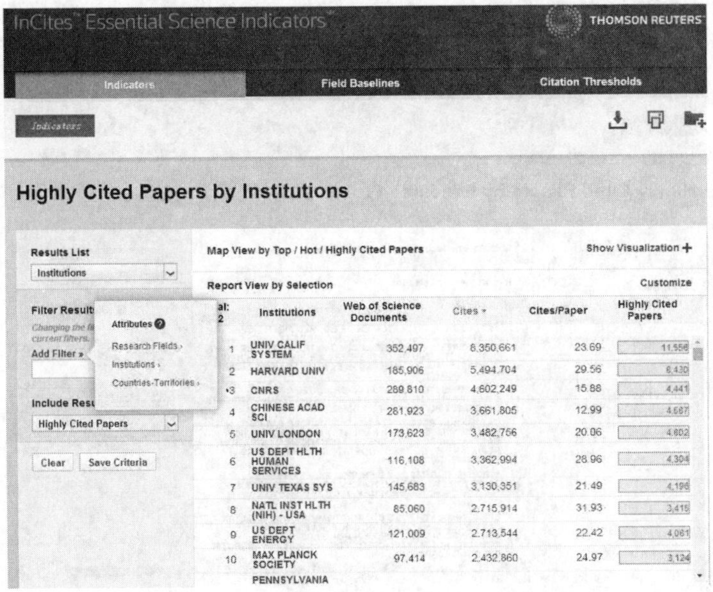
InCites Essential Science Indicators
THOMSON REUTERS
Indicators
Field Baselines
Citation Thresholds
Indicators
Highly Cited Papers by Institutions
Results List
Institutions
Filter Results
Add Filter »
Attributes
Research Fields ›
Institutions ›
Countries-Territories ›
Include Results For
Highly Cited Papers
Clear
Save Criteria
Map View by Top / Hot / Highly Cited Papers
Show Visualization +
Report View by Selection
Customize
Institutions
Web of Science Documents
Cites
Cites/Paper
Highly Cited Papers
1 UNIV CALIF SYSTEM 352,497 8,350,661 23.69 11,556
2 HARVARD UNIV 185,906 5,494,704 29.56 6,430
3 CNRS 289,810 4,602,249 15.88 4,441
4 CHINESE ACAD SCI 281,923 3,661,805 12.99 4,667
5 UNIV LONDON 173,623 3,482,756 20.06 4,802
6 US DEPT HLTH HUMAN SERVICES 116,108 3,362,994 28.96 4,304
7 UNIV TEXAS SYS 145,683 3,130,351 21.49 4,196
8 NATL INST HLTH (NIH) - USA 85,060 2,715,914 31.93 3,415
9 US DEPT ENERGY 121,009 2,713,544 22.42 4,061
10 MAX PLANCK SOCIETY 97,414 2,432,860 24.97 3,124
PENNSYLVANIA

图 3-118

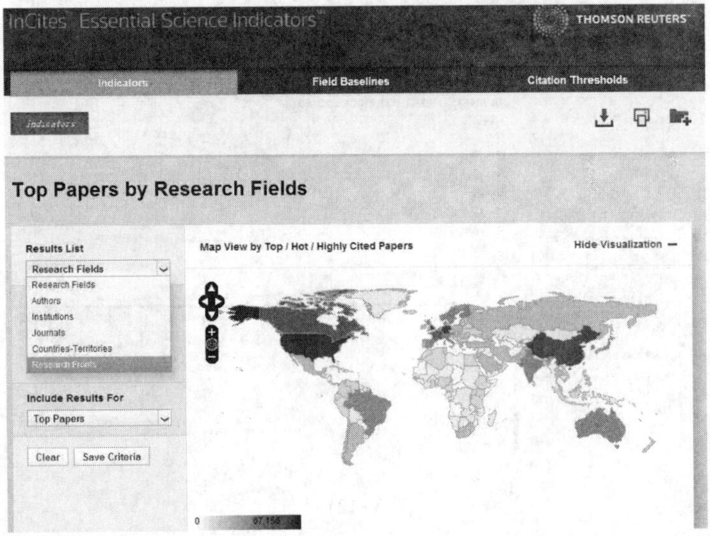
InCites Essential Science Indicators
THOMSON REUTERS
Indicators
Field Baselines
Citation Thresholds
Indicators
Top Papers by Research Fields
Results List
Research Fields
Research Fields
Authors
Institutions
Journals
Countries-Territories
Research Fronts
Include Results For
Top Papers
Clear
Save Criteria
Map View by Top / Hot / Highly Cited Papers
Hide Visualization —
0

图 3-119

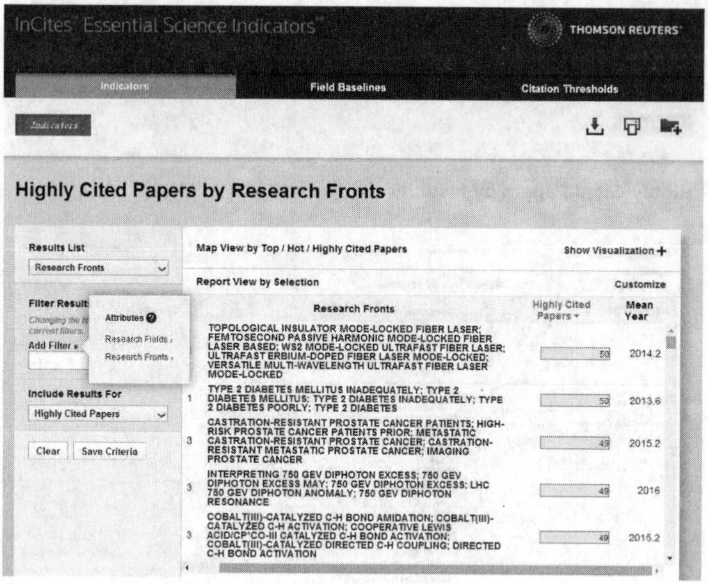
InCites Essential Science Indicators
THOMSON REUTERS
Indicators
Field Baselines
Citation Thresholds
Highly Cited Papers by Research Fronts
Results List
Research Fronts
Filter Results
Add Filter »
Attributes
Research Fields
Research Fronts
Include Results For
Highly Cited Papers
Clear
Save Criteria
Map View by Top / Hot / Highly Cited Papers
Show Visualization +
Report View by Selection
Customize
Research Fronts
Highly Cited Papers
Mean Year
TOPOLOGICAL INSULATOR MODE-LOCKED FIBER LASER; FEMTOSECOND PASSIVE HARMONIC MODE-LOCKED FIBER LASER BASED; WS2 MODE-LOCKED ULTRAFAST FIBER LASER; ULTRAFAST ERBIUM-DOPED FIBER LASER MODE-LOCKED; VERSATILE MULTI-WAVELENGTH ULTRAFAST FIBER LASER MODE-LOCKED
50
2014.2
TYPE 2 DIABETES MELLITUS INADEQUATELY; TYPE 2 DIABETES MELLITUS; TYPE 2 DIABETES INADEQUATELY; TYPE 2 DIABETES POORLY; TYPE 2 DIABETES
50
2013.6
CASTRATION-RESISTANT PROSTATE CANCER PATIENTS; HIGH-RISK PROSTATE CANCER PATIENTS PRIOR; METASTATIC CASTRATION-RESISTANT PROSTATE CANCER; CASTRATION-RESISTANT METASTATIC PROSTATE CANCER; IMAGING PROSTATE CANCER
49
2015.2
INTERPRETING 750 GEV DIPHOTON EXCESS; 750 GEV DIPHOTON EXCESS MAY; 750 GEV DIPHOTON EXCESS; LHC 750 GEV DIPHOTON ANOMALY; 750 GEV DIPHOTON RESONANCE
49
2016
COBALT(III)-CATALYZED C-H BOND AMIDATION; COBALT(III)-CATALYZED C-H ACTIVATION; COOPERATIVE LEWIS ACID/CP*CO-III CATALYZED C-H BOND ACTIVATION; COBALT(III)-CATALYZED DIRECTED C-H COUPLING; DIRECTED C-H BOND ACTIVATION
49
2015.2

图 3-120

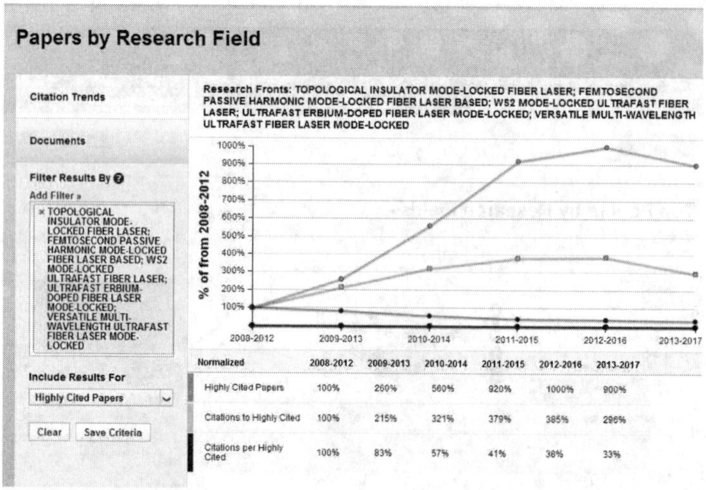
Papers by Research Field
Citation Trends
Documents
Filter Results By
Add Filter »
× TOPOLOGICAL INSULATOR MODE-LOCKED FIBER LASER; FEMTOSECOND PASSIVE HARMONIC MODE-LOCKED FIBER LASER BASED; WS2 MODE-LOCKED ULTRAFAST FIBER LASER; ULTRAFAST ERBIUM-DOPED FIBER LASER MODE-LOCKED; VERSATILE MULTI-WAVELENGTH ULTRAFAST FIBER LASER MODE-LOCKED
Include Results For
Highly Cited Papers
Clear
Save Criteria
Research Fronts: TOPOLOGICAL INSULATOR MODE-LOCKED FIBER LASER; FEMTOSECOND PASSIVE HARMONIC MODE-LOCKED FIBER LASER BASED; WS2 MODE-LOCKED ULTRAFAST FIBER LASER; ULTRAFAST ERBIUM-DOPED FIBER LASER MODE-LOCKED; VERSATILE MULTI-WAVELENGTH ULTRAFAST FIBER LASER MODE-LOCKED
% of from 2008-2012
1000%
900%
800%
700%
600%
500%
400%
300%
200%
100%
2008-2012
2009-2013
2010-2014
2011-2015
2012-2016
2013-2017
Normalized
Highly Cited Papers 100% 260% 560% 920% 1000% 900%
Citations to Highly Cited 100% 215% 321% 379% 385% 296%
Citations per Highly Cited 100% 83% 57% 41% 38% 33%

图 3-121

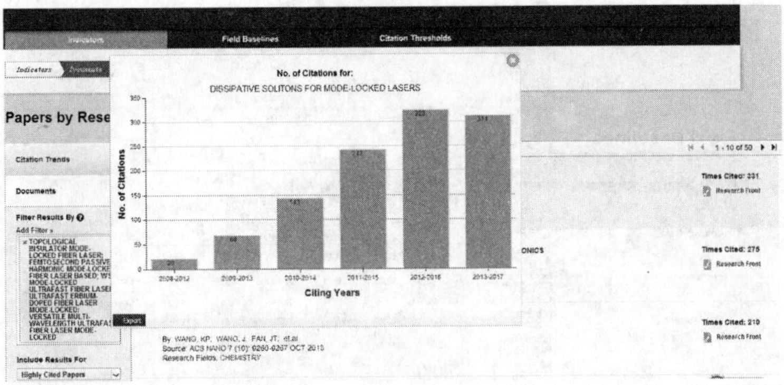

图 3-122

(四) 引文基线

因为不同学科的引文存在差异，不能直接进行对比，另外，在不同的引用时间窗，因此提供不同学科、不同时间窗的 Baselines（基线）。

在图 3-113 的界面中点击 Field Baselines 可以得到如图 3-123 所示界面，篇均被引基线为每个学科每年提供篇均被引频次。

点击 Percentiles 可以得到引文百分比基线，如图 3-124 所示，例如农业科学领域在 2008 年共发表论文 100 000 篇，按照被引频次的降序排列，第 100 篇论文的被引频次是 236 次。不同的百分比表示每年每个学科论文按照被引频次降序排列，位于前 N%的论文的被引频次，N =（0.01%，0.1%，1%，10%，20%，50%）。

(五) 引文阈值

在图 3-113 的界面中点击 Citation Thresholds，可以得到如图 3-125 的界面。ESI 阈值（排名表单阈值）反映的是过去 10 年间各专业领域中排名前 1%的作者和机构发表的论文被引量以及排名前 50%的国家和期刊论文的被引量。

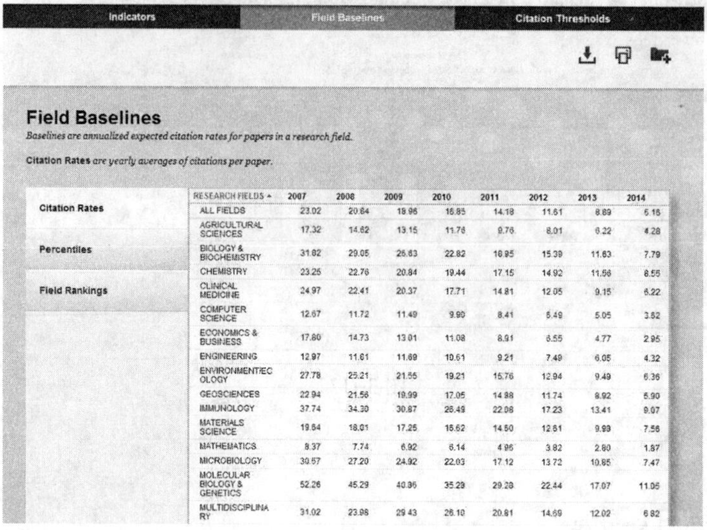
Indicators | Field Baselines | Citation Thresholds

Field Baselines

Baselines are annualized expected citation rates for papers in a research field.

Citation Rates *are yearly averages of citations per paper.*

Citation Rates

Percentiles

Field Rankings

RESEARCH FIELDS ▲	2007	2008	2009	2010	2011	2012	2013	2014
ALL FIELDS	23.02	20.64	18.96	16.85	14.18	11.61	8.89	6.16
AGRICULTURAL SCIENCES	17.32	14.62	13.15	11.76	9.76	8.01	6.22	4.28
BIOLOGY & BIOCHEMISTRY	31.82	29.05	26.63	22.82	18.95	15.39	11.63	7.79
CHEMISTRY	23.25	22.76	20.84	19.44	17.15	14.92	11.56	8.55
CLINICAL MEDICINE	24.97	22.41	20.37	17.71	14.81	12.05	9.15	6.22
COMPUTER SCIENCE	12.67	11.72	11.49	9.90	8.41	6.49	5.05	3.62
ECONOMICS & BUSINESS	17.60	14.73	13.01	11.08	8.91	6.55	4.77	2.95
ENGINEERING	12.97	11.61	11.69	10.61	9.21	7.49	6.05	4.32
ENVIRONMENT/ECOLOGY	27.78	25.21	21.56	19.21	15.76	12.94	9.49	6.36
GEOSCIENCES	22.94	21.56	19.99	17.05	14.88	11.74	8.92	5.90
IMMUNOLOGY	37.74	34.30	30.87	26.49	22.08	17.23	13.41	9.07
MATERIALS SCIENCE	19.64	18.01	17.25	16.62	14.60	12.61	9.98	7.56
MATHEMATICS	8.37	7.74	6.92	6.14	4.96	3.82	2.80	1.87
MICROBIOLOGY	30.57	27.20	24.92	22.03	17.12	13.72	10.85	7.47
MOLECULAR BIOLOGY & GENETICS	52.26	45.29	40.86	35.28	29.28	22.44	17.07	11.06
MULTIDISCIPLINARY	31.02	23.98	29.43	26.10	20.81	14.69	12.02	6.82

图 3-123

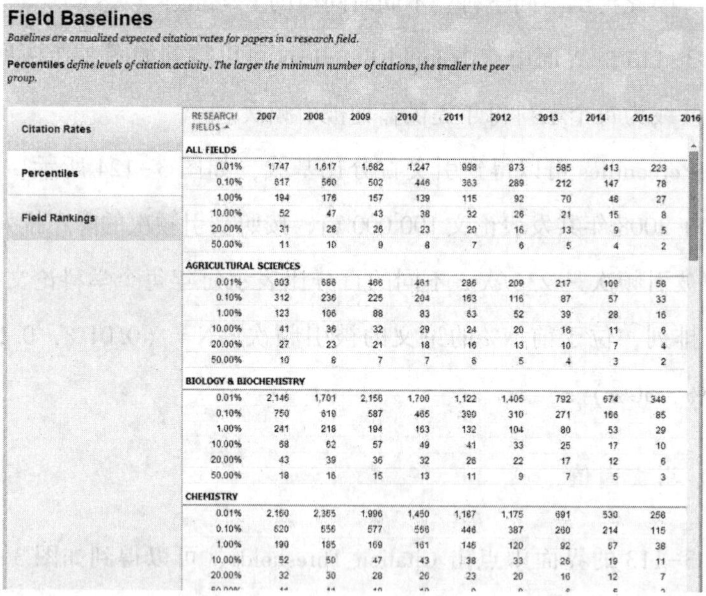
Field Baselines

Baselines are annualized expected citation rates for papers in a research field.

Percentiles *define levels of citation activity. The larger the minimum number of citations, the smaller the peer group.*

Citation Rates

Percentiles

Field Rankings

RESEARCH FIELDS ▲	2007	2008	2009	2010	2011	2012	2013	2014	2015	2016
ALL FIELDS										
0.01%	1,747	1,617	1,582	1,247	998	873	585	413	223	
0.10%	617	560	502	446	363	289	212	147	78	
1.00%	194	176	157	139	115	92	70	48	27	
10.00%	52	47	43	38	32	26	21	15	8	
20.00%	31	28	26	23	20	16	13	9	5	
50.00%	11	10	9	8	7	6	5	4	2	
AGRICULTURAL SCIENCES										
0.01%	603	686	466	461	286	209	217	109	58	
0.10%	312	236	225	204	163	116	87	57	33	
1.00%	123	106	88	83	63	52	39	28	16	
10.00%	41	36	32	29	24	20	16	11	6	
20.00%	27	23	21	18	16	13	10	7	4	
50.00%	10	8	7	7	6	5	4	3	2	
BIOLOGY & BIOCHEMISTRY										
0.01%	2,146	1,701	2,156	1,700	1,122	1,405	792	674	348	
0.10%	750	619	587	465	390	310	271	166	85	
1.00%	241	218	194	163	132	104	80	53	29	
10.00%	68	62	57	49	41	33	25	17	10	
20.00%	43	39	36	32	26	22	17	12	6	
50.00%	18	16	15	13	11	9	7	5	3	
CHEMISTRY										
0.01%	2,160	2,365	1,996	1,450	1,167	1,175	691	530	256	
0.10%	620	656	577	566	446	387	260	214	115	
1.00%	190	185	169	161	146	120	92	67	38	
10.00%	52	50	47	43	38	33	26	19	11	
20.00%	32	30	28	26	23	20	16	12	7	
50.00%	[illegible]	[illegible]	[illegible]	[illegible]	[illegible]	[illegible]	[illegible]	[illegible]	[illegible]	

图 3-124

如图 3-125 所示，Highly Cited Thresholds 表示高被引阈值，高被引阈值反映的是近 10 年来各专业领域论文按被引量排序，发表前 1%的论文的被引量最小值。

Citation Thresholds

A citation threshold is the minimum number of citations obtained by ranking papers in a research field in descending order by citation count and then selecting the top fraction or percentage of papers.

The **ESI Threshold** *reveals the number of citations received by the top 1% of authors and institutions and the top 50% of countries and journals in a 10-year period.*

ESI Thresholds

Highly Cited Thresholds

Hot Paper Thresholds

RESEARCH FIELDS ▲	AUTHOR	INSTITUTION	JOURNAL	COUNTRY
AGRICULTURAL SCIENCES	374	1,692	1,666	910
BIOLOGY & BIOCHEMISTRY	830	5,079	6,411	634
CHEMISTRY	1,495	5,981	5,617	1,349
CLINICAL MEDICINE	1,710	1,855	4,236	5,933
COMPUTER SCIENCE	308	2,837	1,157	302
ECONOMICS & BUSINESS	328	3,549	1,209	217
ENGINEERING	472	1,876	1,866	897
ENVIRONMENT/ECOLOGY	561	3,319	2,737	1,739
GEOSCIENCES	1,006	4,795	2,203	949
IMMUNOLOGY	863	3,844	6,821	1,608
MATERIALS SCIENCE	1,048	3,918	1,826	698
MATHEMATICS	287	3,620	1,322	323
MICROBIOLOGY	615	4,421	3,421	902
MOLECULAR BIOLOGY & GENETICS	2,149	10,243	6,569	1,398
MULTIDISCIPLINARY	487	2,087	152	149
NEUROSCIENCE & BEHAVIOR	1,144	4,959	7,053	398
PHARMACOLOGY & TOXICOLOGY	489	2,654	5,242	773
PHYSICS	7,400	14,029	4,172	1,555
PLANT & ANIMAL SCIENCE	545	2,236	2,107	1,388
PSYCHIATRY/PSYCHOLOGY	669	3,464	2,324	270
SOCIAL SCIENCES, GENERAL	329	1,142	799	1,033

图 3-125

Hot Paper Thresholds 表示热点论文阈值，它反映的是近 2 年内发表的，最近两个月内总被引频次大于 0.1%基线数量的论文的被引量的最小值。

三、ESI 的操作

(一) 分析比较两个不同机构的科研竞争力

具体操作 ESI 来比较分析北京化工大学和北京科技大学的科技竞争力，在图 3-113 的 ESI 主界面中，在 Results List 里选择 Institutions，在 Add Filter 选择北京化工大学和北京科技大学的英文名称，便可得到如图 3-126 所示的结果。ESI 默认输出两机构 10 年的总高被引论文、引文结果。如图所示，北京科技大学近 10 年的论文总量是北京化工大学论文总量的 1.40 倍，引文总数是北京化工大学的 0.85 倍，高被引论文数量是北京化工大学的 0.92 倍。因此可以得出结论，北京科技大学的科研产出规模较北京化工大学大，但是在论文影响力和重要成果的产出能力上，北京化工大学却是略微领先于北京科技大学。

在图 3-113 的 ESI 主界面中，在 Results List 里选择 Research Field，在 Add Filter 选择北京化工大学和北京科技大学的英文名称，可以得到如图 3-127和图 3-128 所示。可以看出在材料学的专业领域里，北京科技大学论文数量是北京化工大学的 7.10 倍，引文数量是北京化工大学的 1.57 倍，篇均引是北京化工大学的 0.45 倍，这说明，虽然北京科技大学的在材料学方面论文产量大，论文的规模大，但是在论文影响力上却不如北京化工大学。

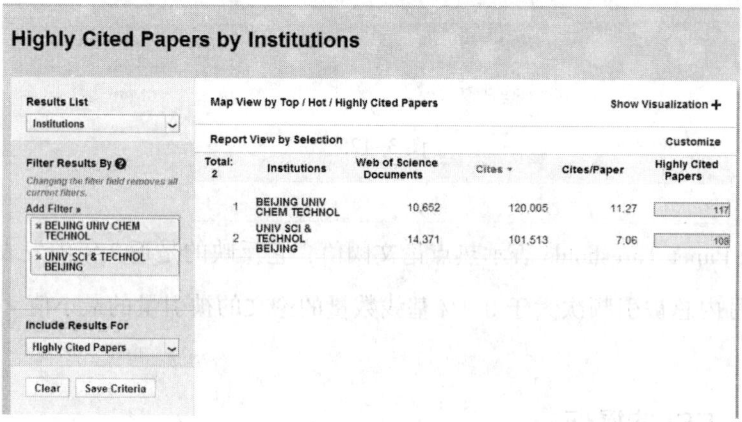

图 3-126

在检索结果的页面中点击左侧 Citation Trends，可以分别得到如图 3-129 和图 3-130 的页面。可以看出北京化工大学材料学领域的高被引论文的被引次数和篇均被引处于稳步上升的趋势，北京科技大学的高被引论文总量呈明

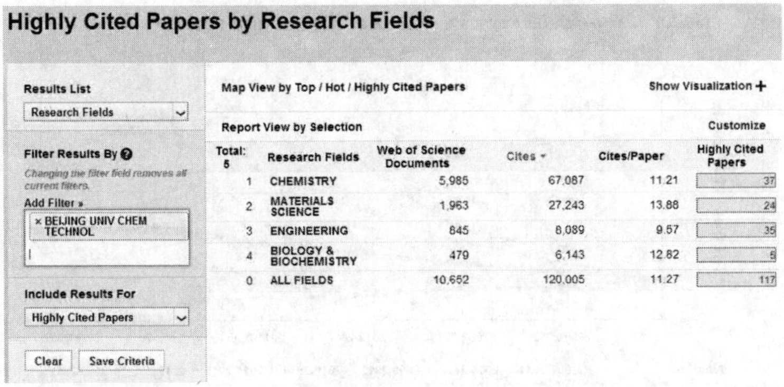

图 3-127

显上升趋势，但是篇均被引却是处于逐年下降的趋势。

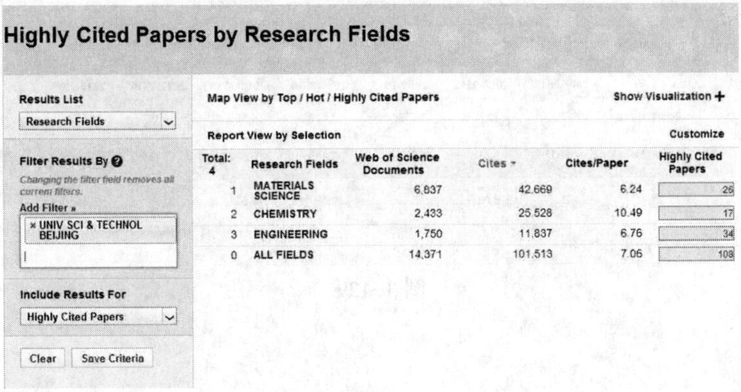

图 3-128

（二）中国在材料学领域的研究前沿的程度评测

在图 3-113 界面下选择 Results List 里的 Country Territories 得到如图 3-131 所示，可以看见以国家分类的 Top Papers 的分布，然后点击 China Mainland 遴选中国的 Top Papers，在左侧的 Add Filter 选择 China Mainland 和 Material Science 得到图 3-132 的页面，表示在材料学领域内中国的 Top Papers。在右侧结

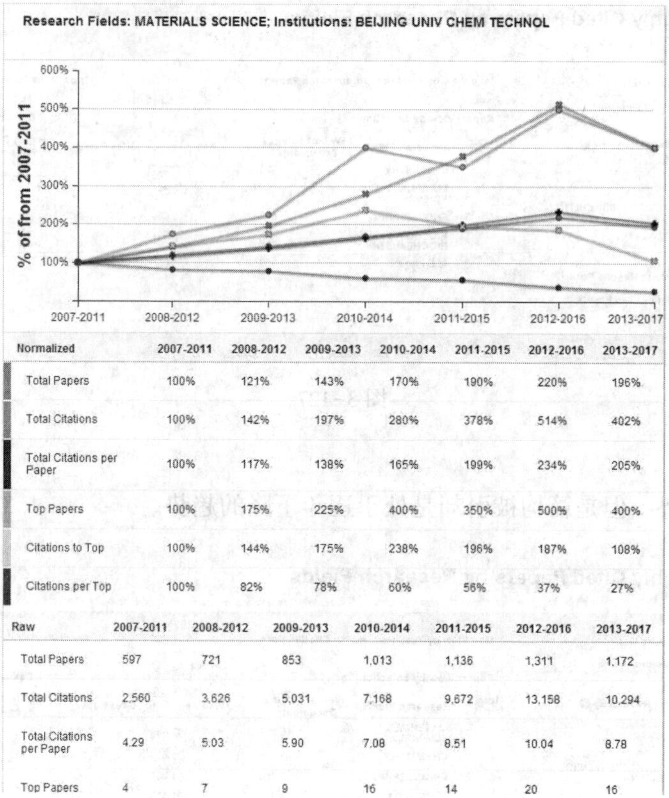

Normalized	2007-2011	2008-2012	2009-2013	2010-2014	2011-2015	2012-2016	2013-2017
Total Papers	100%	121%	143%	170%	190%	220%	196%
Total Citations	100%	142%	197%	280%	378%	514%	402%
Total Citations per Paper	100%	117%	138%	165%	199%	234%	205%
Top Papers	100%	175%	225%	400%	350%	500%	400%
Citations to Top	100%	144%	175%	238%	196%	187%	108%
Citations per Top	100%	82%	78%	60%	56%	37%	27%

Raw	2007-2011	2008-2012	2009-2013	2010-2014	2011-2015	2012-2016	2013-2017
Total Papers	597	721	853	1,013	1,136	1,311	1,172
Total Citations	2,560	3,626	5,031	7,168	9,672	13,158	10,294
Total Citations per Paper	4.29	5.03	5.90	7.08	8.51	10.04	8.78
Top Papers	4	7	9	16	14	20	16

图 3-129

果页面点击绿色勾的 Research Fronts，从而得到研究前沿的相关信息，如图 3-133。在图 3-133 所示页面中，在左侧 Add Filter 选择 Material Science 过滤得到 3-134 所示的结果页面，然后选择命中记录中被引频次最高的点击后，在左侧的 Add Filter 选择 China Mainland，就可以得到在材料学领域前沿的高被引核心论文中的中国参与的论文，如图 3-135。

优点：基于期刊论文发表数量和引文数据，提供对 22 个学科研究领域中的国家、机构和期刊的科研绩效统计和科研实力排名。可分析机构、国家和期刊的论文产出和影响力。可按研究领域对国家、期刊、论文和机构进行排

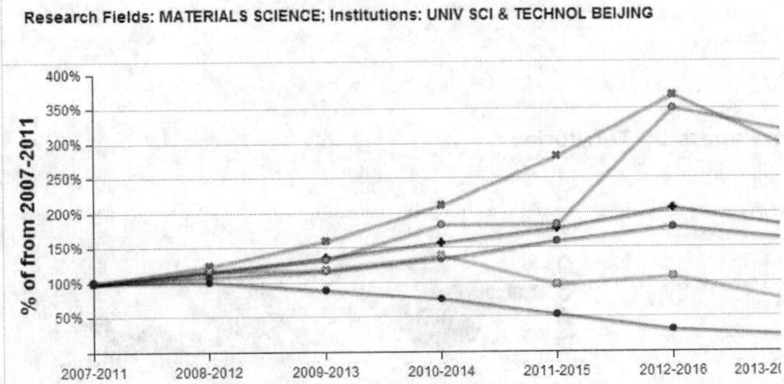

Normalized	2007-2011	2008-2012	2009-2013	2010-2014	2011-2015	2012-2016	2013-20
Total Papers	100%	108%	117%	134%	159%	179%	162%
Total Citations	100%	124%	160%	211%	281%	369%	293%
Total Citations per Paper	100%	115%	136%	157%	177%	206%	180%
Top Papers	100%	117%	133%	183%	183%	350%	317%
Citations to Top	100%	118%	118%	139%	97%	108%	74%
Citations per Top	100%	101%	89%	76%	53%	31%	23%

Raw	2007-2011	2008-2012	2009-2013	2010-2014	2011-2015	2012-2016	2013-201
Total Papers	2,384	2,581	2,800	3,206	3,785	4,272	3,872
Total Citations	4,760	5,919	7,607	10,022	13,359	17,586	13,942
Total Citations per Paper	2.00	2.29	2.72	3.13	3.53	4.12	3.60

图 3-130

名。可发现自然科学和社会科学中的重大发展趋势。可确定具体研究领域中的研究成果和影响力。可评估潜在的合作机构，对比同行机构。

缺点：全英文的界面不够友好，是收费软件。

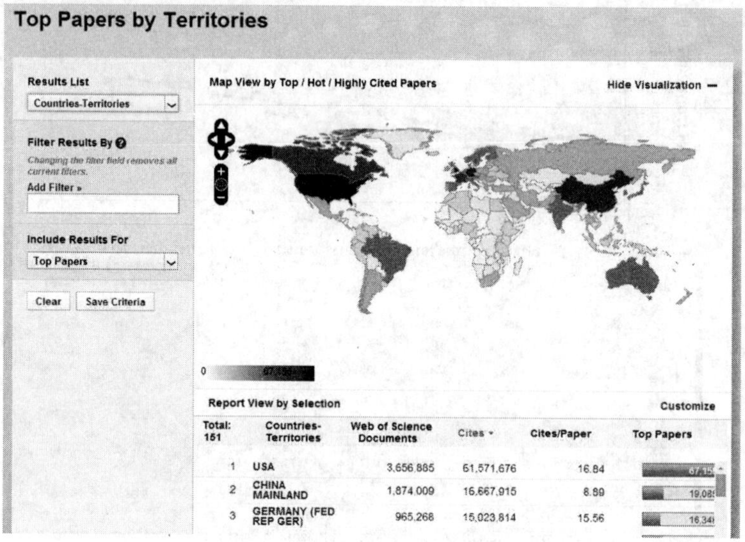
Top Papers by Territories
Results List
Countries-Territories
Filter Results By
Changing the filter field removes all current filters.
Add Filter »
Include Results For
Top Papers
Clear
Save Criteria
Map View by Top / Hot / Highly Cited Papers
Hide Visualization
Report View by Selection
Customize
Total: 151
Countries-Territories
Web of Science Documents
Cites
Cites/Paper
Top Papers
1 USA 3,656,885 51,571,676 16.84
2 CHINA MAINLAND 1,874,009 16,667,915 8.89
3 GERMANY (FED REP GER) 965,268 15,023,814 15.56

图 3-131

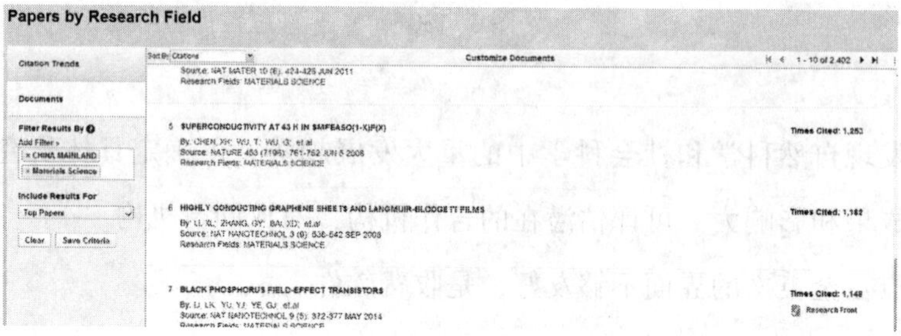
Papers by Research Field
Citation Trends
Documents
Filter Results By
Include Results For
Top Papers
Customize Documents
SUPERCONDUCTIVITY AT 43 K IN SMFEASO(1-X)F(X)
HIGHLY CONDUCTING GRAPHENE SHEETS AND LANGMUIR-BLODGETT FILMS
BLACK PHOSPHORUS FIELD-EFFECT TRANSISTORS

图 3-132

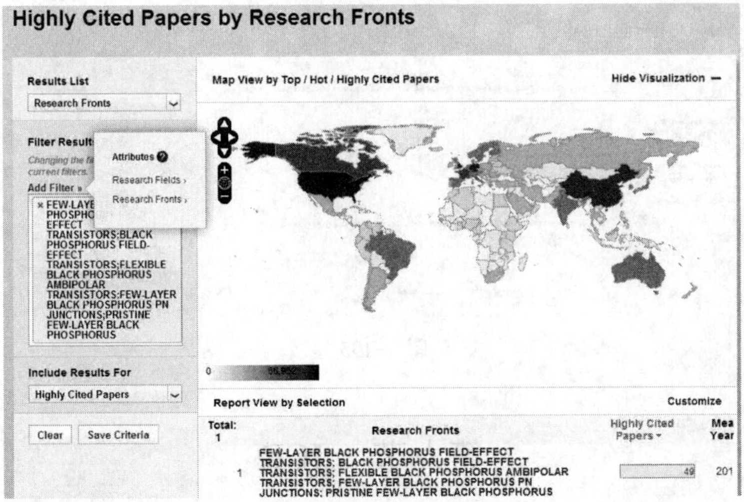
Highly Cited Papers by Research Fronts
Results List
Research Fronts
Filter Result
Attributes
Research Fields ›
Research Fronts ›
Add Filter »
Map View by Top / Hot / Highly Cited Papers
Hide Visualization —
Include Results For
Highly Cited Papers
Clear
Save Criteria
Report View by Selection
Customize
Total:
1
Research Fronts
Highly Cited Papers
FEW-LAYER BLACK PHOSPHORUS FIELD-EFFECT TRANSISTORS; BLACK PHOSPHORUS FIELD-EFFECT TRANSISTORS; FLEXIBLE BLACK PHOSPHORUS AMBIPOLAR TRANSISTORS; FEW-LAYER BLACK PHOSPHORUS PN JUNCTIONS; PRISTINE FEW-LAYER BLACK PHOSPHORUS
49

图 3-133

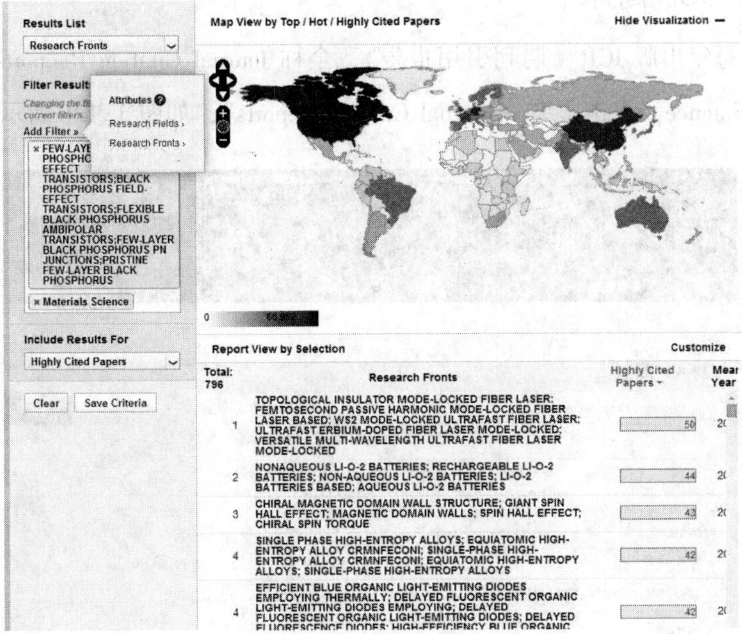
Results List
Research Fronts
Filter Result
Attributes
Research Fields ›
Research Fronts ›
Add Filter »
× Materials Science
Map View by Top / Hot / Highly Cited Papers
Hide Visualization —
Include Results For
Highly Cited Papers
Clear
Save Criteria
Report View by Selection
Customize
Total:
796
Research Fronts
Highly Cited Papers
TOPOLOGICAL INSULATOR MODE-LOCKED FIBER LASER; FEMTOSECOND PASSIVE HARMONIC MODE-LOCKED FIBER LASER BASED; WS2 MODE-LOCKED ULTRAFAST FIBER LASER; ULTRAFAST ERBIUM-DOPED FIBER LASER MODE-LOCKED; VERSATILE MULTI-WAVELENGTH ULTRAFAST FIBER LASER MODE-LOCKED
50
NONAQUEOUS LI-O-2 BATTERIES; RECHARGEABLE LI-O-2 BATTERIES; NON-AQUEOUS LI-O-2 BATTERIES; LI-O-2 BATTERIES BASED; AQUEOUS LI-O-2 BATTERIES
44
CHIRAL MAGNETIC DOMAIN WALL STRUCTURE; GIANT SPIN HALL EFFECT; MAGNETIC DOMAIN WALLS; SPIN HALL EFFECT; CHIRAL SPIN TORQUE
43
SINGLE PHASE HIGH-ENTROPY ALLOYS; EQUIATOMIC HIGH-ENTROPY ALLOY CRMNFECONI; SINGLE-PHASE HIGH-ENTROPY ALLOY CRMNFECONI; EQUIATOMIC HIGH-ENTROPY ALLOYS; SINGLE-PHASE HIGH-ENTROPY ALLOYS
42
EFFICIENT BLUE ORGANIC LIGHT-EMITTING DIODES EMPLOYING THERMALLY; DELAYED FLUORESCENT ORGANIC LIGHT-EMITTING DIODES EMPLOYING; DELAYED FLUORESCENT ORGANIC LIGHT-EMITTING DIODES; DELAYED FLUORESCENCE DIODES; HIGH-EFFICIENCY BLUE ORGANIC
42

图 3-134

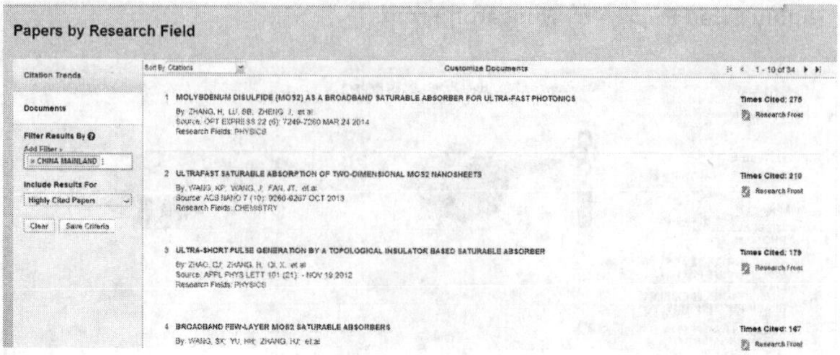

图 3-135

第九节　JCR

一、JCR 简介

ISI 每年出版 JCR《期刊引用报告》，全称 Journal Citation Recports，打开 Web of Science，点击上方“Journal Citation Reports”，如图 3-136 所示。

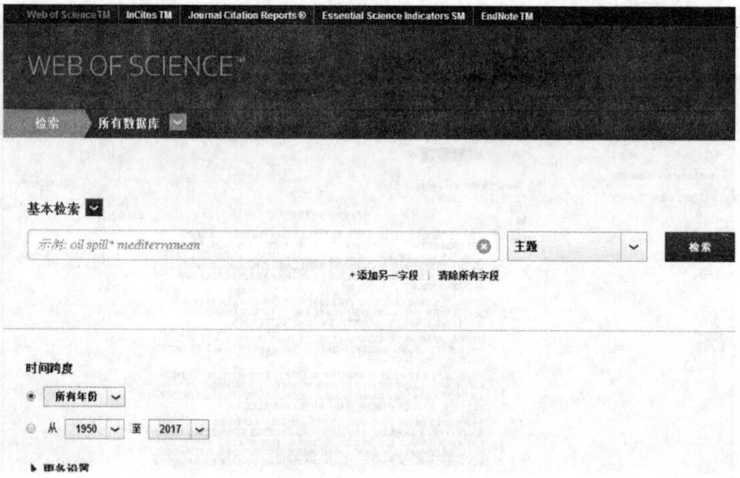

图 3-136

二、JCR 的主要功能

（一）期刊检索

如图 3-137 所示，左侧栏的 Go to Journal Profile 和 Select Journals 可以在此处输入期刊的全称、简称或者 ISSN 号；Select Categories 可以限定学科类别；Open Access 可以限定开放获取期刊；Category Schema 可以限定分类体系是 WOS 还是 ESI；JIF Quartile 是期刊分区（Q1-Q4），反映期刊在所属类别中的影响力相对位置，使得不同学科的影响力具有可比性。每个类别下期刊按照影响因子降序排列，数量位于前 25%的为 Q1 区期刊，25%~50%的为 Q2 区期刊，以此类推；Select Publisher 和 Select Country/Territory 可以限定选择期刊的出版商和国家。

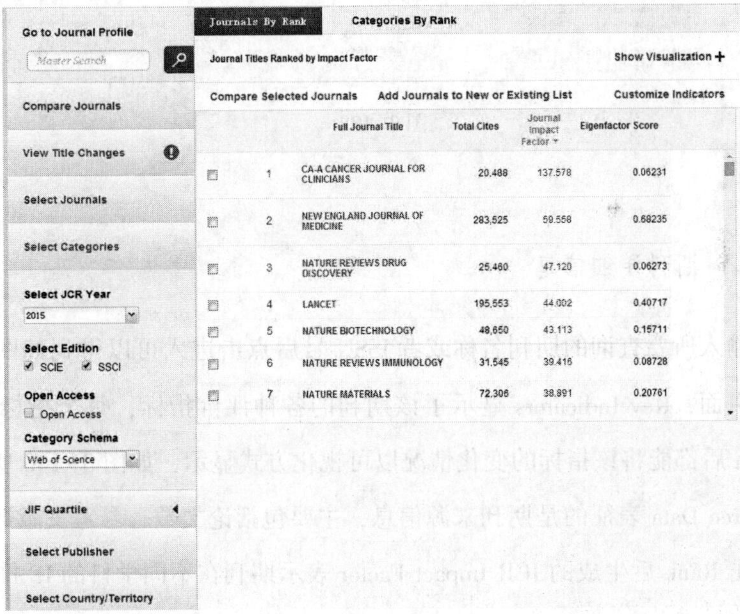

图 3-137

如图 3-138 所示，JCR 页面中点击右上角的 Show Visualization 可以可视化显示期刊之间的相互引用关系，可视化图的下方是各个期刊信息概览。

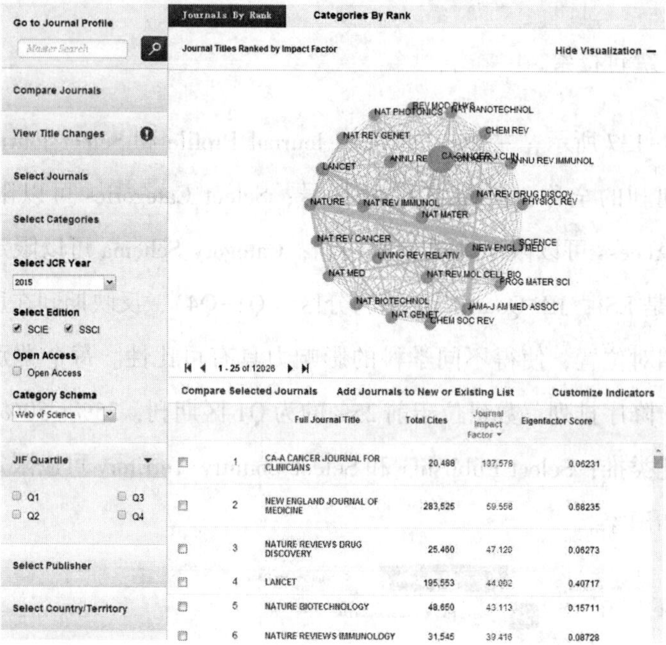

图 3-138

（二）期刊详细信息

在输入所要查询的期刊名称或者 ISSN 号后点击进入可以得到如图 3-139 所示的页面，Key Indicators 显示了该期刊的各种评价指标，每个指标下面点击 Graph 后都能将该指标的变化情况以可视化方式显示，如图 3-140 所示。

Source Data 表征的是期刊来源信息，主要包括论文数、参考文献数量。

点击 Rank 后生成的 JCR Impact Factor 表示期刊在不同学科的 IF 排名、位置及发展趋势，ESI Total Citations 表示期刊的被引频次年度分布。如图 3-141 所示。

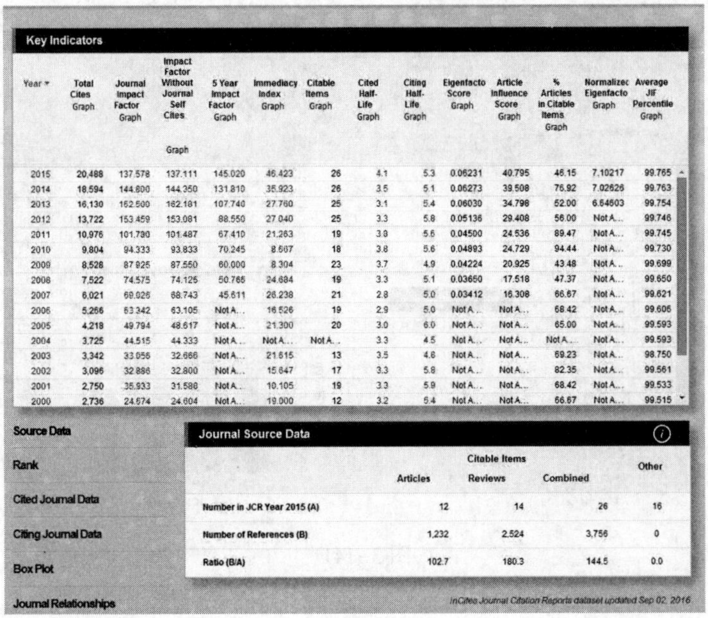

Key Indicators

Year	Total Cites Graph	Journal Impact Factor Graph	Impact Factor Without Journal Self Cites Graph	5 Year Impact Factor Graph	Immediacy Index Graph	Citable Items Graph	Cited Half-Life Graph	Citing Half-Life Graph	Eigenfacto Score Graph	Article Influence Score Graph	% Articles in Citable Items Graph	Normalizec Eigenfacto Graph	Average JIF Percentile Graph
2015	20,488	137.578	137.111	145.020	46.423	26	4.1	5.3	0.06231	40.795	46.15	7.10217	99.765
2014	18,594	144.800	144.350	131.810	35.923	26	3.5	5.1	0.06273	39.508	76.92	7.02626	99.763
2013	16,130	162.500	162.181	107.740	27.760	25	3.1	5.4	0.06030	34.798	52.00	6.64603	99.754
2012	13,722	153.459	153.081	88.550	27.040	25	3.3	5.8	0.05136	29.408	56.00	Not A...	99.746
2011	10,976	101.780	101.487	67.410	21.263	19	3.8	5.6	0.04500	24.536	89.47	Not A...	99.745
2010	9,804	94.333	93.833	70.245	8.607	18	3.8	5.6	0.04893	24.729	94.44	Not A...	99.730
2009	8,528	87.925	87.550	60.000	8.304	23	3.7	4.9	0.04224	20.925	43.48	Not A...	99.699
2008	7,522	74.575	74.125	50.765	24.684	19	3.3	5.1	0.03650	17.518	47.37	Not A...	99.650
2007	6,021	69.026	68.743	45.611	26.238	21	2.8	5.0	0.03412	16.308	66.67	Not A...	99.621
2006	5,266	63.342	63.105	Not A...	16.526	19	2.9	5.0	Not A...	Not A...	68.42	Not A...	99.606
2005	4,218	49.794	48.617	Not A...	21.300	20	3.0	6.0	Not A...	Not A...	65.00	Not A...	99.593
2004	3,725	44.515	44.333	Not A...	Not A...	Not A...	3.3	4.5	Not A...	Not A...	Not A...	Not A...	99.593
2003	3,342	33.056	32.666	Not A...	21.615	13	3.5	4.8	Not A...	Not A...	69.23	Not A...	98.750
2002	3,096	32.886	32.800	Not A...	15.647	17	3.3	5.8	Not A...	Not A...	82.35	Not A...	99.561
2001	2,750	35.933	31.588	Not A...	10.105	19	3.3	5.9	Not A...	Not A...	68.42	Not A...	99.533
2000	2,736	24.674	24.604	Not A...	19.000	12	3.2	5.4	Not A...	Not A...	66.67	Not A...	99.515

Source Data

Rank

Cited Journal Data

Citing Journal Data

Box Plot

Journal Relationships

Journal Source Data

	Citable Items Articles	Citable Items Reviews	Citable Items Combined	Other
Number in JCR Year 2015 (A)	12	14	26	16
Number of References (B)	1,232	2,524	3,756	0
Ratio (B/A)	102.7	180.3	144.5	0.0

InCites Journal Citation Reports dataset updated Sep 02, 2016

图 3-139

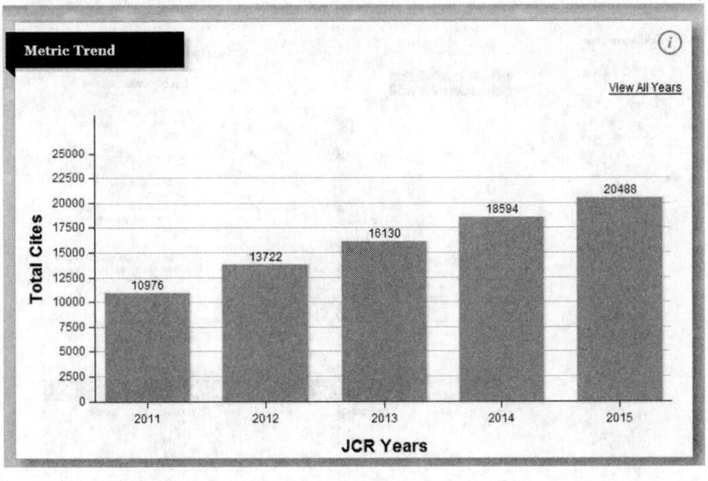

图 3-140

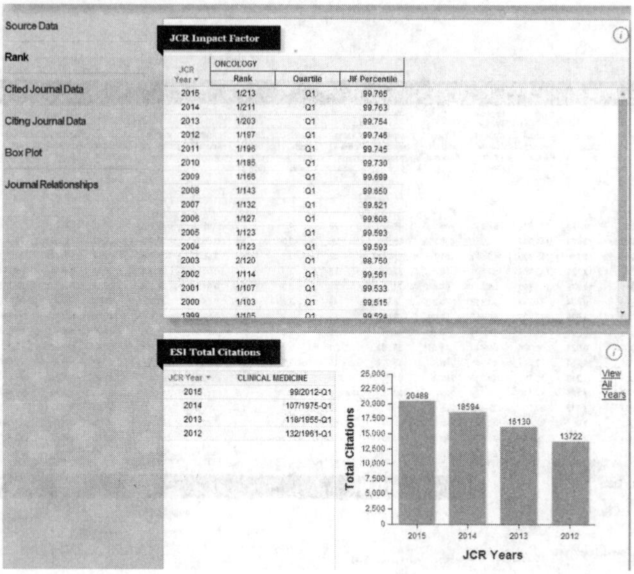

图 3-141

Cited Journal 表示引证期刊的年度分布、期刊分布，如图 3-142 所示。

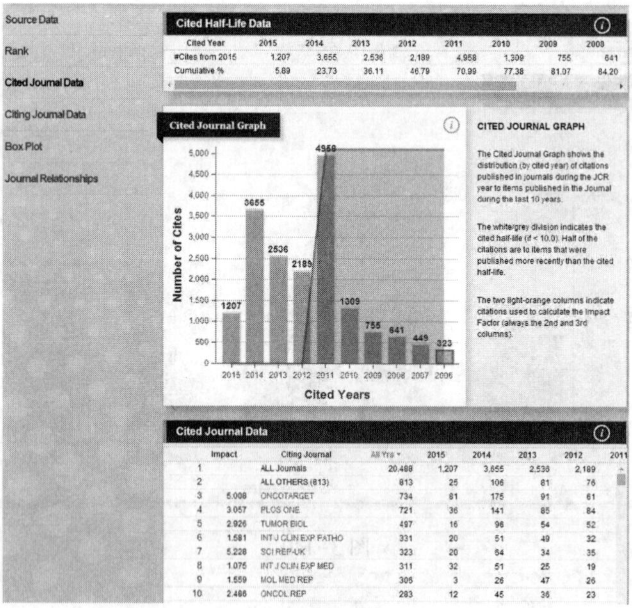

图 3-142

Citing Journal Data 表示期刊引用的年度分布、期刊分布，如图 3-143 所示。

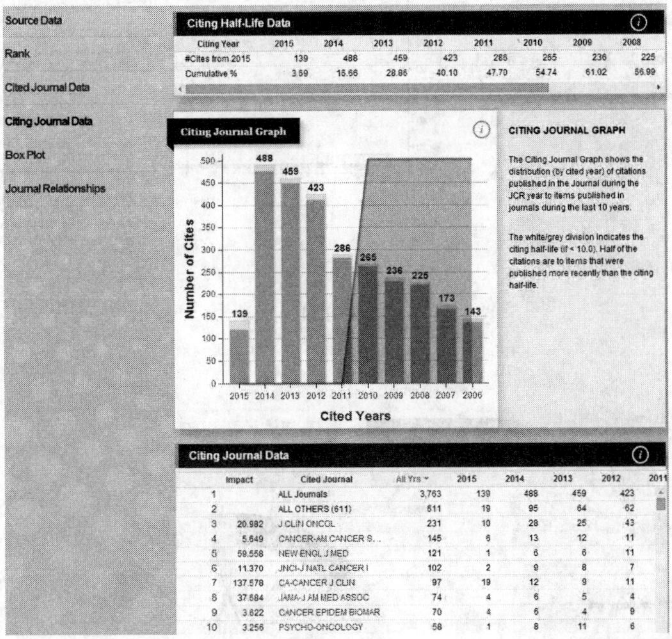

图 3-143

Box Plot 影响因子箱线图，用来描述领域期刊影响因子的分布，如图 3-144 所示。

Journal Relationships 是期刊引用关系图，如图 3-145 所示。

（三）多种期刊比较

在图 3-137 中，左侧栏中的 Compare Journals 用来做期刊之间的比较分析，点击进入后得到如图 3-146 所示，Select Comparison 中有可以选择分区或者趋势两种维度，下方的 Select Metric 有多种比较指标可以选择。

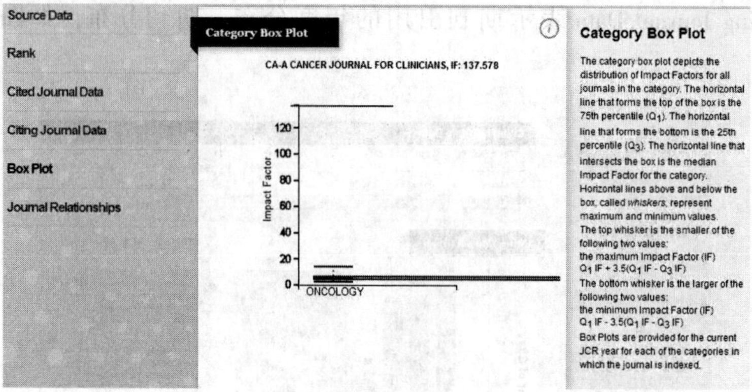

图 3-144

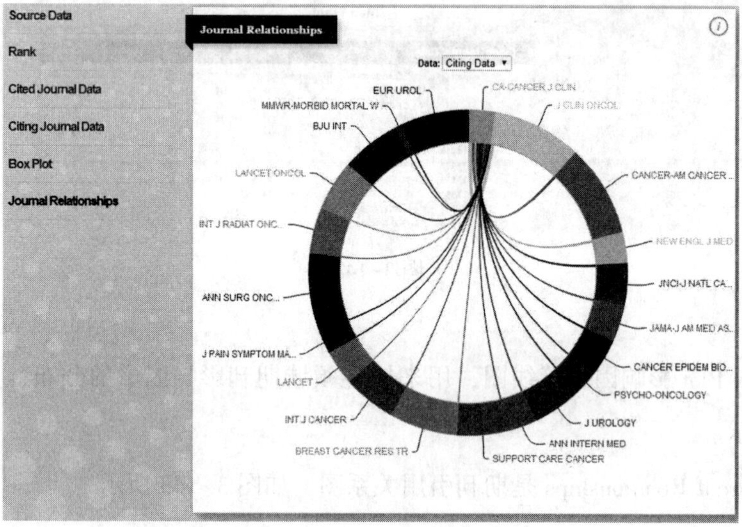

图 3-145

（四）学科排名

在图 3-137 中点击 Categories By Rank 进入，得到如图 3-147 所示的学科排名。任意选择一个学科例如 ECONMICS 点击进入，可以看到关于经济学的

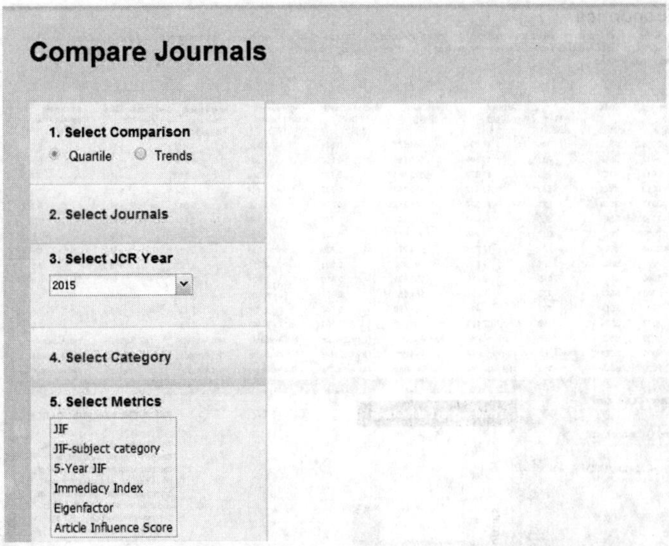

图 3-146

按年份排列的各种指标。如图 3-148 所示，在 Category Overview 里包括期刊出版频次，学科所有期刊的影响因子箱线图以及学科论文的一些基本信息，Cited Category Data 包括学科被引（引用）数据。

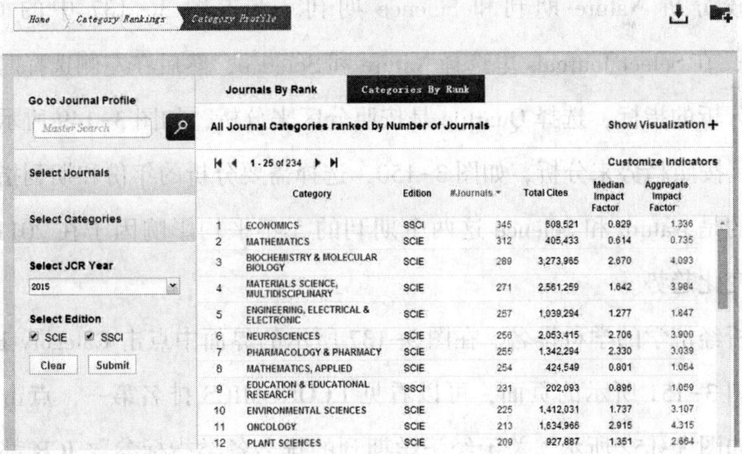

图 3-147

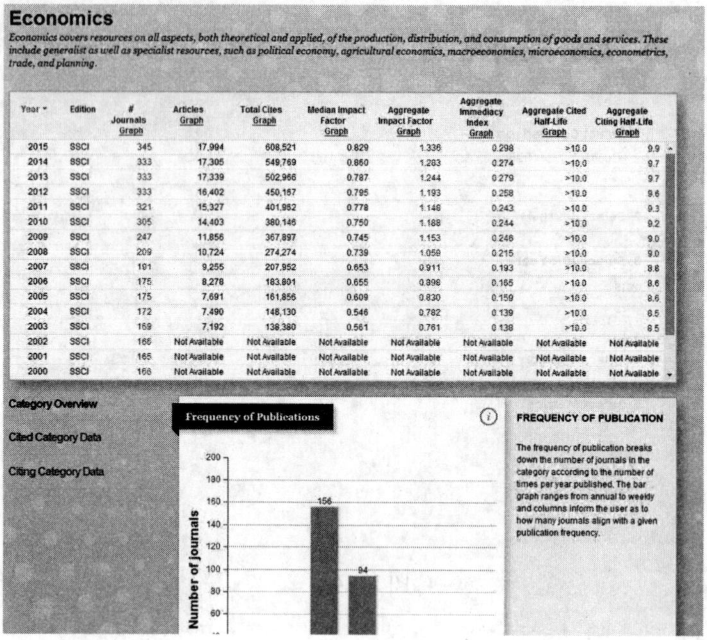

Economics

Economics covers resources on all aspects, both theoretical and applied, of the production, distribution, and consumption of goods and services. These include generalist as well as specialist resources, such as political economy, agricultural economics, macroeconomics, microeconomics, econometrics, trade, and planning.

Year	Edition	# Journals Graph	Articles Graph	Total Cites Graph	Median Impact Factor Graph	Aggregate Impact Factor Graph	Aggregate Immediacy Index Graph	Aggregate Cited Half-Life Graph	Aggregate Citing Half-Life Graph
2015	SSCI	345	17,994	608,521	0.829	1.336	0.298	>10.0	9.9
2014	SSCI	333	17,305	549,769	0.860	1.283	0.274	>10.0	9.7
2013	SSCI	333	17,339	502,966	0.787	1.244	0.279	>10.0	9.7
2012	SSCI	333	16,402	450,167	0.795	1.193	0.258	>10.0	9.6
2011	SSCI	321	15,327	401,982	0.778	1.148	0.243	>10.0	9.3
2010	SSCI	305	14,403	380,146	0.750	1.188	0.244	>10.0	9.2
2009	SSCI	247	11,856	367,897	0.745	1.153	0.246	>10.0	9.0
2008	SSCI	209	10,724	274,274	0.739	1.059	0.215	>10.0	9.0
2007	SSCI	191	9,255	207,952	0.653	0.911	0.193	>10.0	8.8
2006	SSCI	175	8,278	183,801	0.655	0.898	0.165	>10.0	8.6
2005	SSCI	175	7,691	161,856	0.609	0.830	0.159	>10.0	8.6
2004	SSCI	172	7,490	148,130	0.546	0.782	0.139	>10.0	8.5
2003	SSCI	169	7,192	138,380	0.561	0.761	0.138	>10.0	8.5
2002	SSCI	166	Not Available	Not Available	Not Available	Not Available	Not Available	Not Available	Not Available
2001	SSCI	165	Not Available	Not Available	Not Available	Not Available	Not Available	Not Available	Not Available
2000	SSCI	166	Not Available	Not Available	Not Available	Not Available	Not Available	Not Available	Not Available

图 3-148

三、JCR 的操作

比较分析 Nature 期刊和 Science 期刊。点击图 3-137 中的 Compare Journals，在 Select Journals 里选择 Nature 和 Science，然后在左侧选择时间年限和需要分析的指标，选择 Quartile 是按照分区来分析，如图 3-149 所示，选择 Trends 是按照趋势来分析，如图 3-150，选择需要分析的年份和期刊指标，图中显示的是 Nature 和 Science 这两个期刊的 5 年平均影响因子在 2011—2015 年间的变化趋势。

分析经济学的学科排名，在图 3-137 所示的界面中点击 Category By Rank 得到如图 3-151 所示的页面，可以看见 ECONOMICS 排名第一，点击进入得到界面如图 3-152 所示，关于经济学期刊的排名各类指标参数 JCR 都做了整理。Total Cites 表示总被引频次，它体现的是期刊的整体影响力；Cited Half-

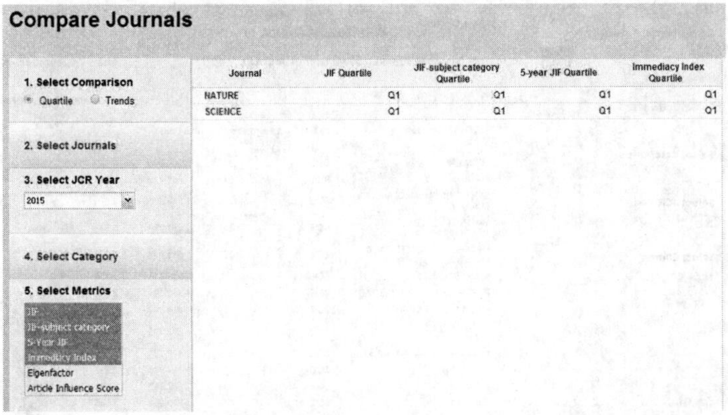

图 3-149

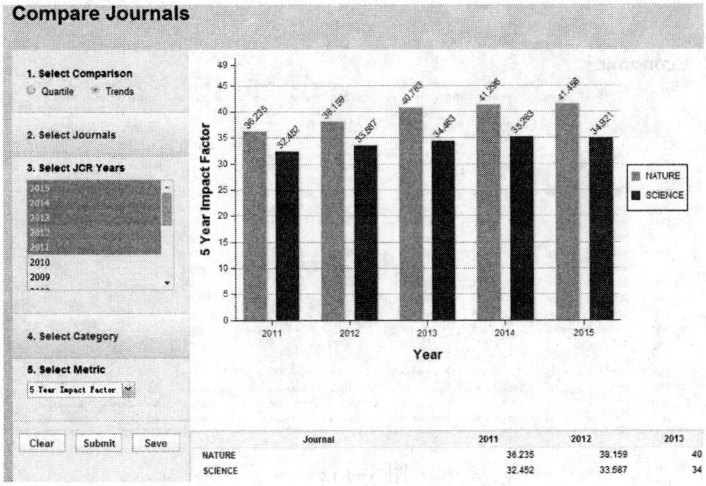

图 3-150

life 表示引用期刊论文的发表年中位数，用来表征引证文献的新颖程度；Citing Half-life 表示期刊引用论文的发表年中位数，用来表征参考文献的新颖程度；Immediacy Index 表示期刊发表当年的篇均引文，用来表征期刊论文当年的影响力。

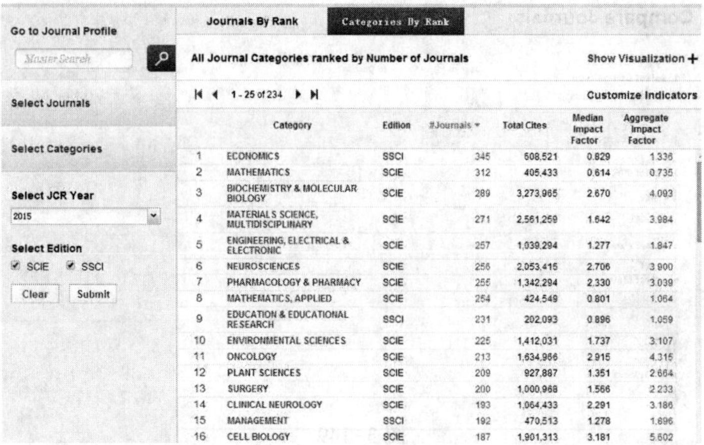

	Category	Edition	#Journals	Total Cites	Median Impact Factor	Aggregate Impact Factor
1	ECONOMICS	SSCI	345	608,521	0.829	1.336
2	MATHEMATICS	SCIE	312	405,433	0.614	0.735
3	BIOCHEMISTRY & MOLECULAR BIOLOGY	SCIE	289	3,273,965	2.670	4.093
4	MATERIALS SCIENCE, MULTIDISCIPLINARY	SCIE	271	2,561,259	1.642	3.984
5	ENGINEERING, ELECTRICAL & ELECTRONIC	SCIE	257	1,039,294	1.277	1.847
6	NEUROSCIENCES	SCIE	256	2,053,415	2.706	3.900
7	PHARMACOLOGY & PHARMACY	SCIE	255	1,342,294	2.330	3.039
8	MATHEMATICS, APPLIED	SCIE	254	424,549	0.801	1.064
9	EDUCATION & EDUCATIONAL RESEARCH	SSCI	231	202,093	0.896	1.059
10	ENVIRONMENTAL SCIENCES	SCIE	225	1,412,031	1.737	3.107
11	ONCOLOGY	SCIE	213	1,634,966	2.915	4.315
12	PLANT SCIENCES	SCIE	209	927,887	1.351	2.664
13	SURGERY	SCIE	200	1,000,968	1.566	2.233
14	CLINICAL NEUROLOGY	SCIE	193	1,064,433	2.291	3.186
15	MANAGEMENT	SSCI	192	470,513	1.278	1.696
16	CELL BIOLOGY	SCIE	187	1,901,313	3.181	5.602

图 3-151

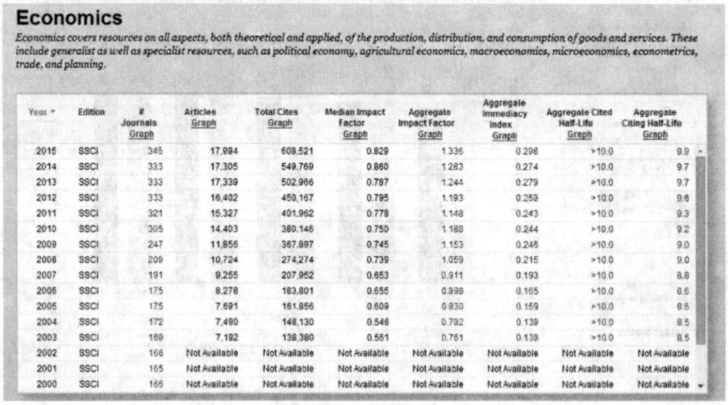

Year	Edition	# Journals Graph	Articles Graph	Total Cites Graph	Median Impact Factor Graph	Aggregate Impact Factor Graph	Aggregate Immediacy Index Graph	Aggregate Cited Half-Life Graph	Aggregate Citing Half-Life Graph
2015	SSCI	345	17,994	608,521	0.829	1.336	0.298	>10.0	9.9
2014	SSCI	333	17,305	549,769	0.860	1.283	0.274	>10.0	9.7
2013	SSCI	333	17,339	502,966	0.787	1.244	0.279	>10.0	9.7
2012	SSCI	333	16,402	450,167	0.795	1.193	0.258	>10.0	9.6
2011	SSCI	321	15,327	401,962	0.778	1.148	0.243	>10.0	9.3
2010	SSCI	305	14,403	380,146	0.750	1.188	0.244	>10.0	9.2
2009	SSCI	247	11,856	367,897	0.745	1.153	0.246	>10.0	9.0
2008	SSCI	209	10,724	274,274	0.739	1.059	0.215	>10.0	9.0
2007	SSCI	191	9,255	207,952	0.653	0.911	0.193	>10.0	8.8
2006	SSCI	175	8,278	183,801	0.655	0.898	0.165	>10.0	8.6
2005	SSCI	175	7,691	161,856	0.609	0.830	0.159	>10.0	8.6
2004	SSCI	172	7,490	148,130	0.546	0.782	0.139	>10.0	8.5
2003	SSCI	169	7,192	138,380	0.561	0.761	0.138	>10.0	8.5
2002	SSCI	166	Not Available	Not Available	Not Available	Not Available	Not Available	Not Available	Not Available
2001	SSCI	165	Not Available	Not Available	Not Available	Not Available	Not Available	Not Available	Not Available
2000	SSCI	165	Not Available	Not Available	Not Available	Not Available	Not Available	Not Available	Not Available

图 3-152

点击 Category Overview 得到期刊的出版频次，如图 3-153 所示。Cited Category Data 反映了期刊 ECONOMICS 学科被引的数据变化关系，如图 3-154 所示。

优点：对于专业领域的期刊的研究分析把握很精准，可以快速的确定某一专业领域的优秀期刊，通过 JCR 可以使不同专业学科的影响力也存在了可

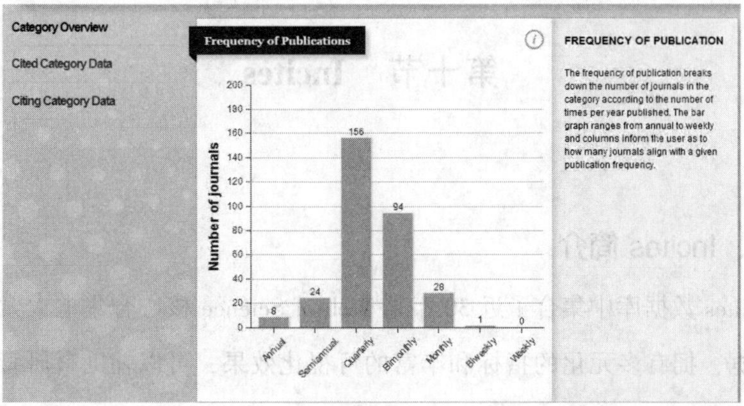

图 3-153

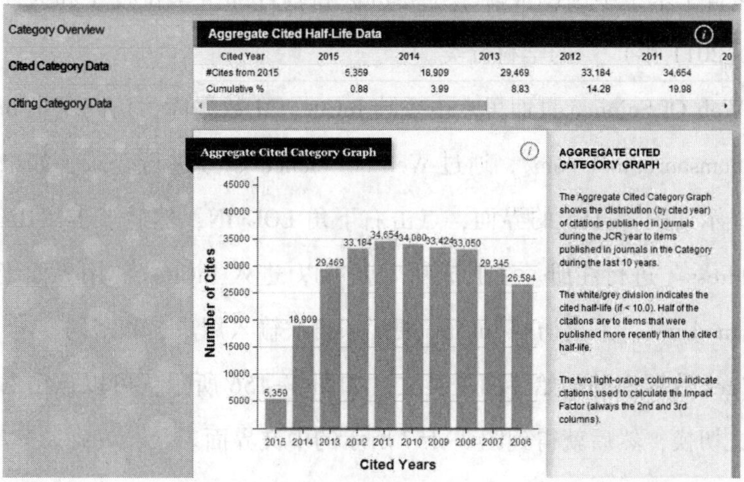

图 3-154

比性。通过对参考文献的标引和统计，在期刊层面衡量某项研究的影响力，显示出引用和被引期刊之间的相互关系。跟踪各学科期刊的发展趋势，深入研究各期刊之间的引证关系。

缺点：全英文的界面对中国使用者会造成些许困难，是收费软件。

第十节　Incites

一、Incites 简介

InCites 数据库中集合了近 30 年来 Web of Science 核心合集七大索引数据库的数据，拥有多元化的指标和丰富的可视化效果，可以辅助科研管理人员更高效地制定战略决策。Incites 涵盖全球 5 000 多所名称规范化的机构信息，囊括 30 多年所有文献的题录和指标信息，具有更丰富、更成熟的引文指标，Incites 包含了基于中国国务院学位委员会和教育部《学位授予和人才培养学科目录（2011 年）》的学科分类。[1]

在 Web Of Science 页面里点击登陆 InCitesTM 数据库，访问网站 https：//incites. thomsonreuters. com/，通过 Web of Science 账号进行登录，如果没有的话，会显示如图 3-155 的界面，点击右下角 LOG IN，然后点击“Register an email address”进行注册。注册成功后就可以 进入 InCites 使用界面了。勾选“Stay Signed in”，下次访问 InCites 便无须再次输入用户名和密码。

InCites 数据库的初始界面是英文，如图 3-156 所示，可以点击右上角进行中英文切换，然后就得到图 3-157 所示的中文界面。

二、Incites 的主要功能

（一）Incites 主界面 6 大模块和系统报告简介

如图 3-157 所示，Incites 主界面包括人员、机构、区域、研究方向、期

1　http：//www. thomsonscientific. com. cn/InCites/InCitesDB. htm.

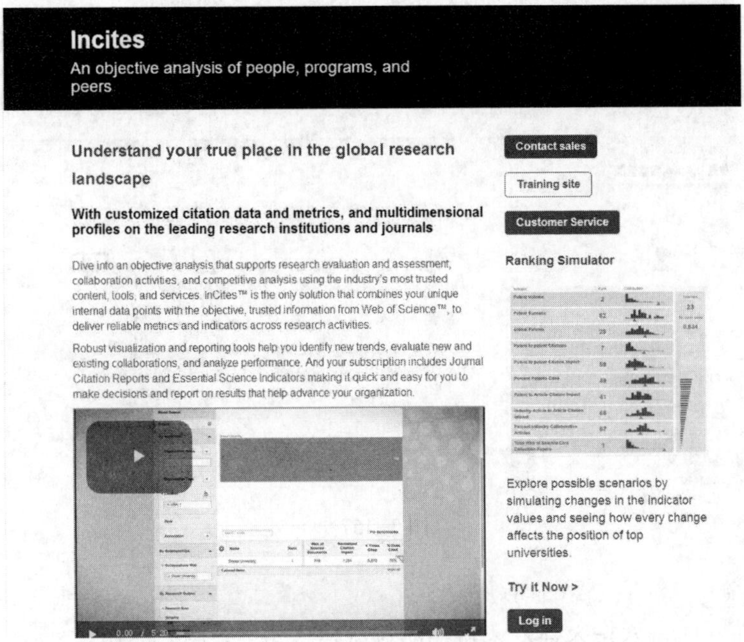

图 3-155

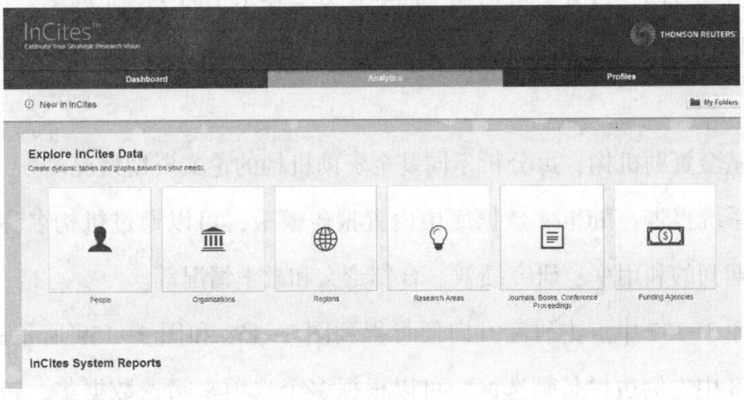

图 3-156

刊、图书、会议录文献、基金资助机构 6 大模块和 Incites 系统报告。

①人员：可分析各个机构所属科研人员和科研团体的产出和影响力等。

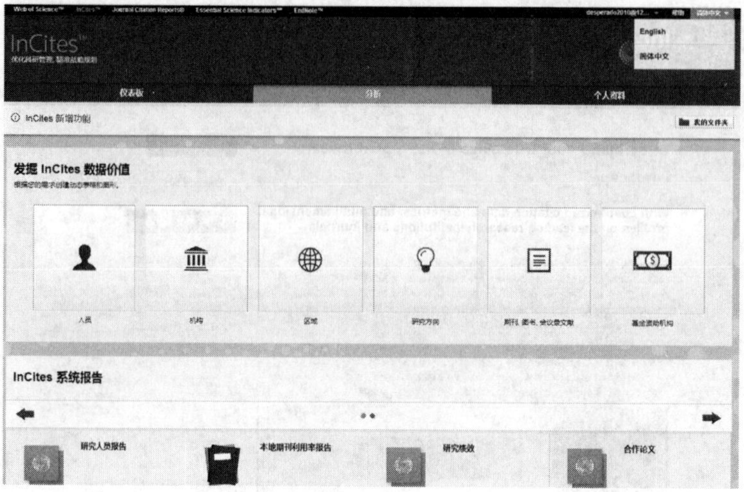

图 3-157

②机构：可分析全球各个机构的科研绩效和进行同行对比。

③区域：可分析各个机构的国际合作区域的分布。

④研究方向：可分析机构在不同学科分类体系中的学科布局。

⑤期刊、图书、会议录文献：可分析文献所发表的期刊、图书和会议录分布。

⑥基金资助机构：可分析不同基金资助机构的论文资助情况。

⑦系统报告：InCites 数据库中内置报告模板，可以通过机构名称进一步分析其期刊的利用率、研究绩效、合作论文和教学情况等。

在图 3-157 中点击研究方向便可得到图 3-158 和图 3-159 所示的界面，图 3-158 中左侧边栏是筛选区，可以根据多个选项来筛选数据集，包括机构名称、合作机构、文献类型、出版年等。图示区可以看到通过筛选后的数据的可视化展现。图 3-159 是结果区，可以浏览筛选后得到的各个学科的数据和相应的指标。

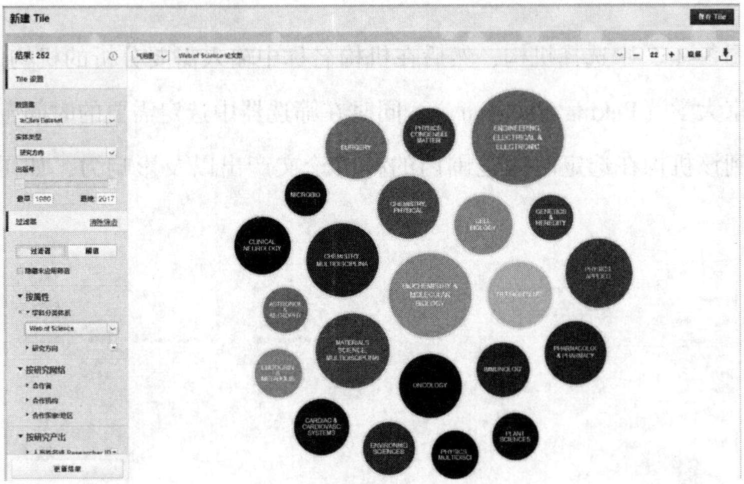

图 3-158

名称	排名	Web of Science 论文数	学科规范化的引文影响力	▼被引频次	论文被引百分比
BIOCHEMISTRY & MOLECULAR BIOLOGY	1	2,229,254	1.07	72,046,487	76.27%
NEUROSCIENCES	2	1,343,111	1.1	33,283,372	69.36%
CELL BIOLOGY	3	1,125,178	1.06	32,470,493	62.6%
CHEMISTRY, PHYSICAL	4	1,259,488	1.16	29,684,110	88.24%
CHEMISTRY, MULTIDISCIPLINARY	5	1,700,804	1.03	28,724,735	59.36%
MATERIALS SCIENCE, MULTIDISCIPLINARY	6	1,774,992	1.04	23,523,965	69.73%
ONCOLOGY	7	1,287,771	1.06	22,977,929	60.33%
IMMUNOLOGY	8	941,631	1.05	22,356,097	70.93%
PHARMACOLOGY & PHARMACY	9	1,284,219	0.98	20,140,723	71.85%
PHYSICS, APPLIED	10	1,497,148	0.99	19,402,523	71.44%
GENETICS & HEREDITY	11	659,391	1.05	17,296,492	73.95%
ENGINEERING, ELECTRICAL & ELECTRONIC	12	2,795,071	0.96	16,227,947	43.9%
PHYSICS, CONDENSED MATTER	13	904,451	1.02	15,561,269	79.82%
SURGERY	14	1,227,831	0.9	14,819,237	65.49%
MICROBIOLOGY	15	577,572	1.05	14,763,317	84.55%
CLINICAL NEUROLOGY	16	1,052,019	1.02	14,779,875	56.55%
ASTRONOMY & ASTROPHYSICS	17	652,124	1.09	14,613,036	78.25%
ENDOCRINOLOGY & METABOLISM	18	737,727	1.02	13,993,692	62.72%
CARDIAC & CARDIOVASCULAR SYSTEMS	19	893,347	1.01	13,596,364	54.02%
ENVIRONMENTAL SCIENCES	20	880,921	1.01	13,586,615	72.85%
PHYSICS, MULTIDISCIPLINARY	21	783,719	1.02	13,090,210	71.74%
PLANT SCIENCES	22	703,862	1	12,515,661	76.96%

图 3-159

（二）机构科研产出和影响力

在图 3-157 中选择机构，然后在机构名称中输入需要分析的机构的名称，例如北京大学（Peking University），同时在筛选器中选定需要的时间范围，便可以得到该机构在选定时间范围内的科研论文产出以及影响力，如图 3-160 所示。

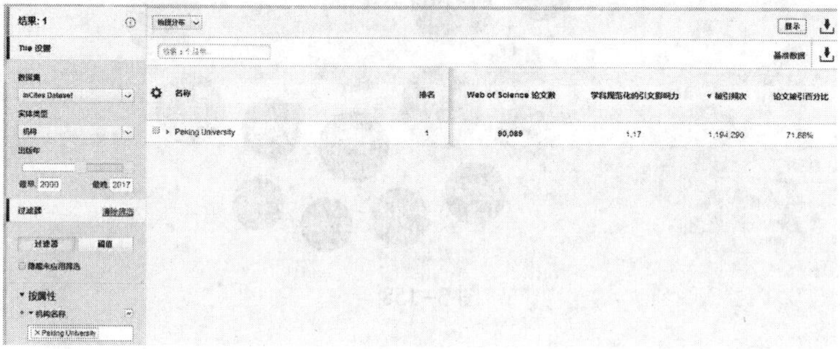

图 3-160

（三）同行机构对比分析

在筛选器的机构类型中按照所属机构的类型来选择，例如大学、政府、医院等。按照所属机构的国家和地区选择国家/地区，按照是否进入 THE 大学排名和是否进入 ESI 引用前 1%来选择排名，按照机构所属的联盟来选择机构联盟，例如中国的 C9 高校，澳大利亚的 GROUP OF 8 等。

在筛选器的研究方向中选择需要分析的学科分类。Incites 数据库里有 9 种学科大类。

① ESI 学科分类（共 22 个）

② Web Of Science 核心合集学科分类（共 251 个）

③ 中国国务院学位委员会和教育部《学位授予与人才培养学科目录（2011 年）》（目前提供 12 个学科门类和 77 个一级学科的分析数据）

④ ANVUR

⑤ GIPP（6 个）

⑥ 澳大利亚 ERA 分类（23 个一级分类和 149 个二级分类）

⑦ 巴西 FAPESP 分类

⑧ OECD 采用 Frascati 学科分类

⑨ 英国 RAE 分类（63 个）和 REF 分类（36 个）

然后选择文献类型、期刊、开放获取、出版商、基金资助机构、Web of Science 论文数范围、被引频次等筛选过滤项，然后点击左下角的更新结果，便可以得到图 3-161 所示的界面。

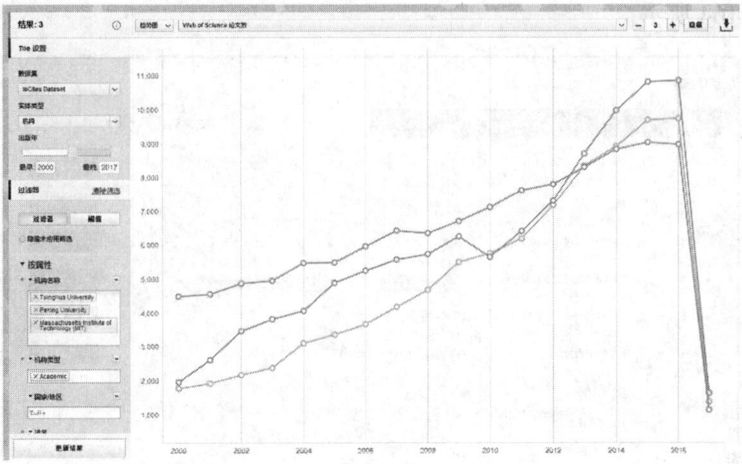

图 3-161

（四）设置基线与自定义基线

在任何一个分析结果处点击基准数据可以根据不同的需求选择不同的基线，全球基准值是全球同年所有文献的基准值，所有结果基准值是结果区得到的所有机构文献的基准值。如图 3-162 所示。

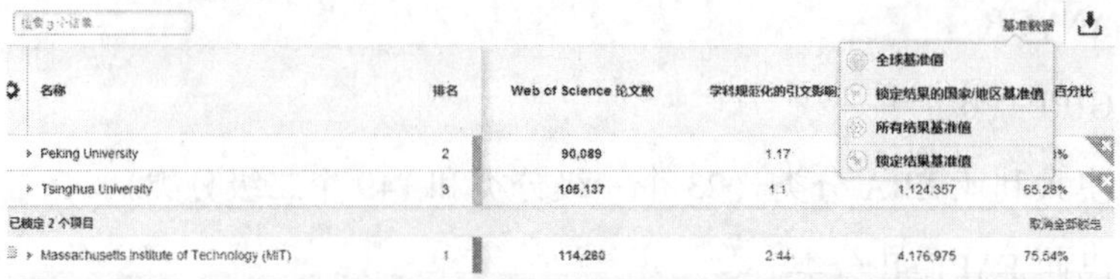

图 3-162

（五）添加指标

如图 3-162，在左上角点击齿轮图标可以得到图 3-163 所示界面，这里可以对已选的指标进行删除或者排序，也可以点击浏览图标增加新的指标，如图 3-164 所示。

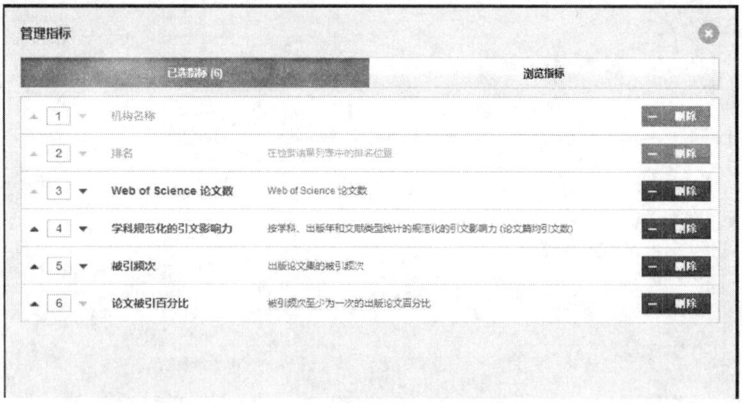

图 3-163

（六）导出图像

在图 3-161 中点击右上角的箭头可以下载分析的趋势图，如图 3-165 所示。

管理指标
已选指标 (6)
浏览指标
ESI 引文影响力排名
因被引频次最多而被收录到 ESI 的机构数
添加
h 指数
出版论文集的 h 指数
THE 排名
进入 THE 世界大学排名的机构
博士学位/教学人员 - 规范化
博士学位/教学人员 - 规范化
博士学位/本科学位
授予的博士学位/授予的本科学位
国家
国家
国际合作论文
含一位或多位国际共同作者的论文数
国际合作论文/论文
国际合作论文/论文 - 总数
国际合作论文百分比
有国际共同作者的出版论文百分比
国际学生/学生
学生 - 国际/学生 - 总数
国际教学人员/教学人员
学术人员 - 国际/学术人员
Search Indicators:
or 恢复默认值
取消
完成

图 3-164

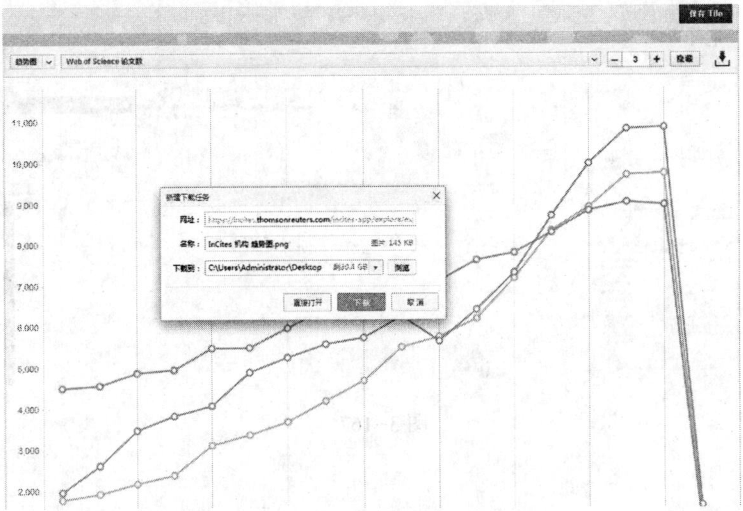
趋势图
Web of Science 论文数
11,000
10,000
9,000
8,000
7,000
6,000
5,000
4,000
3,000
2,000
新建下载任务
网址：
名称：
InCites 机构 趋势图.png
下载到：
C:\Users\Administrator\Desktop
直接打开
取消

图 3-165

（七）检索结果和文献详细信息导出

如图 3-166 所示，在结果页面点击基本数据旁边的箭头可以下载机构对比的指标分析数据，格式是 CSV，主流办公软件都可编辑。如果点击任何一个机构论文数，都可以得到该机构论文的基本信息（标题、作者和详细的引文指标），因为 Incites 和 Web of Science 的相同性，这些数据也都是可以批量下载的，如图 3-167 所示，批量下载的上限是 50 000 条，这些数据同样可以被主流办公软件编辑处理。

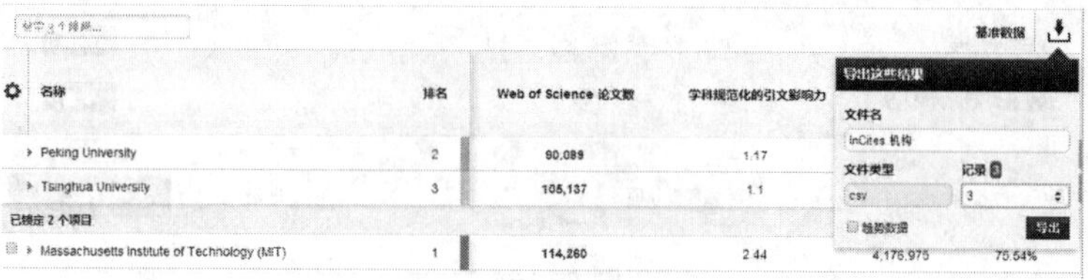

图 3-166

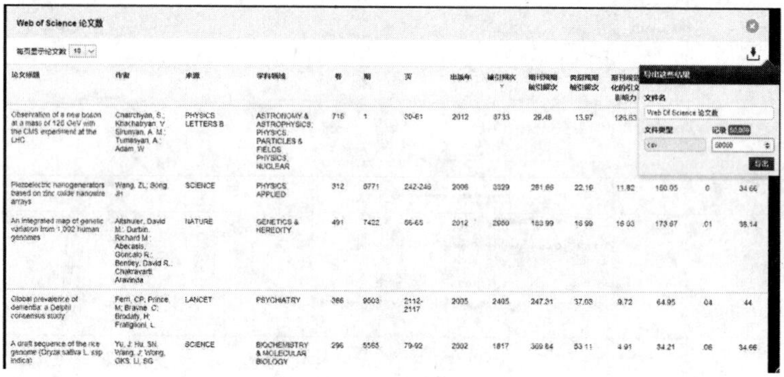

图 3-167

（八）分析机构国际（地区）合作情况

在图 3-157 中选择区域模块进入，然后在左侧合作机构栏中输入目标机构的英文名后再点击更新目标，可以得到如图 3-168 所示的页面。在数据结果页面勾选需要分析的国家如 USA 如图 3-169 所示，然后单击在下拉菜单中选择期刊，如图 3-170 所示。然后点击重新聚焦，就可以进一步对本机构（北京大学）和与 USA 合作过的论文进行期刊分布。

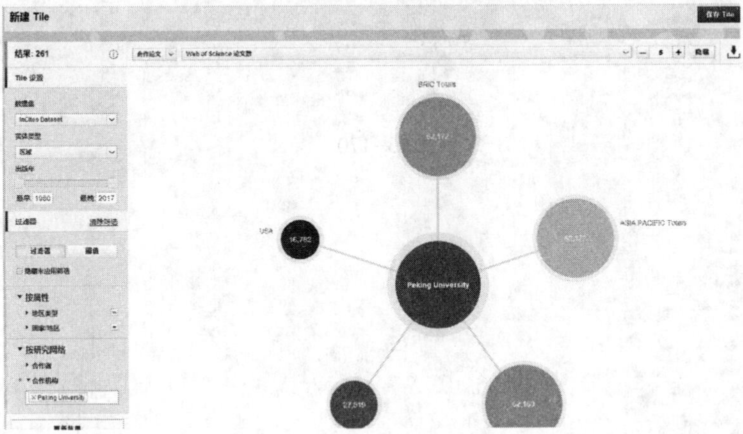

图 3-168

名称	排名	Web of Science 论文数	学科规范化的引文影响力	▼被引频次	论文被引百分比
BRIC Totals	1	62,172	1.35	1,003,883	77.55%
ASIA PACIFIC Totals	1	62,172	1.35	1,003,863	77.55%
CHINA MAINLAND	3	62,169	1.35	1,003,624	77.55%
OECD Totals	4	27,519	1.71	567,979	80.37%
USA	5	16,782	1.92	386,141	80.07%
EU-28 Totals	6	9,788	2.03	230,554	82.32%
EU-28 Totals	7	9,756	2.03	229,988	82.3%
EU-15 Totals	8	9,587	2.04	227,375	82.27%
CALIFORNIA, USA	9	4,160	2.42	123,005	81.76%

图 3-169

如图 3-171 所示，经过处理分析得到机构（北京大学）与美国合作的各类期刊的分布情况以及各种指标统计。

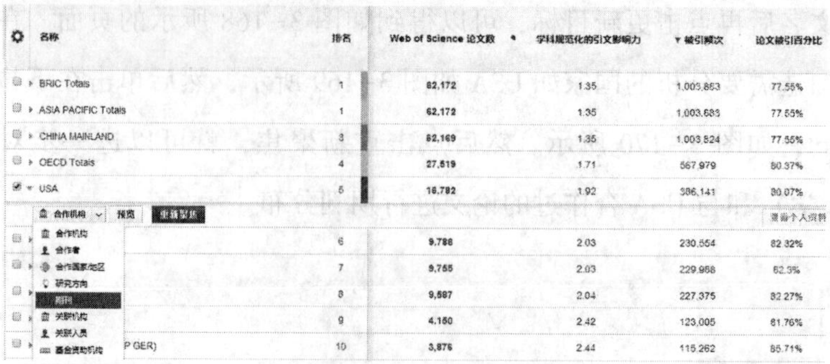

图 3-170

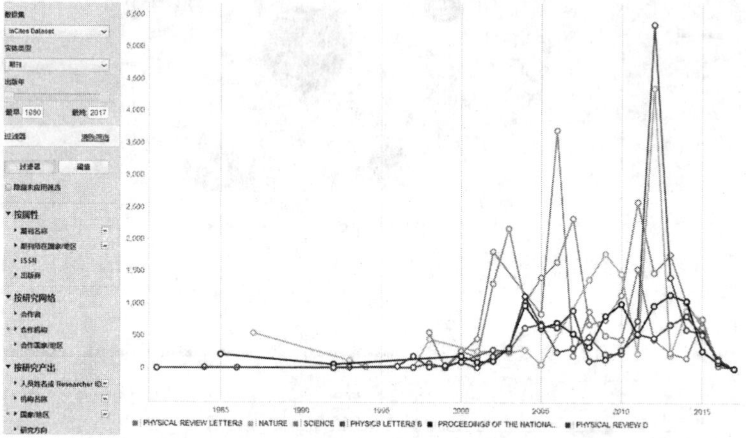

图 3-171

（九）分析机构的合作机构

在图 3-157 中，选择机构模块进入，然后在左侧研究网络中选择合作机构并输入机构的名称，然后点击更新结果，就可以得到与本机构合作的其他合作机构的信息整合，如图 3-172 所示。右上角的加号可以调整出现在图中的变量的个数。

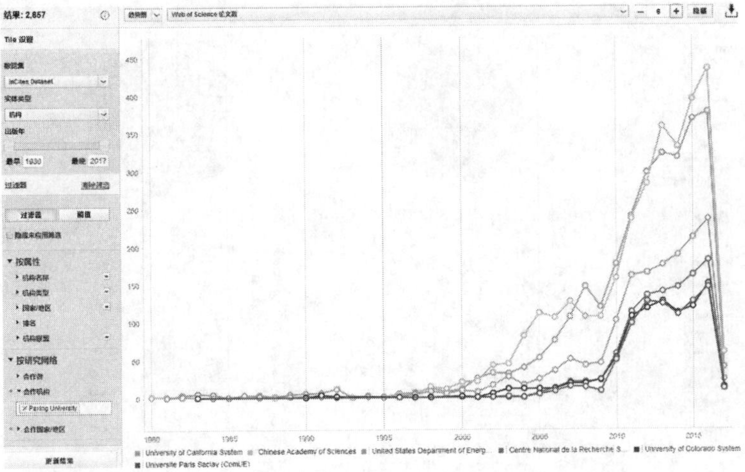

图 3-172

三、Incites 的操作

接下来选择具体实例来体验 Incites 的操作过程。

(一) 北京科技大学与北京化工大学在复合材料学学科科研产出量对比

在图 3-157 的界面中选择机构模块进入，然后在左侧机构名称分别输入需要对比的机构名称，在研究方向中选择需要对比的学科，然后点击更新结果，并选择气泡图，得到如图 3-173 所示界面。结果表明近十年北京科技大学复合材料学领域的论文产量略大于北京化工大学。

(二) 北京科技大学与北京化工大学在复合材料学学科科研产出的引文影响力表现对比

在图形区选择条形图，指标类型选择规范化的引文影响力，在数据区将两条数据结果全部选择锁定后点击基本数据然后选择锁定结果基准值，如图

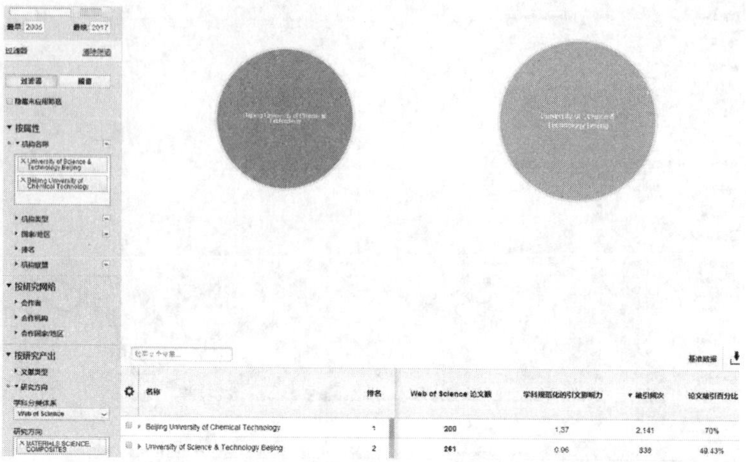

图 3-173

3-174 所示，然后在图形区显示界面如图 3-175 所示。北京化工大学在 CNCI（Category Normalized Citation Impact）指标下表现更好，北京科技大学复合材料学的论文在 CNCI 低于全球基准值。

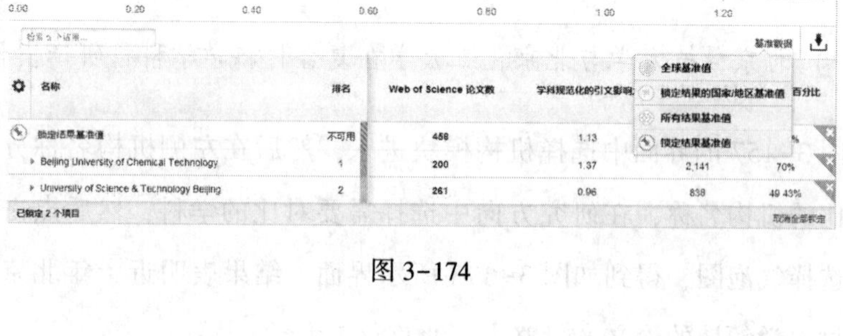

图 3-174

（三）北京科技大学与北京化工大学在复合材料学学科的论文影响力在其所在期刊的表现

可以看出北京化工大学在复合材料学领域发表的文章的影响力大于北京科技大学，并且高于全球基准值，而北京科技大学低于全球基准值，如图 3-176 所示。

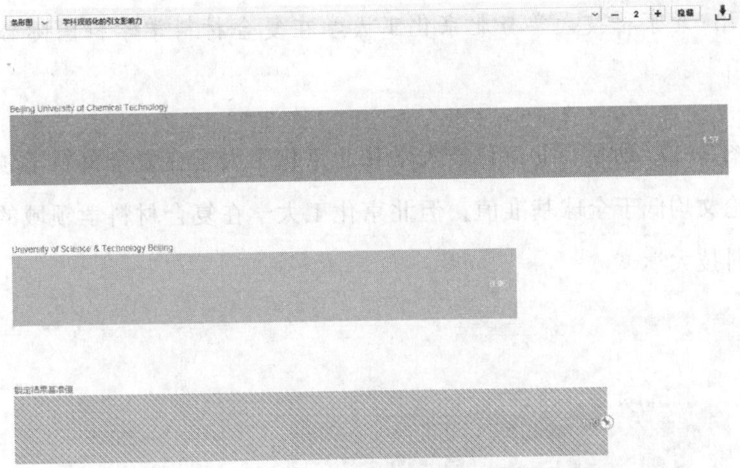
条形图
学科规范化的引文影响力
2
Beijing University of Chemical Technology
University of Science & Technology Beijing

图 3-175

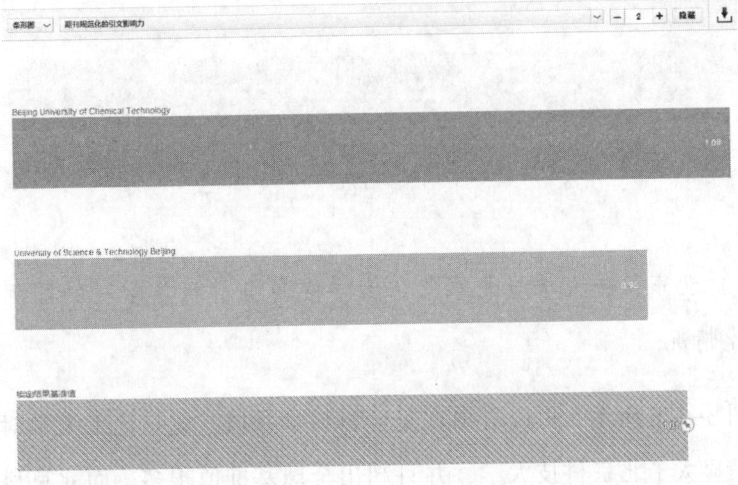
条形图
期刊规范化的引文影响力
2
Beijing University of Chemical Technology
University of Science & Technology Beijing

图 3-176

（四）北京科技大学与北京化工大学在复合材料学学科国际合作论文产出对比

如图 3-177 所示，北京科技大学和北京化工大学在复合材料学领域的国际合作论文均低于全球基准值，但北京化工大学在复合材料学领域的合作多于北京科技大学。

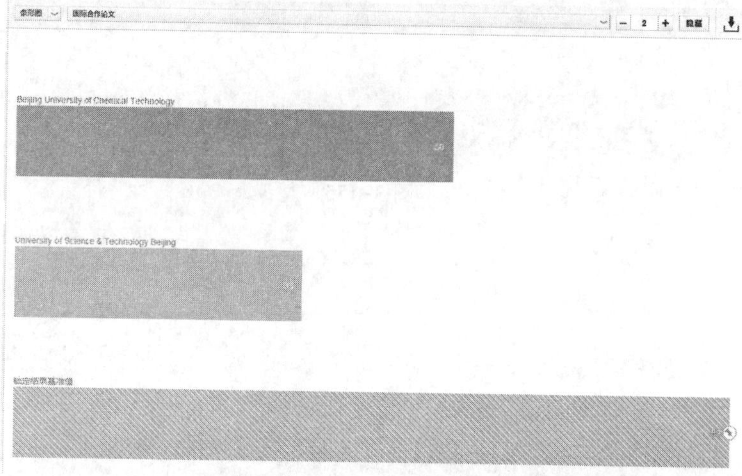

图 3-177

（五）北京科技大学与北京化工大学在复合材料学学科的国际合作论文百分比情况

如图 3-178 所示，可以看出在复合材料学领域，北京化工大学对外合作的程度明显大于北京科技大学，并且超出全球基准值很多，而北京科技大学在材料学方面的国际合作比重低于全球基准值。

因此，可以看出在材料学学科领域，北京科技大学虽然在论文数量上比北京化工大学要多，但是在论文质量，论文影响力以及这个领域的国际合作

图 3-178

活跃程度上来讲，北京科技大学都处于劣势，这也就为机构学科的发展明确了方向。

（六）利用 Web of Science 自定义数据集了解某一机构某一研究方向数据集的表现

如果了解北京科技大学在材料学研究方向的数据集的表现，先在 Web of Science 核心集中按照 material 和机构的英文名称 University of Science & Technology Beijing 进行检索，得到检索界面如图 3-179 所示，然后选择保存到 Incites 并且命名，如图 3-180、图 3-181 所示。

在 Incites 的 My Folders 下的 Datasets 文件夹，或者在 Title Setting 下的页面找到已保存的文件夹，如图 3-182，然后在 Incites 里打开。

如图 3-183 所示，实体类型选择机构，这里展示了与 materials 相关的全部参与机构的指标信息。

如图 3-184 所示，在齿轮设置中选择期刊，并且重新聚焦便可以得到此

图 3-179

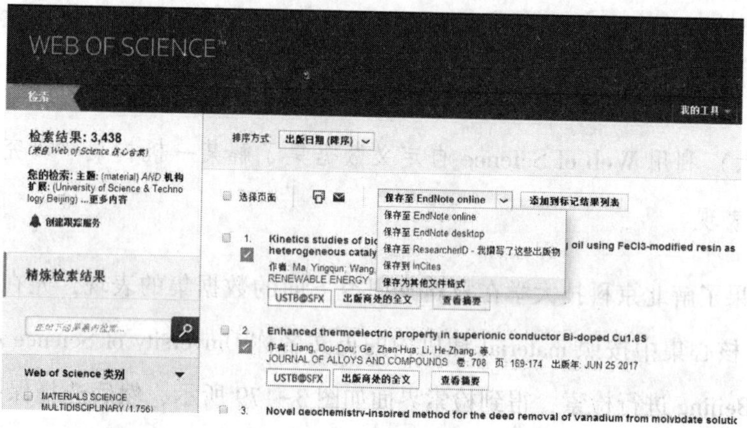

图 3-180

数据集的论文的期刊分布情况，如图 3-185 所示，其中图形的显示方式可以在页面上方的下拉菜单中选择，另外其他指标例如被引频次，论文百分比等都可以在页面上方选择添加。

以此类推，合作机构，以及人员分析都可以通过这个流程进行操作而得

图 3-181

图 3-182

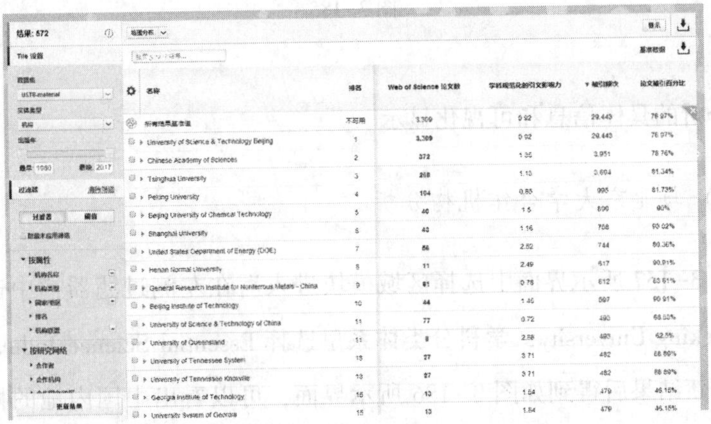

图 3-183

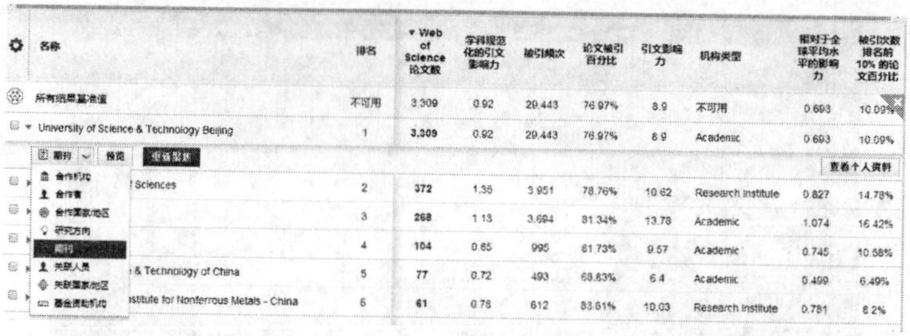

图 3-184

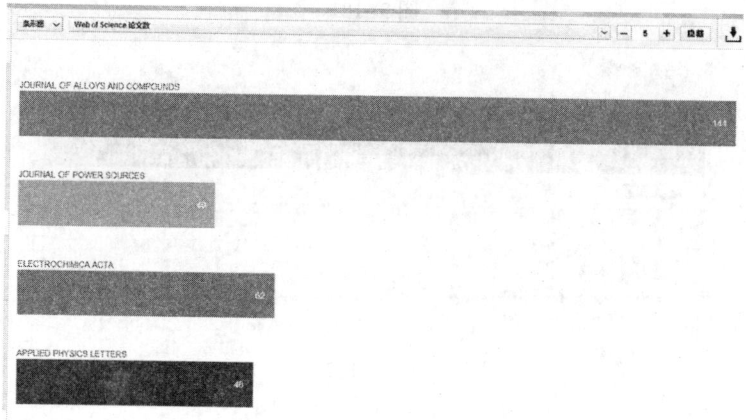

图 3-185

到对比分析的具体信息和可视化显示。

（七）与北京大学合作机构分析

在图 3-157 所示界面中选择区域模块进入后在左侧过滤器栏中选择合作机构为 Peking University，学科分类体系里选择 Essential Science Indicators，然后点击更新结果后得到如图 3-186 所示界面，可以看出中国内地的机构与北京大学合作是最多的远超过其他国家的机构。如图 3-187 所示，北京大学和法国合作的论文的 CNCI 最高，达到 3.46，而且与北大合作的国家的论文排名前十的 CNCI 均超过了世界平均水平。与美国、法国合作的论文被引次数位于全球排名前 10%占最多，如图 3-188 所示。

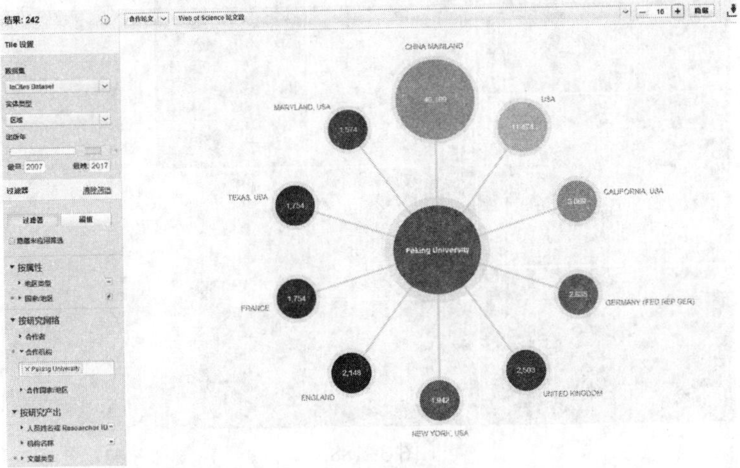

图 3-186

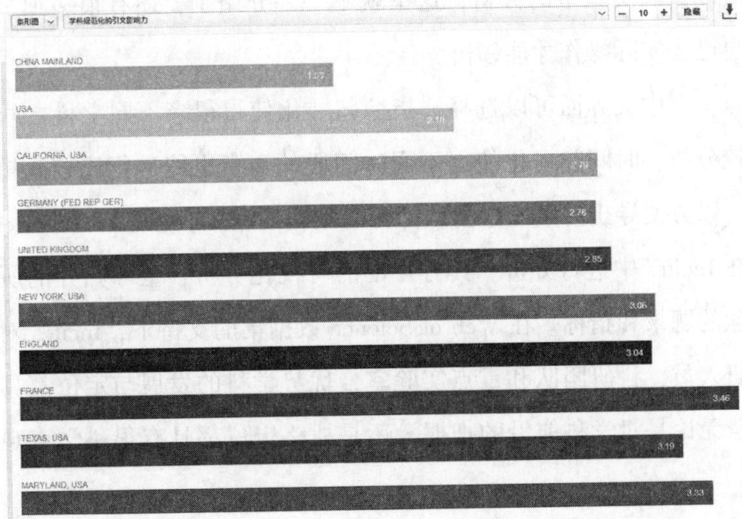

图 3-187

图 3-188

Incites 的功能很强大，笔者只是简单介绍了基本的操作，还有对科研团队，人员以重点实验室的分析，这里就不一一介绍了，还有很多细节使用需要读者自己去实际操作才能领悟。

优点：有中文界面可以选择。指标归一化使得很多不同学科之间也能够进行比较分析，时间归一化使得不同时间段的文章也能进行比较分析，检出的结果可以方便导出为主流办公软件可以编辑的格式，Web of Science 的数据也可以在 Incites 中进行分析。具有互动的可视化分析，全球归并的所有机构每篇文献的题录和指标。在 Web of Science 数据集的支持下，Incites 对研究机构，科研人员，科研团队和重点实验室，优势学科的发展与定位都具有准确地分析，无论是对学科前沿的把握，还是战略定位都具有很科学直观的辅助作用。

缺点：Incites 是需要付费的数据库产品。

第十一节 Innography

一、Innography 简介

Innography 属于世界一流的信息提供商 Thomson Reuters，ProQuest Dialog，在国内的合作公司有广州奥凯公司。专利文献所蕴含的信息远不止其自身的专业知识或权利说明书保护的信息，从中也可以预测诸多商业发展态势。

Innography 数据库提供世界诸多重要专利局的专利文件，可针对用户的需要构建检索式进行检索，对检索的专利文献可直接在注册账号下建立工程进行保存，在任何联网的地方都能方便地使用自己的搜索结果。对于检索得到的专利文献可进行下载，单篇专利的分析报告生成与下载，批量专利的分析报告生成与下载，批量专利各项重要信息（如标题、专利号、申请时间、申请地区、失效时间等）的列表抽取等。

Innography 收录了国际各大专利局的专利文献信息，方便世界范围内在需要领域的专利搜索；Innography 具有强大的分析功能，有气泡图、直方图等各种直观的分析图表结果，能帮助用户能正确了解自己的工作领域世界最前沿的技术态势和最具竞争力的对手等。

二、Innography 的主要功能

（1）世界专利信息——可以查询和下载 70 多个国家的专利、查询同族、法律状态及专利原文

（2）专利诉讼——包含 PACER（美国联邦法院电子备案系统）在内的全部专利诉讼和其他地区专利诉讼

（3）全球首创专利强度（patent strength）指标能快速分离出高价值专利

（4）创新的专利气泡图、热力图、专利聚类分析帮助了解技术差距和发展方向

（5）独创诉讼专利检索与分析

（6）独一无二的专利无效检索与侵权检索

三、Innography 的操作

以先进半导体材料为目标进行专利分析。登陆 https：//app. innography. com/home/，输入账号密码，可以进入如图 3-189 所示界面。在 Title or Abstract 里检索，左侧 Refine 中勾选 Reduce By Family 进行 IPC 分类筛选，去除不可能的类，如图 3-190 所示。

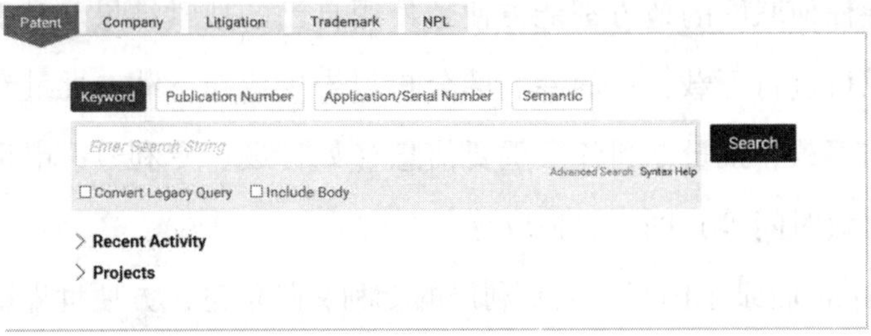

图 3-189

点击右上角 Analyze 后选择左侧 PatentScape，如图 3-191 所示，右侧出图后 Topics 将无意义的词 hide，也可以将一些词组进行重新命名。然后选择 Start with a Template 下的 Top 5 Companies，如图 3-192 所示。最后得到如图 3-193 所示，点击右上角 Export Chart，然后保存图片名称为先进半导体材料词频聚类。

勾选 Patent Number 前方框，选定所有专利如图 3-194，点击 View By Results->Location->world，如图 3-195 所示，点击右上角 Export->Chart Image 图

图 3-190

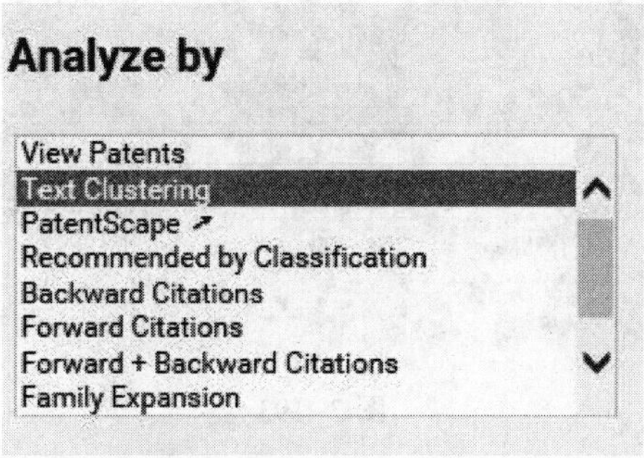

图 3-191

片保存在该方向文件夹内，命名为国家。图 3-196 显示的就是“先进半导体材料”方向高强度专利国家分布情况。

在操作界面选择 View By Results - > inventor - > group，在图标

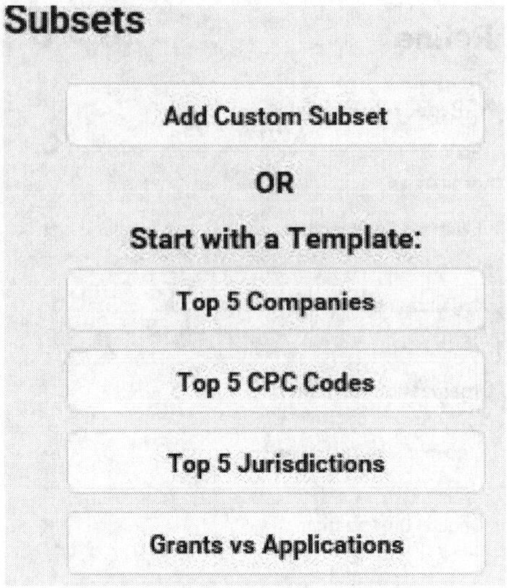

图 3-192

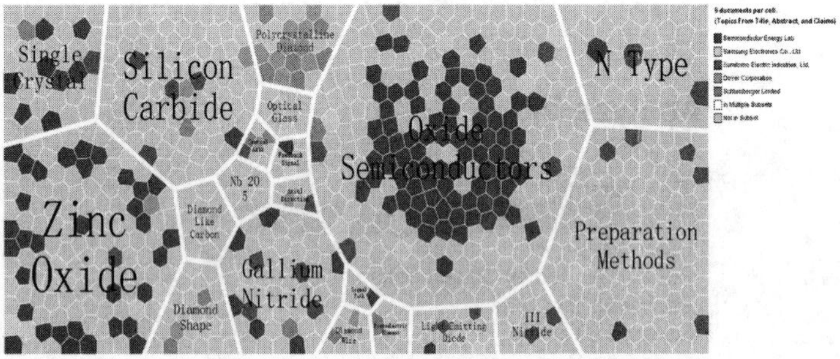

图 3-193

图 3-194

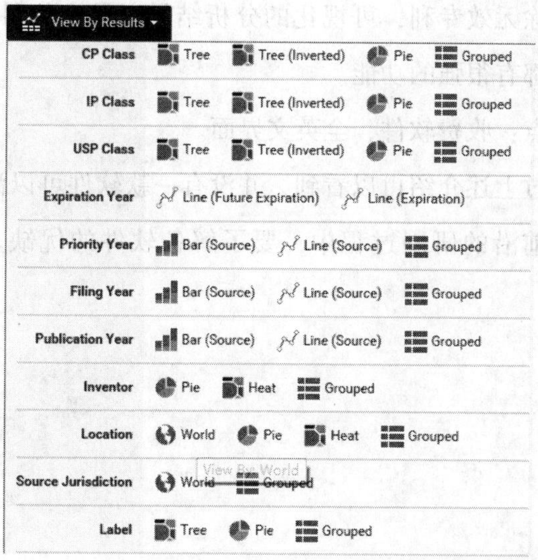

图 3-195

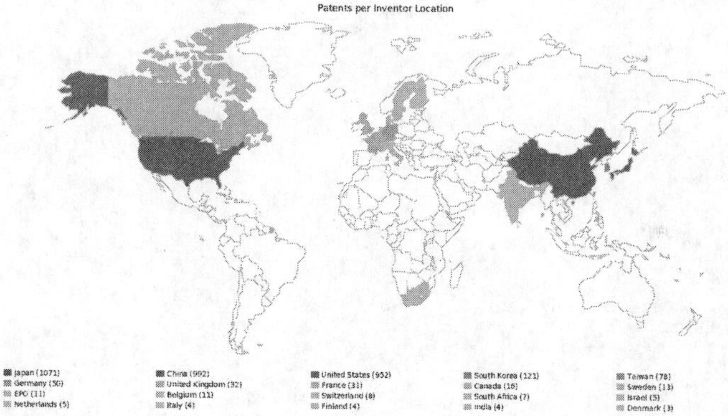

图 3-196

右上角齿轮设置 TOP50，然后点击 Export->ALL Groups，命名为发明人列表。

优点：Innography 的主要功能是分析专利的各种指标，筛选出高价值的专利，去除无效专利，可视化的分析结果以及定位科技前沿领域的专利，在这些方面都有很强的功能。

缺点：收费软件，全英文界面。

通过上述介绍可以看到，并没有一款软件可以满足学科前沿研制的需要，在学科前沿的研制过程中，要了解各软件的优缺点，综合利用各种软件来实现。

第四章 数据基础

第一节 数据源的选择

说到数据源的选择，还是先从一个例子说起。这个例子依然是谷歌的谷歌流感趋势（GFT）。通过前面章节的介绍，可以看到谷歌流感趋势（GFT）在2009年H1N1爆发的前几周，通过及时的预测H1N1在全美范围的精确传播地区，令公共卫生官员们和计算机科学家们倍感震惊。而到了2013年，谷歌流感趋势（GFT）估计比实际数据高两倍，就是这个"不精确性"再次引起了媒体的关注。David Lazer[1]等在Science上发表的一篇文章"谷歌流感的寓言：大数据分析的陷阱（The Parable of Google Flu：Traps in Big Data Analysis）"解释了大数据分析为何会背离事实：大数据自大（Big Data Hubris）倾向和算法变化（Algorithm Dynamics）。即①我们经常隐含的假设是，大数据是传统的数据收集和分析的替代品，而不是补充。在其他地方，我们断言大数据有巨大的科学可能性，但是，数据的量并不意味着人们可以忽略测量的基本问题，构造效度和信度以及数据间的依赖关系。其核心挑战是大多数大数

1 David Lazer，Ryan Kennedy，Gary King，Alessandro Vespignani. The Parable of Google Flu：Traps in Big Data Analysis. Science，2014（6176）：1203-1205

据得到了大众的关注，但并没有产生对科学分析来说有效和可靠的数据。Lazer 等学者提醒大家关注“大数据自大（big data hubris）”的倾向，即认为自己拥有的数据是总体，因此在分析定位上，大数据将代替科学抽样基础上形成的传统数据（后文称为“小数据”）、而不是作为小数据的补充。②在谷歌为改善其服务中，也改变了数据生成过程。这些调整有可能人为推高了一些搜索，并导致谷歌的高估。算法演化导致搜索数据前后不可比，特别是由于受媒体影响等，“搜索者键入的关键词完全都是自发决定”这一假定在后期不再成立。这样，用 2009 年建立的模型去预测未来，就无法避免因过度拟合问题而表现较差了。[1]

而如何防止大数据在预测过程中带来不正确的结果或者风险[2]？大数据和小数据并重应该是一个解决的途径。大数据、小数据各有优劣：小数据具有易于搜集、可控、结构化程度高等优点，但是缺点是数据收集成本高，时间间隔长、颗粒度较粗。大数据的优势就包括数据体量大、收集时间短、数据类型丰富，颗粒度很细。但是，由于大数据往往是一些活动的附带产品，结构化程度低，规范性低，可控性差，可信度差。这些特点意味着大数据本身未必有科学研究要求的那样准确、可靠，在数据分析中就需要对大数据适合研究的问题有较清晰的认识。将大数据与小数据相结合，可以大大提高数据的预测精度。大数据往往可以实时生成，对于观察特定动态，具有小数据无可替代的优势。要实现大数据、小数据相得益彰，互为补充。

具体到学科前沿研制的数据源，根据以上的例子和学者的论证，考虑到图书馆数据的特点。研制学科前沿的数据源有两种数据：一种是用户实时产生的数据，如这种通过图书馆的 OPAC 搜索而被记录下来的用户行为的数据，还有一种就是全文数据库记录的用户行为信息数据，这类数据结构性差，可

1　沈艳. 大数据分析的光荣与陷阱——从谷歌流感趋势谈起. ［20160303］　［20160928］. http：//www. thebigdata. cn/YingYongAnLi/29286. html.

选操作少，但是时效性好。另一种数据是数据库的收录学术成果数据。这类数据库回溯时间长，数据比较规范，结构化程度高，可分析可控制性好，支持多种已有的分析工具，可操作性强。但是时效性稍差。两种数据作为数据源，互相补充，以提高结果的准确性。

一、数据库收录的成果数据

考虑到数据库的收录范围及特点，可供选择作为数据源的数据库包括汤森路透的 WOS 数据库、Elsevier 的 Scopus 数据库和 Elsevier Science（Science-Direct）学术数据库、清华同方的中国学术期刊网络出版总库（中国知网）等。下面对这几个常用数据源逐一进行介绍。

（一）汤森路透的 Web Of Science（WOS）数据库

1. WOS 数据库收录的学科范围

WOS 是平台是汤森路透（2016 年 10 月，Onex 公司（Onex Corporation）与霸菱亚洲投资基金（Baring Private Equity Asia）完成了对汤森路透知识产权与科技业务的收购，2017 年，将更名为 Clarivate Analytics——科睿唯安）推出的功能强大的组合检索平台，由 8 个数据库构成：Science Citation Index Expanded（SCI-EXPANDED）、Social Sciences Citation Index（SSCI）、Arts & Humanities Citation Index（A&HCI）、Conference Proceedings Citation Index-Science（CPCI-S）、Conference Proceedings Citation Index-Social Science & Humanities（CPCI-SSH）、Emerging Sources Citation Index（ESCI）、Current Chemical Reactions（CCR-EXPANDED）、Index Chemicus（IC）。内容包括来自于自然科学、社会科学、人文艺术等各个学科领域的 1 万多种期刊，超过 12 万种国际会议录以及报告等的信息。包括 ISI 的三大索引数据库 SCI、SSCI 和 A&HCI，以及

注明的会议引文库 CPCI-SSH 和 CPCI-SSH，2015 年新增的 ESCI 数据库，此外还有两个化学索引数据库：CCE-E 和 IC。

WOS 平台的数据库选刊标准比较严格。以最先诞生的 SCI 来说，其创始人尤金·加菲尔德（Eugene Garfield）认为：一个有效的索引必须严格限制它的收录范围，基本上应只收集对研究者有用的信息。而且对一个无用的文献条目的标引与一个有用的文献条目的标引的标引成本是一样的。又根据“布拉弗德-加菲尔德法则”，20%的期刊汇集了足够的信息以全面反映科技的最新最重要的成果与进展。因此，从数据库的质量和费用-效果等多方面考虑，SCI 将期刊控制在最重要的核心范围内。ISI 并一贯遵循其严格的选刊标准，包括后推出的 SSCI、A&HCI。本章将介绍研制学科前沿常用的该平台的 3 大引文库：SCI、SSCI、A&HCI。

（1）Science Citation Index Expanded（SCI-EXPANDED）。是 SCI（Science Citation Index，科学引文索引）的网络扩展版。1955 年，尤金·加菲尔德（Eugene Garfield）在 Science 上发表论文提出将引文索引作为一种新的文献检索与分类工具，之后创建出版了 SCI。SCI 由 ISI 出版和提供服务，从 2002 年起，ISI 隶属加拿大汤姆森集团（The Thomson Corporation），称 Thomson ISI，2008 年 4 月，汤姆森集团与英国路透集团（Reuters Group PLC）合并组成了商务和专业智能信息提供商，即汤森路透（Thomson Reuters），SCI 也随即由汤森路透出版发行，2016 年 10 月，Onex 公司（Onex Corporation）与霸菱亚洲投资基金（Baring Private Equity Asia）完成了对汤森路透知识产权与科技业务的收购，2017 年，将更名为 Clarivate Analytics。所收录的数据最早回溯到 1899 年，是自然科学领域的综合性检索工具，是了解全世界科技期刊出版信息的最重要的窗口。根据“布拉弗德-加菲尔德法则”（学术信息的 20-80 规律），每一本期刊的挑选都是根据其在所属学科的影响力而挑选出。被公认为世界范围最权威的科学技术文献的索引工具，是国际通行的一种对自然科学的基础研究成果进行评价的比较客观、定量和易操作的指标。[1] SCI 覆盖包括工程、数学、物理、化学、生物、农业、计算机、地理、材料、医学、动物、昆虫等自然科学170多个学科领域。具体包括：声学（Acoustics）、农业经济政策（Agricultural Economics & Policy）、农业工程（Agricultural Engineering）、农业（Agriculture）、乳制品和动物科学（Dairy & Animal Science）、农学交叉学科（Agriculture，Multidisciplinary）、农学（Agronomy）、过敏（Allergy）、解剖学与形态学（Anatomy & Morphology）、男科（Andrology）、麻醉学（Anesthesiology）、天文学与天体物理学（Astronomy & Astrophysics）、听力及言语病理学（Audiology & Speech-Language Pathology）、自动化控制系统（Automation & Control Systems）、行为科学（Behavioral Sciences）、生化研究方法（Biochemical Research Methods）、生化和分子生物学（Biochemistry & Molecular Biology）、生物多样性保护（Biodiversity Conservation）、生物学（Biology）、生物物理学（Biophysics）、生物技术和应用微生物学（Biotechnology & Applied Microbiology）、心脏和心血管系统（Cardiac & Cardiovascular Systems）、细胞生物学（Cell Biology）、细胞与组织工程（Cell & Tissue Engineering）、分析化学（Chemistry，Analytical）、应用化学（Chemistry，Applied）、无机化学（Chemistry，Inorganic & Nuclear）、医药化学（Chemistry，Medicinal）、化学交叉学科（Chemistry，Multidisciplinary）、有机化学（Chemistry，Organic）、物理化学（Chemistry，Physical）、临床神经学（Clinical Neurology）、计算机科学和人工智能（Computer Science，Artificial Intelligence）、计算机科学控制论（Computer Science，Cybernetics）、计算机科学硬件与架构（Computer Science，Hardware & Architecture）、计算机科学信息系统（Computer Science，Information Systems）、计算机科学多学科应用（Computer Science，Interdiscipli-

---

1 刘小鹏，周辉. 北京大学2005年SCI收录论文之统计分析. 北京大学学报，2007（9）：723-727

nary Applications）、计算机科学软件工程（Computer Science，Software Engineering）、计算机科学理论和方法（Computer Science，Theory & Methods）、建筑技术（Construction & Building Technology）、危重病医学（Critical Care Medicine）、晶体学（Crystallography）、牙科和口腔外科（Dentistry，Oral Surgery & Medicine）、皮肤病科 Dermatology、发育生物学（Developmental Biology）、生态学（Ecology）、教育（Education），科学学科（Scientific Disciplines）、电化学（Electrochemistry）、急救医学（Emergency Medicine）、内分泌与代谢（Endocrinology & Metabolism）、能源与燃料（Energy & Fuels）、航空航天工程（Engineering，Aerospace）、生物医学工程（Engineering，Biomedical）、化学工程（Engineering，Chemical）、土木工程（Engineering，Civil）、电子与电器工程（Engineering，Electrical & Electronic）、环境工程（Engineering，Environmental）、地质工程（Engineering，Geological）、工业工程（Engineering，Industrial）、制造工程（Engineering，Manufacturing）、海洋工程（Engineering，Marine）、机械工程（Engineering，Mechanical）、工程交叉学科（Engineering，Multidisciplinary）、海洋工程（Engineering，Ocean）、石油工程（Engineering，Petroleum）、昆虫学（Entomology）、环境科学（Environmental Sciences）、进化生物学（Evolutionary Biology）、渔（Fisheries）、食品科学与技术（Food Science & Technology）、林（Forestry）、胃肠病学和肝病（Gastroenterology & Hepatology）、遗传（Genetics & Heredity）、地球化学和地球物理（Geochemistry & Geophysics）、地理物理（Geography，Physica）l、地质（Geology）、地球多学科（Geosciences，Multidisciplinary）、老年病学和老年医学（Geriatrics & Gerontology）、绿色和可持续科技（Green & Sustainable Science & Technology）、保健服务（Health Care Sciences & Services）、血液（Hematology）、历史与科学哲学（History & Philosophy of Science）、园艺（Horticulture）、影像科学与摄影技术（Imaging Science & Photographic Technology）、免疫学（Immunology)、传染病（Infectious Diseases)、仪器仪表（Instruments & Instrumentation)、综合和补充医学（Integrative & Complementary Medicine)、湖泊（Limnology)、逻辑（Logic)、海洋和淡水生物学（Marine & Freshwater Biology)、生物材料（Materials Science，Biomaterials)、陶瓷材料（Materials Science，Ceramics)、材料特征和检测（Materials Science，Characterization & Testing)、涂料和薄膜材料（Materials Science，Coatings & Films)、复合材料（Materials Science，Composites)、材料科学多学科（Materials Science，Multidisciplinary)、纸张和木质材料（Materials Science，Paper & Wood)、纺织材料（Materials Science，Textiles)、数学和计算生物学（Mathematical & Computational Biology)、数学（Mathematics)、应用数学（Mathematics，Applied)、数学多学科（Mathematics，Interdisciplinary Applications)、机械（Mechanics)、医学伦理学（Medical Ethics)、医学信息学（Medical Informatics)、医学检验技术（Medical Laboratory Technology)、内科（Medicine，General & Internal)、医学法律（Medicine，Legal)、医学研究和实验（Medicine，Research & Experimental)、冶金工程（Metallurgy & Metallurgical Engineering)、气象与大气科学（Meteorology & Atmospheric Sciences)、微生物学（Microbiology)、显微镜（Microscopy)、矿物学（Mineralogy)、采矿与矿物加工（Mining & Mineral Processing)、多学科（Multidisciplinary Sciences)、真菌学（Mycology)、纳米科学与技术（Nanoscience & Nanotechnology)、神经影像学（Neuroimaging)、神经科学（Neurosciences)、核科学与技术（Nuclear Science & Technology)、护理（Nursing)、营养与营养学（Nutrition & Dietetics)、妇产（Obstetrics & Gynecology)、海洋学（Oceanography)、肿瘤学（Oncology)、运筹学与管理学（Operations Research & Management Science)、眼科学（Ophthalmology)、光学（Optics)、鸟（Ornithology)、骨科（Orthopedics)、耳鼻喉（Otorhinolaryngology)、古生物学（Paleontology)、寄生虫学（Parasitology)、

病理学（Pathology）、儿科（Pediatrics）、血管病（Peripheral Vascular Disease）、药理学与药剂学（Pharmacology & Pharmacy）、应用物理学（Physics，Applied）、原子、分子和化学物理（Physics，Atomic，Molecular & Chemical）、凝聚态物理（Physics，Condensed Matter）、流体物理（Physics，Fluids & Plasmas）、数学物理（Physics，Mathematical）、多学科物理（Physics，Multidisciplinary）、核物理（Physics，Nuclear）、粒子和场物理（Physics，Particles & Fields）、生理学（Physiology）、植物科学（Plant Sciences）、高分子（Polymer Science）、初级卫生保健（Primary Health Care、Psychiatry）、精神病学（Psychology）、公共环境和卫生（Public，Environmental & Occupational Health）、放射学（Radiology），核医学和医学影像学（Nuclear Medicine & Medical Imaging）、康复（Rehabilitation）、遥感（Remote Sensing）、生殖生物学（Reproductive Biology）、呼吸系统（Respiratory System）、风湿病（Rheumatology）、机器人（Robotics）、土壤科学（Soil Science）、光谱学（Spectroscopy）、运动科学（Sport Sciences）、概率与统计（Statistics & Probability）、药物滥用（Substance Abuse）、外科（Surgery）、电信（Telecommunications）、热力学（Thermodynamics）、毒理学（Toxicology）、移植（Transplantation）、交通科学与技术（Transportation Science & Technology）、热带医学（Tropical Medicine）、泌尿学（Urology & Nephrology）、肾脏学（Veterinary Sciences）、兽医学（Virology）、水资源（Water Resources）、动物学（Zoology），学科覆盖面广，是自然科学领域的综合性检索工具。

（2）Social Sciences Citation Index（SSCI）。1973 年，ISI 将引文索引法应用于社会科学领域，出版了 SSCI 的印刷版。涵盖的学科领域包括：人类学、区域研究、商业金融、历史、行业关系、信息科学和图书馆科学、法律、语言学、哲学、心理学、精神病学、政治学、公共卫生学、社会问题、社会工作、社会学、药物滥用、城市研究、女性研究等 50 多个学科（具体包括：Anthropology、Area Studies、Business、Business，Finance、Cultural Studies、Communication、Criminology & Penology、Demography、Economics、Education & Educational Research、Education，Special、Environmental Studies、Ergonomics、Ethics、Ethnic Studies、Family Studies、Geography、Gerontology、Health Policy & Services、History、History & Philosophy Of Science、History of Social Sciences、Hospitality，Leisure，Sport & Tourism、Industrial Relations & Labor、Information Science & Library Science、International Relations、Law、Linguistics、Management、Nursing、Planning & Development、Political Science、Psychiatry、Psychology，Applied、Psychology，Biological、Psychology，Clinical、Psychology，Developmental、Psychology，Educational、Psychology，Experimental、Psychology，Mathematical、Psychology，Multidisciplinary、Psychology，Psychoanalysis、Psychology，Social、Public Administration、Public，Environmental & Occupational Health、Rehabilitation、Social Issues、Social Sciences，Biomedical、Social Sciences，Interdisciplinary、Social Sciences，Mathematical Methods、Social Work、Sociology、Substance Abuse、Transportation、Urban Studies、Women´s Studies）。是社会学领域评价学科发展的有效参考工具。

（3）Arts & Humanities Citation Index（A&HCI）。创建于 1978 年，是人文艺术领域的多学科索引，涵盖的学科领域包括：考古学、建筑学、艺术、文化研究、舞蹈、电影、语言学、文学、哲学、音乐、诗歌、戏剧等 28 个学科（具体包括：Archaeology、Architecture、Art、Asian Studies、Classics、Cultural studies、Dance、Film，Radio，Television、Folklore、History、History & Philosophy Of Science、Humanities，Multidisciplinary、Language & Linguistics、Literary Reviews、Literary Theory & Criticism、Literature、Literature，African，Australian，Canadian、Literature，American、Literature，British Isles、Literature，German，

Dutch，Scandinavian、Literature，Romance、Literature，Slavic、Medieval & Renaissance Studies、Music、Philosophy、Poetry、Religion、Theater）。完整的收录了100多种世界一流的艺术和人文科学期刊。

通过上面介绍可以看出，汤森路透的三大引文库收录的学术期刊不在于数量的多而全，而在于收录期刊质量及其在学科内影响力。就其在学科覆盖上而言，261个学科覆盖了科学技术、社会科学和人文艺术的所有学科领域，学科覆盖面广。是研制学科前沿，探索学科发展必不可少的一个数据源。

2. WOS数据库的检索及其利用

WOS的三大索引库集成在一个平台上，其检索方法和检索结果的展现、检索结果的导出操作方法一样。就其检索而言，由于WOS是一个综合的检索平台，所有的数据库SCI、SSCI、A&HCI、CPCP-S、CPCI-SSH等都在这个平台上，检索前首先要勾选数据库SCI、SSCI、A&HCI，然后选择检索的字段，并在检索式输入框输入检索词，如选择“机构扩展”为检索字段，并在检索框输入“Peking University”，限制时间范围为“2011—2015年”，这样就会检出北京大学2011—2015年这五年里被SCI、SSCI、A&HCI收录的全部文献。检索界面如下图4-1。

• 检索式输入框：输入相应的检索式，检索式由检索词、布尔逻辑算符和通配符等构成

• 选择检索字段：可供选择的检索字段包括主题、标题、作者、出版物名称、DOI、出版年、地址、机构扩展、会议、语种、文献类型、基金资助机构、授权号、入藏号等。

• 选择组配符：and、or和not来进行组合检索。

• 选择年份：可限制检索文献的时间范围

• 选择数据库：因为WOS平台集成了多个数据库，可以通过勾选限制在

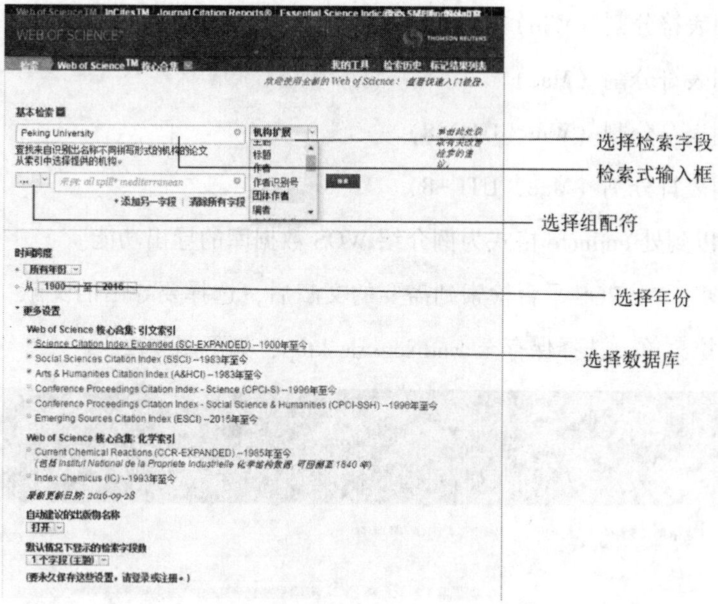

图 4-1　WOS 的检索

一个或几个数据库里进行检索。

关于 WOS 的检索及其利用，详情可参照肖珑等编写的《数字信息资源的检索与利用》(第二版)。

3. WOS 数据库的结果导出

WOS 是研制学科前沿的重要的数据来源，但并不是唯一的来源，要用什么工具分析？与其他的数据源怎么汇总？所以其数据的导出就显得非常重要。WOS 检索结果的导出方式有以下几种：

- 导出 endnote 格式
- BibTex
- HTML
- 纯文本

- 制表符分割（Win）
- 制表符分割（Mac）
- 制表符分割（Win，UTF-8）
- 制表符分割（Mac，UTF-8）

下面以到处 endnote 格式为例介绍 WOS 数据库的导出功能。

第一步，在 WOS 平台检索到需要的文献后，选择要导出的文献，点击保存方式下拉菜单，选择保存至 EndNote desktop，如下图 4-2。

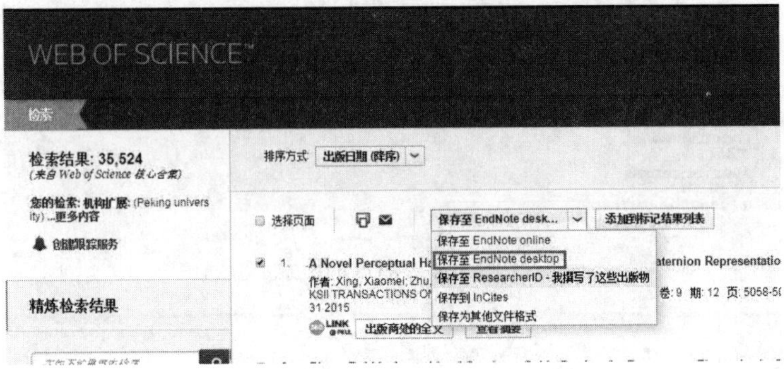

图 4-2　WOS 的保存

第二步，为了导出尽可能多的信息，以便于分析的时候进行选择，在弹出的对话框中选择“全记录”格式导出。如图 4-3。

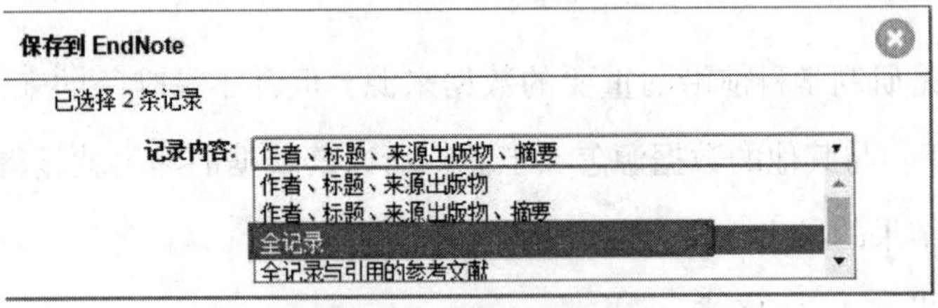

图 4-3　WOS 的保存

第三步，选择好全记录格式，点击发送，如图 4-4 ，会导出一个＊. CIW

的文件。

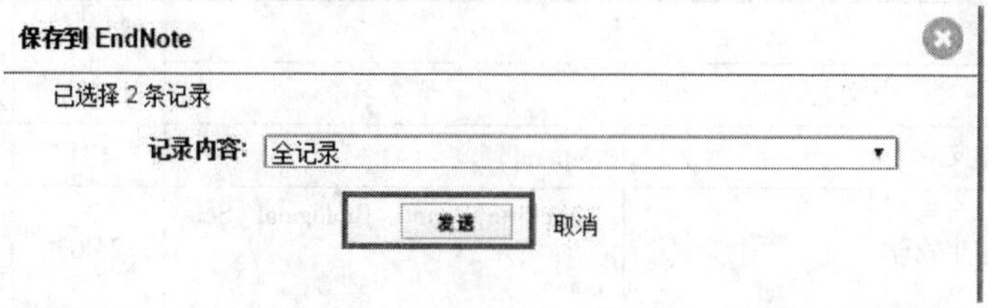

图 4-4 WOS 的保存

导出的 *. CIW 文件可以导入到 endnote 等软件进行分析。

（二）Elsevier 的 Scopus 数据库

1. Scopus 数据库收录的学科范围

Scopus 数据库由全爱思唯尔（Elsevier）于 2004 年 11 月正式推出，是目前全球规模最大的文摘和引文数据库。Scopus 涵盖了由 1 万多家出版商出版发行的科技、医学和社会科学方面的 3 万多种期刊，其中同行评审期刊21 000多种。相对于其他单一的文摘索引数据库而言，Scopus 的内容更加全面，学科更加广泛，特别是在获取非英语国家的文献方面，用户可检索出更多的文献数量和相关的参考文献及引文信息。通过 Scopus，用户可以检索到 1823 年以来的摘要和题录信息，以及 1996 年以来所引用的参考文献，并且数据每日更新。Scopus 数据涵盖了生命科学、自然科学、健康科学和社会科学与人文 4 大学科类别，农业、艺术与人文、生物化学、遗传学和分子生物学等 27 个学科类别，300 多个学科子类。

Scopus 涵盖的学科范围如下表 4-1：

表 4-1　Scopus 涵盖的学科范围

序号	学科		期刊数（种）	比例%
	中文名	英文名		
1	基础交叉	General	131	0. 37
2	农业与生物学	Agricultural and Biological Sciences	2 403	6. 83
3	艺术与人文科学	Arts and Humanities	3 465	9. 85
4	生物化学、遗传学和分子生物学	Biochemistry, Genetics and Molecular	2583	7. 34
5	商业、管理和财会	Business, Management and Accounting	1 505	4. 28
6	化学工程	Chemical Engineering	897	2. 55
7	化学	Chemistry	1 066	3. 03
8	计算机科学	Computer Science	1640	4. 66
9	决策科学	Decision Sciences	339	0. 96
10	地球与行星学	Earth and Planetary Sciences	1951	5. 55
11	经济学、计量经济学和金融	Economics, Econometrics and Finance	967	2. 75
12	护理	Nursing	709	2. 02
13	能源	Energy	532	1. 51
14	工程	Engineering	4414	12. 55
15	环境科学	Environmental Science	2 073	5. 89
16	免疫学和微生物学	Immunology and Microbiology	751	2. 13
17	材料科学	Materials Science	1 547	4. 40
18	数学	Mathematics	1 446	4. 11
19	医学	Medicine	12 165	34. 58
20	神经系统科学	Neuroscience	636	1. 81
21	病理学、毒理学和药物性	Pharmacology, Toxicology and Pharmaceutics	1 097	3. 12
22	物理和天文学	Physics and Astronomy	1250	3. 55
23	心理学	Psychology	1 276	3. 63

续表

序号	学科		期刊数（种）	比例%
	中文名	英文名		
24	社会科学	Social Sciences	6 111	17.37
25	兽医科学	Veterinary	239	0.68
26	口腔学	Dentistry	200	0.57
27	健康	Health Professions	485	1.38
合计			51 878 *	

* 其中部分期刊属于多学科

300 多个二级学科如下：Multidisciplinary（交叉学科）、Agricultural and Biological Sciences（all）（农业与生物学（总））、Agricultural and Biological Sciences（miscellaneous）（农业与生物学（杂））、Agronomy and Crop Science（农作物科学）、Animal Science and Zoology（动物科学和动物学）、Aquatic Science（水产科学）、Ecology，Evolution，Behavior and Systematics（生态学、进化、行为和系统科学）、Food Science（食品科学）、Forestry（林业）、Horticulture（园艺）、Insect Science（昆虫科学）、Plant Science（植物科学）、Soil Science（土壤学）、Arts and Humanities（all）（艺术与人文科学（总））、Arts and Humanities（miscellaneous）（艺术与人文科学（杂））、History（历史）、Language and Linguistics（语言学）、Archaeology（考古）、Classics（古典文学）、Conservation（保护）、History and Philosophy of Science（科学史与科学哲学）、Literature and Literary Theory（文学与文学理论）、Museology（博物馆学）、Music（音乐）、Philosophy（哲学）、Religious studies（宗教研究）、Visual Arts and Performing Arts（视觉与表演艺术）、Biochemistry，Genetics and Molecular Biology（all）［生物化学、遗传学和分子生物学（总）］、Biochemistry，Genetics and Molecular Biology（miscellaneous）［生物化学、遗传学和分子生物学（杂）］、Ageing（衰老）、Biochemistry（生物化学）、Biophysics

（生物物理学）、Biotechnology（生物技术）、Cancer Research（癌症研究）、Cell Biology（细胞生物学）、Clinical Biochemistry（临床生物化学）、Developmental Biology（发育生物学）、Endocrinology（内分泌学）、Genetics（遗传学）、Molecular Biology（分子生物学）、Molecular Medicine（分子医学）、Physiology（生理学）、Structural Biology（结构生物学）、Business, Management and Accounting（all）［商业、管理和财会（总）］、Business, Management and Accounting（miscellaneous）［商业、管理和财会（杂）］、Accounting（财会）、Business and International Management（商业与国际管理）、Management Information Systems（管理信息系统）、Management of Technology and Innovation（技术管理与创新）、Marketing（营销）、Organizational Behavior and Human Resource Management（组织行为与人力资源管理）、Strategy and Management（战略与管理）、Tourism, Leisure and Hospitality Management（旅游、休闲与酒店管理）、Industrial relations（工业关系）、Chemical Engineering（all）［化学工程（总）］、Chemical Engineering（miscellaneous）［化学工程（杂）］、Bioengineering（生物工程）、Catalysis（催化）、Chemical Health and Safety（化学健康与安全）、Colloid and Surface Chemistry（胶体与表面化学）、Filtration and Separation（过滤与分离）、Fluid Flow and Transfer Processes（流体流动与传递过程）、Process Chemistry and Technology（过程化学与技术）、Chemistry（all）［化学（总）］、Chemistry（miscellaneous）［化学（杂）］、Analytical Chemistry（分析化学）、Electrochemistry（电化学）、Inorganic Chemistry（无机化学）、Organic Chemistry（有机化学）、Physical and Theoretical Chemistry（物理与理论化学）、Spectroscopy（光谱）、Computer Science（all）［计算机科学（总）］、Computer Science（miscellaneous）［计算机科学（杂）］、Artificial Intelligence（人工智能）、Computational Theory and Mathematics（计算机理论与数学）、Computer Graphics and Computer-Aided Design

（计算机图形学与计算机辅助设计）、Computer Networks and Communications（计算机网络与通信）、Computer Science Applications（计算机科学应用）、Computer Vision and Pattern Recognition（计算机视觉与模式识别）、Hardware and Architecture（硬件与体系结构）、Human - Computer Interaction（人机交互）、Information Systems（信息系统）、Signal Processing（信号处理）、Software（软件）、Decision Sciences（all）［决策科学（总）］、Decision Sciences（miscellaneous）［决策科学（杂）］、Information Systems and Management（信息系统与管理）、Management Science and Operations Research（管理科学与运筹学）、Statistics，Probability and Uncertainty（统计、概率和不确定性）、Earth and Planetary Sciences（all）［地球与行星学（总）］、Earth and Planetary Sciences（miscellaneous）［地球与行星学（杂）］、Atmospheric Science（大气科学）、Computers in Earth Sciences（地球科学计算机）、Earth-Surface Processes（地球表面处理）、Economic Geology（经济地质学）、Geochemistry and Petrology（地球化学）、Geology（地质）、Geophysics（地球物理学）、Geotechnical Engineering and Engineering Geology（岩土工程与工程地质）、Oceanography（海洋学）、Palaeontology（古生物学）、Space and Planetary Science（空间与行星科学）、Stratigraphy（地层）、Economics，Econometrics and Finance（all）［经济学、计量经济学和金融（总）］、Economics，Econometrics and Finance（miscellaneous）［经济学、计量经济学和金融（杂）］、Economics and Econometrics（经济学和计量经济学）、Finance（财政）、Energy（all）［能源（总）］、Energy（miscellaneous）［能源（杂）］、Energy Engineering and Power Technology（能源工程与电力技术）、Fuel Technology（燃料技术）、Nuclear Energy and Engineering（核能和工程）、Renewable Energy，Sustainability and the Environment（可再生能源，可持续性与环境）、Engineering（all）［工程（总）］、Engineering（miscellaneous）［工

程（杂）]、Aerospace Engineering（航空航天工程）、Automotive Engineering（汽车工程）、Biomedical Engineering（生物医学工程）、Civil and Structural Engineering（土木结构工程）、Computational Mechanics（计算力学）、Control and Systems Engineering（控制与系统工程）、Electrical and Electronic Engineering（电气与电子工程）、Industrial and Manufacturing Engineering（工业与制造工程）、Mechanical Engineering（机械工程）、Mechanics of Materials（材料力学）、Ocean Engineering（海洋工程）、Safety，Risk，Reliability and Quality（安全、风险、可靠性和质量）、Media Technology（媒体技术）、Building and Construction（建筑与施工）、Architecture（建筑）、Environmental Science（all）[环境科学（总）]、Environmental Science（miscellaneous） [环境科学（杂）]、Ecological Modelling（生态模型）、Ecology（生态学、进化、行为和系统科学）、Environmental Chemistry（环境化学）、Environmental Engineering（环境工程）、Global and Planetary Change（地球和行星变化）、Health，Toxicology and Mutagenesis（健康、毒理学和诱变）、Management，Monitoring，Policy and Law（管理、监督、政策和法律）、Nature and Landscape Conservation（自然与景观保护）、Pollution（污染）、Waste Management and Disposal（废物管理与处置）、Water Science and Technology（水科学与技术）、Immunology and Microbiology（all）[免疫学和微生物学（总）]、Immunology and Microbiology（miscellaneous）[免疫学和微生物学（杂）]、Applied Microbiology and Biotechnology（应用微生物学与生物技术）、Immunology（免疫学）、Microbiology（微生物学）、Parasitology（寄生虫学）、Virology（病毒学）、Materials Science（all）[材料科学（总）]、Materials Science（miscellaneous）[材料科学（杂）]、Biomaterials（生物材料）、Ceramics and Composites（陶瓷和复合材料）、Electronic，Optical and Magnetic Materials（电子、光学和磁性材料）、Materials Chemistry（材料化学）、Metals and Alloys（金属和合金）、Polymers and Plastics（聚合物和塑料）、Surfaces，Coatings and Films（表面、涂料和薄膜）、Mathematics（all）［数学（总）］、Mathematics（miscellaneous）［数学（杂）］、Algebra and Number Theory（代数与数论）、Analysis（分析）、Applied Mathematics（应用数学）、Computational Mathematics（计算数学）、Control and Optimization（控制与优化）、Discrete Mathematics and Combinatorics（离散数学和组合数学）、Geometry and Topology（几何与拓扑）、Logic（逻辑）、Mathematical Physics（数学物理）、Modelling and Simulation（建模与仿真）、Numerical Analysis（数值分析）、Statistics and Probability（统计与概率）、Theoretical Computer Science（理论计算机科学）、Medicine（all）［医学（总）］、Medicine（miscellaneous）［医学（杂）］、Anatomy（解剖）、Anesthesiology and Pain Medicine（麻醉疼痛医学）、Biochemistry，medical（生物化学医学）、Cardiology and Cardiovascular Medicine（心血管与心血管医学）、Critical Care and Intensive Care Medicine（危重病护理和重症监护医学）、Complementary and alternative medicine（补充和替代医学）、Dermatology（皮肤病学）、Drug guides（药物指南）、Embryology（胚胎学）、Emergency Medicine（急救医学）、Endocrinology，Diabetes and Metabolism（内分泌学、糖尿病和新陈代谢）、Epidemiology（流行病学）、Family Practice（家庭实践）、Gastroenterology（胃肠疾病）、Linguistics and Language［遗传学（临床）］、Geriatrics and Gerontology（老年医学）、Health Informatics（健康信息学）、Health Policy（卫生政策）、Hematology（血液学）、Hepatology（肝病）、Histology（组织学）、Immunology and Allergy（免疫和变态反应）、Internal Medicine（内科）、Infectious Diseases（传染病）、Microbiology（medical）［微生物学（医学）］、Nephrology（肾病科）、Clinical Neurology（临床神经病学）、Obstetrics and Gynaecology（妇产科）、Oncology（肿瘤科）、Ophthalmology（眼科）、Orthopedics and Sports Medicine（骨科和运动医学）、Otorhinolaryngology（耳鼻

咽喉科）、Pathology and Forensic Medicine（病理学与法医学）、Pediatrics, Perinatology, and Child Health（儿科和儿童健康危害）、Pharmacology（medical）［药理学（医学）］、Physiology（medical）［生理学（医学）］、Psychiatry and Mental health（精神病学与心理健康）、Public Health, Environmental and Occupational Health（公共卫生、环境与职业健康）、Pulmonary and Respiratory Medicine（肺和呼吸内科）、Radiology Nuclear Medicine and imaging（放射核医学和成像）、Rehabilitation（康复）、Reproductive Medicine（生殖医学）、Reviews and References, Medical（综述和参考文献、医学）、Rheumatology（痹症科）、Surgery（外科）、Transplantation（移植）、Urology（泌尿科）、Neuroscience（all）［神经系统科学（总）］、Neuroscience（miscellaneous）［神经系统科学（杂）］、Behavioral Neuroscience（行为神经科学）、Biological Psychiatry（生物神经病学）、Cellular and Molecular Neuroscience（细胞与分子神经科学）、Cognitive Neuroscience（认知神经科学）、Developmental Neuroscience（发育神经科学）、Endocrine and Autonomic Systems（内分泌和自主神经系统）、Neurology（神经内科）、Sensory Systems（感觉系统）、Nursing（all）［护理（总）］、Nursing（miscellaneous）［护理（杂）］、Advanced and Specialised Nursing（高级专业护理）、Assessment and Diagnosis（评估与诊断）、Care Planning（护理计划）、Community and Home Care（社区和家庭护理）、Critical Care（重症监护）、Emergency（急救）、Fundamentals and skills（基础知识和技能）、Gerontology（老年学）、Issues, ethics and legal aspects（问题、伦理和法律）、Leadership and Management（领导和管理）、LPN and LVN（LPN 和 LVN）、Maternity and Midwifery（产科助产）、Medical-Surgical（医疗-手术）、Nurse Assisting（护士协助）、Nutrition and Dietetics（营养学）、Oncology（nursing）［肿瘤学（护理学）］、Pathophysiology（病理生理学）、Pediatrics（儿科）、Pharmacology（nursing）［药理

学（护理学）]、Phychiatric Mental Health（精神心理健康）、Research and Theory（研究与理论）、Review and Exam Preparation（复习和考试）、Pharmacology，Toxicology and Pharmaceutics（all）［病理学、毒理学和药物性（总）］、Pharmacology，Toxicology and Pharmaceutics（miscellaneous）［病理学、毒理学和药物性（杂）］、Drug Discovery（药物发现）、Pharmaceutical Science（制药科学）、Pharmacology（药理学）、Toxicology（毒理）、Physics and Astronomy（all）［物理和天文学（总）］、Physics and Astronomy（miscellaneous）［物理和天文学（杂）］、Acoustics and Ultrasonics（声学和超声学）、Astronomy and Astrophysics（天文学和天体物理学）、Condensed Matter Physics（凝聚态物理）、Instrumentation（仪器仪表）、Nuclear and High Energy Physics（核能和高能物理）、Atomic and Molecular Physics，and Optics（分子物理学、光学）、Radiation（辐射）、Statistical and Nonlinear Physics（统计与非线性物理）、Surfaces and Interfaces（表面和界面）、Psychology（all）［心理学（总）］、Psychology（miscellaneous）［心理学（杂）］、Applied Psychology（应用心理学）、Clinical Psychology（临床心理学）、Developmental and Educational Psychology（发展与教育心理学）、Experimental and Cognitive Psychology（实验与认知心理学）、Neuropsychology and Physiological Psychology（神经心理学、生理心理学）、Social Psychology（社会心理学）、Social Sciences（all）［社会科学（总）］、Social Sciences（miscellaneous）［社会科学（杂）］、Archaeology（考古）、Development（发展）、Education（教育）、Geography，Planning and Development（地理、规划和发展）、Health（social science）（健康（社会科学））、Human Factors and Ergonomics（人类工效学和人因工程）、Law（法律）、Library and Information Sciences（图书馆与信息科学）、Linguistics and Language（语言学）、Safety Research（安全研究）、Sociology and Political Science（社会学与政治学）、Transportation（交通运输）、Anthropology（人类学）、Communication（传播学）、Cultural Studies（文化研究）、Demography（人口学）、Gender Studies（性别研究）、Life-span and Life-course Studies（寿命与生命过程研究）、Political Science and International Relations（政治学与国际关系）、Public Administration（公共管理）、Urban Studies（城市研究）、veterinary（all）［兽医科学（总）］、veterinary（miscalleneous）［兽医科学（杂）］、Equine（马）、Food Animals（食用动物）、Small Animals（小型动物）、Dentistry（all）［口腔学（总）］、Dentistry（miscellaneous）［口腔学（杂）］、Dental Assisting（牙科助理）、Dental Hygiene（口腔卫生）、Oral Surgery（口腔外科）、Orthodontics（口腔正畸科）、Periodontics（牙周病）、Health Professions（all）［健康（总）］、Health Professions（miscellaneous）［健康（杂）］、Chiropractics（捏脊）、Complementary and Manual Therapy（补充和手动疗法）、Emergency Medical Services（急救医疗服务）、Health Information Management（卫生信息管理）、Medical Assisting and Transcription（医学辅助）、Medical Laboratory Technology（医学检验技术）、Medical Terminology（医学术语）、Occupational Therapy（职业治疗）、Optometry（验光服务）、Pharmacy（药店）、Physical Therapy，Sports Therapy and Rehabilitation（物理疗法、运动疗法、康复）、Podiatry（足疗）、Radiological and Ultrasound Technology（放射学和超声技术）、Respiratory Care（呼吸道护理）、Speech and Hearing（语音和听力）

2. Scopus 数据库的检索及其利用

Scopus 数据的检索界面非常简单，如下图 4-5。

• 检索方式：可选文献检索、作者检索、归属机构检索和高级检索几种

• 检索式输入框：输入相应的检索式，检索式由检索词、布尔逻辑算符和通配符（and、or、and not）等构成

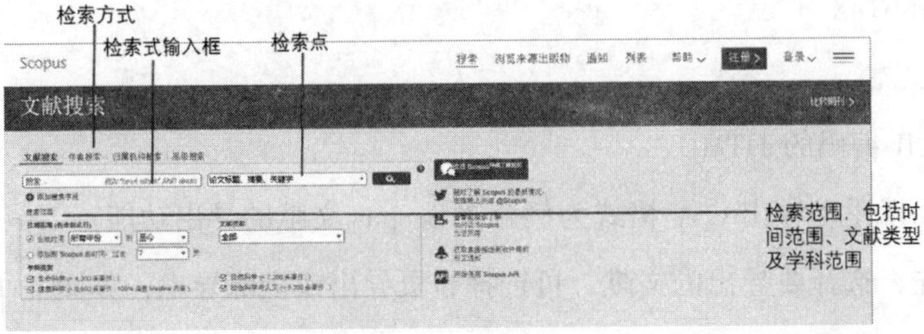

图 4-5　Scopus 的检索

• 检索点：检索词匹配的范围，包括所有字段、“论文标题、摘要、关键词”、作者、第一作者、来源出版物、论文标题、摘要、关键字、归属机构（归属机构名称、归属机构所在城市、归属机构所在国家/地区）、语言、ISSN、CODEN、DOI、参考文献、会议、“论文标题、摘要、关键字、作者”、化学物质名称、CAS 注册号。

• 检索范围：可限定检索文献的出版时间，收录到数据库里的时间，学科范围。

如需要检索 2011—2015 年新加坡国立大学的文献，可以选择“文献检索”，在检索词输入框输入“National University of Singapore”，在检索点选择“归属机构名称”，并把出版年份设置为：2011 年到 2015 年，然后点击检索，即可搜索出新加坡国立大学 2011—2015 年的文献。

3. Scopus 数据库的结果导出

Scopus 数据库的搜索结果，导出的格式有四种：

• RIS 格式

可导入 EndNote 等参考文献管理器

• CSV

可导入到 Excel

- BibTeX
- 文本

ASCII 编码的 HTML

下面以手动导出 CSV 格式为例介绍 Scopus 文献的导出功能。

首先，选择要导出的文献。可选择整页导出或全部导出，如图 4-6。

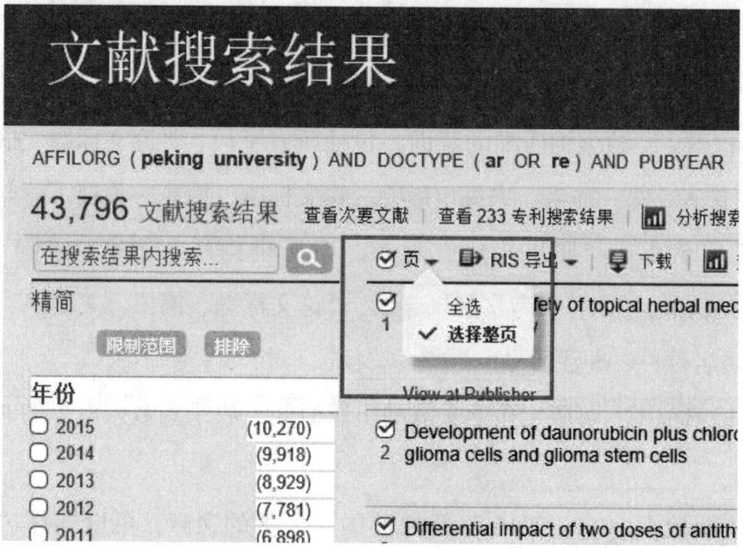

图 4-6 Scopus 的导出

其次，选择导出的格式为 CSV，导出的信息为“所有可用信息”，如图4-7。

第三步，在前面步骤的基础上，点“导出”按钮，就会导出一个可用 Excel 打开的 *. CSV 的文件。

使用 Scopus 的数据时，注意以下几个方面：

（1）Scopus 数据库对结果的导出有限制，如果采用手工导出的方式，如果要导出所有可用字段，每次只能导出 2 000 条，如果只导出引文信息，可一次导出 20 000 篇。而学科前沿的研制一般都会导出所有可用字段。所以要人

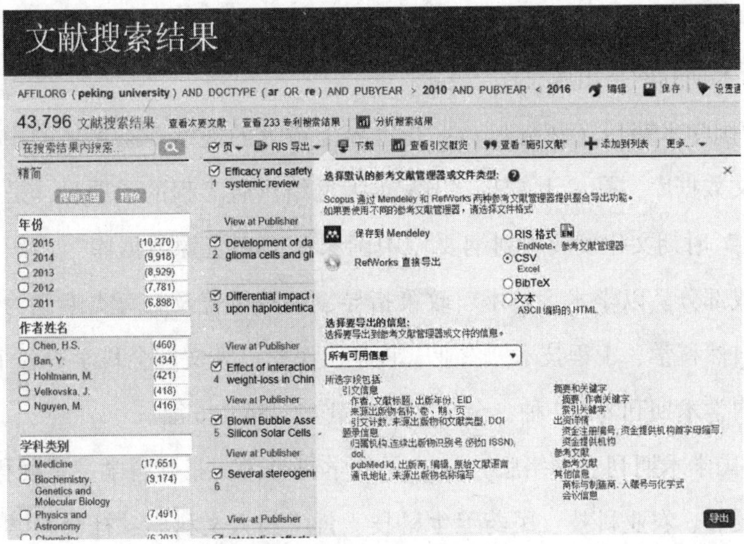

图 4-7　Scopus 的导出

工导出大批量的数据时，就要合理的规划，分次分批导出，保证每次导出的数据数量不大于 2 000 条。

（2）Scopus 的数据做的不是十分完美，所以一定要从数据的检索策略的制定开始一直到数据导出，对整个流程就要有一定的控制。就以检索而言，同样以“北京大学”为检索词，通过“文献检索”的方式和“归属机构检索”的方式检索出的结果是不同的。

（三）清华同方的中国学术期刊网络版（中国知网）

1. 知网数据库收录的学科范围

1997 年正式创刊的连续型电子出版物——《中国学术期刊（光盘版）》，简称 CAJ-CD，自 1999 年 6 月开始上网发布，以网络连续型出版物形式出版，先后取名“中国期刊全文数据库”、“中国学术期刊网络出版总库”。2015

年，启用《中国学术期刊（网络版）》刊名，停用“中国期刊全文数据库”、“中国学术期刊网络出版总库”名称。

《中国学术期刊（网络版）》是世界上最大的连续动态更新的中国学术期刊全文数据库，是“十一五”国家重大网络出版工程的子项目，是《国家“十一五”时期文化发展规划纲要》中国家“知识资源数据库”出版工程的重要组成部分。以学术、技术、政策指导、高等科普及教育类期刊为主，内容覆盖自然科学、工程技术、农业、哲学、医学、人文社会科学等各个领域。收录国内学术期刊 8 212 种，全文文献总量 47 484 726 篇。

《中国学术期刊（网络版）》收录的学科分为：基础科学、工程科技Ⅰ、工程科技Ⅱ、农业科技、医药卫生科技、哲学与人文科学、社会科学Ⅰ、社会科学Ⅱ、信息科技、经济与管理科学。十大学科下分为 190 个二级学科：自然科学理论与方法、自然科学研究的方针政策、自然科学理论与方法论、科学的哲学原理、科学的方法论、自然科学现状及发展、自然科学研究及自然科学史、数学、数学概论、数学范畴、数学理论、计算工具、古典数学、初、高等数学、数理逻辑、数学基础、代数、数论、组合理论、数学分析、几何、拓扑、动力系统理论、概率论 、数理统计、运筹学、控制论、信息论（数学理论）、计算数学、应用数学、非线性科学与系统科学、力学、物理学、生物学、天文学、自然地理学和测绘学、气象学、海洋学、地质学、地球物理学、资源科学、化学、无机化工、有机化工、燃料化工、一般化学工业、石油天然气工业、材料科学、矿业工程、金属学及金属工艺、冶金工业、轻工业手工业、一般服务业、安全科学与灾害防治、环境科学与资源利用、工业通用技术及设备、机械工业、仪器仪表工业、航空航天科学与工程、武器工业与军事技术、铁路运输、公路与水路运输、汽车工业、船舶工业、水利水电工程、建筑科学与工程、动力工程、核科学技术、新能源、电力工业、农业基础科学、农业工程、农艺学、植物保护、农作物、园艺、林业、畜牧与动物医学、蚕蜂与野生动物保护、水产和渔业、医药卫生方针政策与法律法规研究、医学教育与医学边缘学科、预防医学与卫生学、中医学、中药学、中西医结合、基础医学、临床医学、感染性疾病及传染病、心血管系统疾病、呼吸系统疾病、消化系统疾病、内分泌腺及全身性疾病、外科学、泌尿科学、妇产科学、儿科学、神经病学、精神病学、肿瘤学、眼科与耳鼻咽喉科、口腔科学、皮肤病与性病、特种医学、急救医学、军事医学与卫生、药学、生物医学工程、文艺理论、世界文学、中国文学、中国语言文字、外国语言文字、音乐舞蹈、戏剧电影与电视艺术、美术书法雕塑与摄影、地理、文化、史学理论、世界历史、中国通史、中国民族与地方史志、中国古代史、中国近现代史、考古、人物传记、哲学、逻辑学、伦理学、心理学、美学、宗教、马克思主义、中国共产党、政治学、中国政治与国际政治、思想政治教育、行政学及国家行政管理、政党及群众组织、军事、公安、法理、法史、宪法、行政法及地方法制、民商法、刑法、经济法、诉讼法与司法制度、国际法、社会科学理论与方法、社会学及统计学、民族学、人口学与计划生育、人才学与劳动科学、教育理论与教育管理、学前教育、初等教育、中等教育、高等教育、职业教育、成人教育与特殊教育、体育、无线电电子学、电信技术、计算机硬件技术、计算机软件及计算机应用、互联网技术、自动化技术、新闻与传媒、出版、图书情报与数字图书馆、档案及博物馆、宏观经济管理与可持续发展、经济理论及经济思想史、经济体制改革、经济统计、农业经济、工业经济、交通运输经济、企业经济、旅游、文化经济、信息经济与邮政经济、服务业经济、贸易经济、财政与税收、金融、证券、保险、投资、会计、审计、市场研究与信息、管理学、领导学与决策学、科学研究管理。

2. 知网数据库的检索及其利用

知网的高级检索界面如下图 4-8：

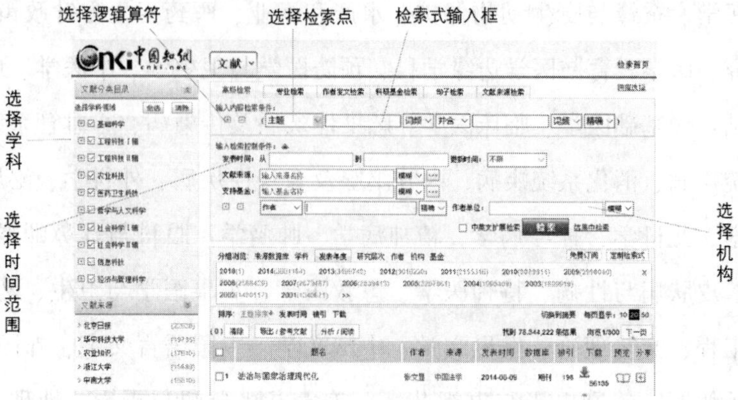

图 4-8　知网的检索

• 选择学科：知网的 10 个一级学科，190 个二级学科都可以分别按照学科下载。需要注意的是某篇文献可能会被归为不同的多个学科，如果多学科分别下载，要注意文献的去重。

• 选择时间范围：可选择要下载文献的时间范围。需要注意由于文献的优先出版和出版滞后等原因，导致会有不在所选时间范围内的文献被检索出来，注意清除和去重。

• 选择检索点：可选的选项包括主题、篇、关键词、摘要、全文、参考文献和中图分类号。

• 检索式输入框：一般输入检索词即可，可以通过逻辑算符进行连接组配。

• 选择逻辑算符：与检索词一起构成检索式，包含并且、或者、不含三类。

• 选择机构：可以检索某机构的文献，如输入“北京大学图书馆”并在其后下拉菜单选择“精确”，检索出该库收藏的北京大学图书馆的所有文献。

3. 知网数据库的结果

知网数据导出有以下图 4-9 几种格式：

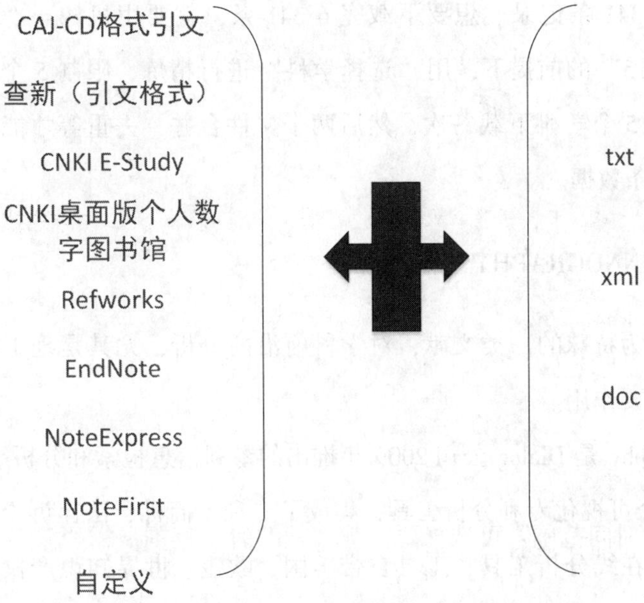

图 4-9 知网的导出

知网导出的数据格式有三种：txt 文本格式，xml 表格和 word 文档。而上图左侧的格式控制其导出的字段。不同格式可导出的字段不同，可根据需要选择。如希望导出更多的字段，可以选择自定义格式，可导出包括 SrcDatabase-来源库、Title-题名、Author-作者、Organ-单位、Source-文献来源、Keyword-关键词、Summary-摘要、PubTime-发表时间、FirstDuty-第一责任人、Fund-基金、Year-年、Period-期、PageCount-页码 13 个字段。如选择 Endnote 格式导出，导出的数据可导入到 Endnote 文献管理软件中进行处理。

使用知网数据库时，需要注意以下几个方面：

（1）知网每次可导出的数据数量是有限制的，每次最多只能导出 500 条数据，数据量大的话要分次导出。

(2) 知网每个检索条件最多可导出 6 000 条，对于多于 6 000 条的数据量，要分解为同等的两个检索条件检索后导出。例如检索北京大学 2015 年核心刊论文 6 341 条记录。想要下载完 6 341 条，就要用机构 = "北京大学"，时间 = "2015" 的前提下，用 "选择学科" 进行精炼，限制 5 个一级学科下载一次，另 5 个学科下载一次，然后两个文件合并、去重等才能得到准确完整的 6 341 条数据。

(四) INNOGRAPHY 专利数据库[1]

专利作为特殊的一类文献，对学科前沿的分析，尤其是理工类学科前沿分析具有重要作用。

Innography 是 Dialog 公司 2009 年推出的专利信息检索和分析平台。Innography 是一个可视化专利分析工具，集成了专利、商标、法律诉讼、公司经济实力数据的在线分析工具，工具自带美国、欧盟、世界知识产权局等专利数据及其相关的标准、公司数据等。

其专利数据来源包括美国专利商标局专利、欧专局专利、PCT/WO 专利、日本专利、DOCDB/INPADOC 专利。

Innography 中的标准数据来自以下机构，包括：ETSI 欧洲电信标准协会，ISO 国际标准化组织，ANSI 美国国家标准协会，IEC 国际电工委员会，ITU 国际电信联盟；IETF 互联网工程任务组，IEEE 美国电气和电子工程师，W3C 万维网联盟，OMA 开放移动联盟。

检索结果可以采用多种可视化形式来直观的展现。具体介绍参加第三章的 "第十一节" 部分

1 王旭，刘姝，李晓东. 快速挖掘核心专利－ Innography 专利分析数据库的功能分析. 现代情报，2013 (9)：106-110，116.

二、用户行为数据

以上介绍了期刊数据库这类数据源，其一个共同点就是收录的论文从研究设想开始、经过研究过程，到写成论文投稿修改发表，是有一定的周期的。根据这些数据库里的论文析出的前沿是否也有一定的滞后性？根据“大数据”和“小数据”互补的思路，笔者采用了用户行为的数据作为验证。用户行为的数据由于其即时性，能够一定程度上反映出用户关注的热点和核心领域。如 Summon 的搜索热词、Elsevier 的 Science（ScienceDirect）学术数据库中用户对文章下载量的使用数据。

（一）北京大学图书馆 SUMMON 的搜索热词

北京大学图书馆 SUMMON 的搜索热词导出结构如表 4-2，数据结构化程度较好，但是数据的清洗比较困难，如“Query = 中文核心期刊要目总览”、“Query = 核心期刊目录”、“Query = 中文核心期刊”、“Query = 核心期刊”、“Query = 中文核心”等统一意义的词并未进行归并。

表 4-2 北京大学图书馆 Summon 搜索热词导出（部分）

#---					
# Profile Name：pku：01 Search Queries analysis					
# Date Range：2015-01-01-2015-12-31					
#---					
#---					
# Top Queries					

续表

#--					
Summon Queries	Searches	Visits	Avg Time	% Exit	$ Index
Query=图书期刊论文 ... 一搜即得	14 408	5 690	45.94		0
Query=中文核心期刊要目总览	7 504	2 449	42.39	23.85	0
Query=核心期刊目录	6 186	2 169	35.74	25.06	0
Query=核心期刊	4 337	1 610	30.21	20.22	0
Query=	3 760	2 188	52.33	28.3	0
Query=知网	3 481	1 614	61.8	37.89	0
Query=中国知网	3 230	1 405	66.97	35.05	0
Query=共产党宣言	3 001	667	63.64	15.89	0
Query=中文核心	2 646	924	32.79	23.58	0
Query=中文核心期刊	2 448	832	34.49	22.02	0

（二）Elsevier 的 Science（ScienceDirect）学术数据库中用户使用数据

Elsevier 的 Science（ScienceDirect）学术数据库中特定用户（如北京大学 ip 用户）的使用数据图书馆无法直接从数据库平台获得，需要根据需要向数据库商索取，如获取北京大学用户在一定时期内对 Elsevier 的 Science（ScienceDirect）学术数据库中每篇论文的使用频次数据，数据量非常大。

三、基金数据

常用的基金数据包括国家社科基金项目、国家自然科学基金项目等。

自然科学基金按照资助类别可分为面上项目、重点项目、重大项目、重大研究计划、国家杰出青年科学基金、海外、港澳青年学者合作研究基金、创新研究群体科学基金、国家基础科学人才培养基金、专项项目、联合资助基金项目以及国际（地区）合作与交流项目等。自然科学基金在推动我国自然科学基础研究的发展，促进基础学科建设，发现、培养优秀科技人才等方面取得了巨大成绩。

国家社科基金申报范围涉及 23 个学科[1]：马克思主义·科学社会主义、党史·党建、哲学、理论经济、应用经济、政治学、社会学、法学、国际问题研究、中国历史、世界历史、考古学、民族问题研究、宗教学、中国文学、外国文学、语言学、新闻学与传播学、图书馆·情报与文献学、人口学、统计学、体育学、管理学等。以及教育学、艺术学、军事学三个单列学科，已形成包括重大项目、年度项目、特别委托项目、后期资助项目、西部项目、中华学术外译项目等六个类别的立项资助体系。国家社会科学基金还注重扶植青年社科研究工作者和边远、民族地区的社会科学研究。

国家自然科学基金项目和国家社会科学基金项目是我国自然科学和哲学社会科学领域重大基础研究的指向标，在做前沿分析时不容忽视。

可获取的国家自然科学基金项目和国家社会科学基金项目数据包括申请人、项目名称等少量的相关信息，一般不能满足数据前沿处理的需要，在数据处理时可用项目成果（公开发表的论文）来做进一步的分析。

第二节　数据的清洗

数据清洗是指发现并改正不完整、不正确和不一致的数据，从而提高数据质量的过程。数据清洗从名字上也可以看出就是把“脏”数据“洗掉”，是发现并纠正数据文件中可识别错误的最后一道程序，包括检查数据一致性，处理无效值和缺失值等。把零散、重复、不完整、不需要的数据清洗干净，得到准确、完整、一致、有效的新数据。

1　文传浩. 经济学研究方法论：理论与实务. 重庆大学出版社. 2015：197.

数据清洗的方法有很多种，比如针对不同的数据库采用唯一标识符去重法、检测并消除异常值、检测并消除重复记录、数据集成合并、删除不需要的数据等。下面以知网数据的清洗为例，介绍数据清洗时经常碰到的问题。

一、去重

知网里的一篇文章可能会被分在不同的学科，同一机构的数据如果数据量过大，就要考虑分批下载。如果按照学科下载，就可能会出现重复下载的问题。在数据下载完并进行合并之后，要对数据进行去重，方法如下图 4-10。用 EXCEL 软件，选择工具条里的“删除重复项”，会跳出删除重复项的窗口，点击“删除重复项”，然后全选所有字段（包括题名、作者等）就可以删除重复下载的文献。

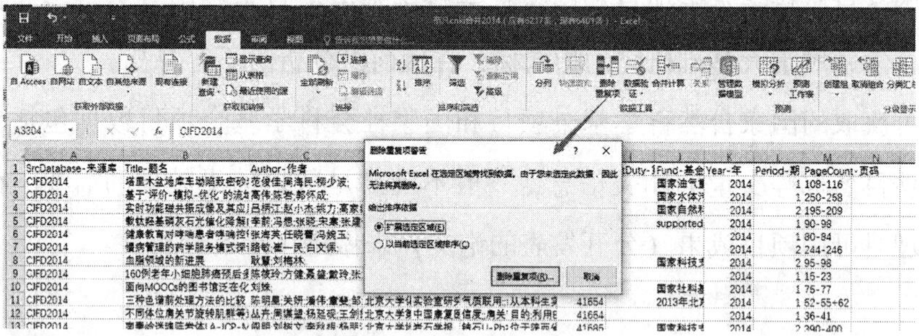

图 4-10　删除重复项

二、数据文件的合并

由于研制数据前沿数据量一般比较大，会有不同的人员通过不同的方式获得数据，就会碰到数据合并的问题，如把不同年份的多个文献合并为一个文献，把不同方式下载的文献合并为一个文献等。就知网而言，如果想要获得文献的被引数和下载数，又想要比较全的其他信息如关键词、摘要等，就要通过两种方式下载，然后合并。其合并方法如下图 4-11。用 SPSS 打开要合并的文件，在菜单栏选择数据，合并文件，添加变量（合并不同年份的文件用添加个案），选择要合并的文件，就可以把两个文件合并为一个。

图 4-11　合并数据文件

三、检测消除异常值

在文件合并的过程中，要注意各种问题：例如优先出版的文献“基于 agent 的两区域旅游系统非均衡动态模拟”，导出的数据题名是“基于 agent 的两区域旅游系统非均衡动态模拟”，而另一种拷贝的方式得到的题名是“基于 agent 的两区域旅游系统非均衡动态模拟-优先出版”，实际上是一篇文献，但是软件处理的时候作为两篇文献处理，所以要先去掉“-优先出版”然后再合并。此类问题还有诸如题名里是否有下划线（_）、括号（（））、波浪号（~）、分号（;）、逗号（,）、问号（?）等，都会导致软件把一篇文章识别成两篇，要靠人工识别后再合并。消除异常值的方法：

首先，把要合并的文件用 SPSS 打开，分别用文献来源即期刊名做“分类汇总”；

其次，把“分类汇总”的结果合并为一个文件，并对文件按照文献来源进行排序；

第三，把文献来源相同，文献数不同的逐个查看，筛选不同的原因是不是因为上面列的各种问题导致的重复；

第四，删除重复数据，并识别是什么原因导致的同一记录被识别为不同记录

第五，删掉多余的出错的上述符号。

四、删除不需要的数据

从知网下载的数据，有一些干扰数据，如通知、通告、奖励、讣告、招生简章、庆典通报、启事、展览广告等，要删除这些不需要的数据。这些数据的分布比较零散，怎么找到？如下图 4-12。EXCEL 工具栏选择“排序”，排序的主要关键字选择“作者”，按照升序、降序都行。把通知、通告、奖励、讣告、招生简章、庆典通报、启事、展览广告等排在文件的前面数列或后面数列（因为这类文献没有作者）。

第三节　前沿数据的遴选

在遴选研制前沿的数据时，要遵守以下原则：

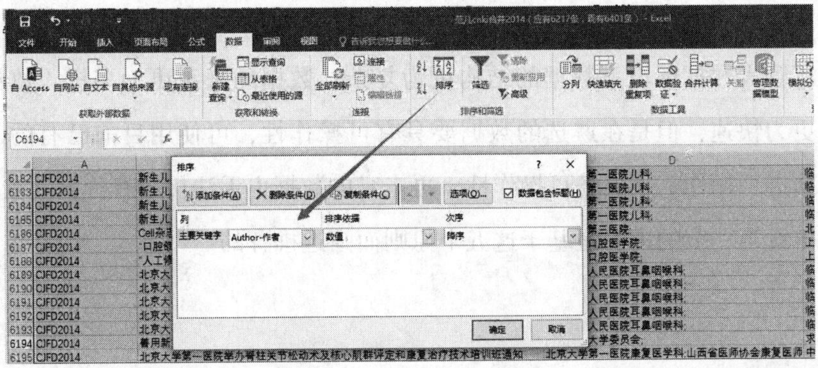

图 4-12　删除不需要的数据

- 目标导向原则

遴选的数据要以目标为导向。首先要明确学科前沿研制的目的是什么，目的不同，所需要遴选的数据肯定不同。是为了了解整个学科发展的轨迹和关键点，明确学科发展方向？了解某学科各个机构的贡献程度？有哪些主要的研究者？还是为了解某机构的所有学科发展情况？各个院系或分支机构的贡献？

- 前沿性原则

遴选的数据要能析出学科前沿，体现最新的学科发展动态，学科最新的领域、热点和方法。体现在数据的时效性的选择，时间区域的选择。

- 权威性原则

首先，选择的数据源要可靠，其次，数据源本身要具有权威性：如核心刊、高影响因子的期刊、学科内部的权威刊等。数据源基于图书馆大数据基础上析出热点，析出的热点要征求学科专家的意见，获得学科专家的认同。

- 资料性原则

学科前沿的研制是在大数据的基础上，数据的遴选要既有论文数据，又有用户行为数据，要全面分析。

• 可操作原则

尽管大数据环境下数据的结构更为复杂，数据的来源更为多样、数据的变化更为快速，但是在遴选的数据要具有可操作性，可使用目前已有的工具对数据进行操作。不具备可操作性，再丰富的数据也无法析出有价值的东西。

本章第一节的内容是基于这五个原则而筛选推荐的。

第五章　学科前沿的析出

本章将以两个例子来介绍学科前沿的研制情况。

第一节　北京大学图书情报学学科前沿的析出

北京大学图书馆面对新的环境和新的需求积极做出业务调整，2015 年，成立了专门的科研支持部门——研究支持中心，立足于图书馆的资源、工具和服务设施，立足于图书馆的服务精神，全方位运用图书馆的各种资源服务于学科发展和科研支持。在研究支持中心调研的过程中了解到，如果图书馆可以研究下北京大学的学科前沿情况，对学科发展摸摸底，对学科发展将会很有帮助。学科前沿研制可以说是用户需求驱动的、“对学科发展具有重要意义的事情”，本节以北京大学图书情报档案学学科前沿为例介绍其研制流程和关键点。

一、相关说明

（一）数据来源

为了更好的析出学科前沿，在数据源选择上，“大数据”与“小数据”

并重，成果数据与用户行为数据并重，时间限定为最新5年（报告撰写于2016年），所以报告采用的数据源如下：

- WOS平台核心合集数据
- 中国学术期刊网络出版总库（中国知网）核心刊论文
- Scopus数据库
- Elsevier Science（ScienceDirect）——学术数据库
- Summon北京大学搜索热词
- 国家社科基金
- 教育部社科基金

数据主要年代范围：2011—2015年

机构：北京大学（Peking University）

（二）学科映射说明

学科映射是一个难点，不同的数据源对资源的分类标准不同，如何把多种数据源提供的数据按照统一的标准析出，报告以教育部博士点一级学科提供的学科类别为基础，并在学科映射时征求学科专家的意见。

（三）分析工具

通过调研发现，任何一种工具都无法满足大数据环境下的学科前沿研制任务，报告采用的分析工具如下：

- EXCEL
- SPSS
- Tableau
- CiteSpace
- 图表秀

需要在学科前沿研制的过程中综合利用多种分析工具和可视化工具。

（四）术语

对报告中使用的术语进行界定和说明，本报告中涉及的术语解释如下：

• 被引频次：表示某篇文献被其他文献引用的次数。在 Web of Science 核心合集引文索引中重复的引用文献只计为一次。

• 引文影响力（Citation Impact）：一组文献的引文影响力的计算是通过使用该组文献的引文总数除以总文献数量得到的。引文影响力展现了该组文献中某一篇文献获得的平均引用次数。

（五）方法

通过第二章的分析可以看出，基于文献计量学的方法和基于专家分析的方法相结合能获得较为理想的结果。报告将内容分析方法与关键词分析方法相结合，通过对相关数据源中所获取的关键词进行分析，以实现对北京大学图书情报与档案管理学科的研究热点、发展前沿的描述与揭示，在学科前沿的析出中征求学科专家的意见。

二、关键词分析

（一）相关成果的高频关键词分析

关键词往往是文章核心内容的浓缩和提炼，若某一关键词在其所在领域的文献中反复出现，则该关键词所表现的研究主题往往是该领域的研究热点。因此通过关键词词频分析，可发现学科领域的研究热点。

对来自于 WOS 核心合集的数据进行的词频统计，对来自于中国学术期刊网络出版总库（中国知网）核心刊论文的数据进行的词频统计（用浏览量进行加权)，对来自于SCOPUS的数据进行的词频统计（用浏览量进行加权)，可以看出图书情报和档案学的研究热点有：CALIS 、文献计量学和科学计量学、科学知识图谱、公共图书馆、阅读推广、移动应用、学科服务、社交网络、大数据 、情报等。

除此之外，点度中心性也是衡量关键词重要程度的重要指标。点度中心性是一个用以量化点在网络中重要性的图论的概念，点的中心性越高，则该节点在网络中的位置越重要。一般来说，词频和中心度较高的关键词很可能是一段时间内学者们共同关注的问题，即学科领域的研究热点所在。CiteSpace III 即是基于词频分析法的原理统计关键词的出现频次以及不同关键词之间的共现频次，并以可视化的方法将关键词大小与聚类关系清晰地展示出来，从中分析得出某一研究领域的研究热点。对北京大学图书情报学科论文关键词知识图谱（来自知网的数据）分析可以看出我国高等教育研究的范围较广，视角较多，有一定深度，并比较关注现实。开放获取、社会网络分析、学科服务、大数据、图书馆学史、文献计量、阅读推广、读者服务、竞争情报等都是其研究热点。从中心度和节点的大小来看，图书馆、图书馆学、公共图书馆、高校图书馆、北京大学图书馆等为较重要的节点。图谱整体呈各较大节点通过词频共现方向与其他节点交错链接的态势，可看出图书情报学研究理论与实践研究并重。为了进一步对每个核心节点所代表的相关关键词共现网络主题进行分析，本文对由关键词组成的共现网络进行进一步聚类研究，可以看出，聚类出的主题包括信息融合、信息资源共享、图书馆史、图书馆技术、阅读推广、社交网络等几个方面。

上面从三个数据源探讨了北京大学图书情报档案学研究领域的研究人员所发表的论文进行的分析。通过综合分析可以看出，北京大学图书情报档案学研究领域的研究热点有以下几个方面：

- 文献计量学
- 阅读推广
- 社交网络
- 图书馆技术
- 大数据
- 竞争情报
- 学科服务
- 开放获取

（二）基金申请分析

从国家社科基金和教育部人文社科基金的项目申请情况看（表5-1），北京大学2011—2015年共申请基金21项。对项目成果的论文（87篇）的关键词进行分析出现2词以上的关键词（表5-2）。可以看出，项目的研究热点在：大数据、信息公开、泛在信息社会和泛在图书馆、图书馆学史、情报、服务创新、阅读推广等。

表5-1 北京大学2011—2015图书情报领域基金申请表（国家、教育部社科基金）

项目名称	项目负责人	年份	成果文章数（知网）
中国现代服务业创新能力评价的理论与实证研究	申静	2011	3
我国图书馆标准化体系及其发展战略研究	张广钦	2011	0
《清儒学案书札》的整理与研究	沙志利	2011	0
中国周边国家文献的国家保障研究	关志英	2011	2
清代宫廷戏曲文献整理及研究	熊静	2013	5
中日图书馆学交流65年（1899—1964）历史探微	范凡	2015	2
中国图书馆动漫服务研究	李常庆	2015	0
《明史艺文志》五种文本研究	王宣标	2015	2
大数据环境下的计算型情报分析方法与技术研究	李广建	2014	8

续表

项目名称	项目负责人	年份	成果文章数（知网）
《十三经注疏》版本研究	张丽娟	2014	1
中国图书馆学史	王余光	2013	11
国家图书馆藏未刊稿整理与研究	刘玉才	2013	2
国外数据库商业版权模式及图书馆应对策略研究	刘兹恒	2013	7
高校图书馆基于区域图书馆联盟开展阅读推广活动的策略研究	刘彦丽	2013	3
大规模个性化定制环境下的情报系统研究	徐扬	2013	7
基于用户视角的数字资源质量管理实务研究	刘素清	2012	3
中国城乡数字鸿沟及其对城市化进程的影响研究	韩圣龙	2012	0
数字图书馆动态知识管理研究	周义刚	2012	2
面向泛在信息社会的国家战略及图书馆对策研究	朱强	2011	8
我国与欧美政府信息公开中信息安全审查机制及保障制度比较研究	周庆山	2011	14
政府信息资源管理创新的理论与方法	赖茂生	2011	7

表 5-2　基金项目论文关键词分析

关键词	词频	关键词	词频
大数据	9	版权保护	2
政府信息公开	9	保密审查	2
图书馆	6	保密审查制度	2
泛在信息社会	5	大规模个性化定制	2
图书馆学史	5	泛在化服务	2
泛在图书馆	4	泛在智能	2
情报分析	4	高校图书馆	2
情报学	4	个人信息保护	2
信息公开	4	古代图书馆学	2
服务创新	3	国家战略	2

续表

关键词	词频	关键词	词频
例外信息	3	竞争情报	2
评价指标体系	3	民国时期	2
图书馆学	3	日本	2
阅读推广	3	数据库	2
政府信息	3	文献保障	2
政府信息资源管理	3	研究热点	2
中国	3	知识管理	2

（三）北京大学关注图书情报领域的数据分析

除了对北京大学图书情报档案学研究人员的成果进行分析外，本报告还对北京大学研究人员所关注的该领域的文献进行了分析，结果见下图 5-1 和下表 5-3，是对北京大学浏览爱斯维尔的数据进行的词频分析结果，通过对图书馆学情报学档案学的高浏览文献的关键词的词频分析，去除掉泛指词如“中国”等，可以看出该领域的高频词，北京大学用户关注的图书情报学领域的热点包括：电子政务、社交网络、知识管理、大数据分析、专利服务、信息技术、开放数据、竞争情报等几个方面。

表 5-3　高频词表

keywords	关键词中文	keywords	关键词中文
E-government	电子政务	Online activism	线上活动
Social media	社交媒体	Cyberactivism	网络激进主义
Knowledge management	知识管理	Digital divide	数字鸿沟
Open government	开放政府	e-Participation	网络政治参与
Big data analytics	大数据分析	Transparency	透明度
Patent analysis	专利服务	Mauritius	毛里求斯
Internet	互联网	Information strategy	信息战略

续表

keywords	关键词中文	keywords	关键词中文
Information technology	信息技术	Information policy	信息政策
Open data	开放数据	Design	设计
Information management	信息管理	Intellectual property analysis	知识产权分析
Granger causality	Granger 因果检验	Information sharing	信息共享
Dynamic panel data models	动态面板数据模型	Competitive intelligence	竞争情报
Accessibility	可访问性	Survey research	调查研究
Social capital	社会资本	Organizational change	组织变革
e-Democracy	电子化民主	Disability	残障
Benchmarking	标杆管理	National culture values	民族文化价值观
Accountability	问责	National culture practices	民族文化实践
e-Services	电子服务	Gross domestic product	国内生产总值
Digital government	数字化政府	Facebook	Facebook

图 5-1　爱斯维尔关键词词频云图

可以看出，研究热点除了颇有成果的文献计量学、阅读推广、社交网络、图书馆技术、大数据、情报、学科服务、开放获取外，还关注电子政务、知识管理和专利服务，见表 5-4。

表 5-4 北京大学图书情报学领域学科前沿

研究前沿	关注前沿
文献计量学	电子政务
阅读推广	社交媒体
社交网络	知识管理
图书馆技术	大数据
大数据	专利服务
情报	信息技术
学科服务	开放数据
开放获取	信息管理
图书馆学史	

（四）来自 SUMMON 搜索热词的验证

如果是研究热点，就会受到用户广泛的关注。通过对 2011—2015 年北京大学图书馆平台系统 Summon 的搜索热词进行分析，验证表 5-4 的前沿问题是否是 Summon 的搜索热词，进而对其是否是学科前沿进行验证。

从 summon 导出 2011—2015 年的搜索热词，分别筛选出含有“文献计量学”、“阅读推广”、“社交网络”、“图书馆技术”、“大数据”、“情报”、“学科服务”、“开放获取”、“电子政务”、“知识管理”、“专利服务”11 个词的 Query，看是否包含在热词搜索里。热词被搜索的次数（表 5-5）及其逐年变化趋势（图 5-2）说明，表 5-5 的 11 个前沿问题均被 summon 搜索，其中“大数据”、“情报”、“社交网络”、“知识管理”的搜索次数都大于 1 000 次，这些领域除了图书馆关注，多个学科也在关注研究，被搜索次数多也在情理之中。从趋势上看，“大数据”、“电子政务”和“情报”被搜索频次逐年增多，“社交网络”和“知识管理”自2012年以来比较稳定，可见“大数据”、“电子政务”和“情报”更受关注；“阅读推广”、“开放获取”、“电子政务”被搜索次数都大于100次，趋势上看，被搜索次数逐步增加，颇受关注；被搜索较少的“文献计量学”、“学科服务”、“图书馆技术”大于40次，这些都是图书馆领域专指性比较强的词；最少的是“专利服务”，而且是2014年才被读者作为热词搜索，可见，对专利服务的关注才刚刚开始。

表5-5　热点被summon搜索的次数

热点	2011—2015被搜索次数
文献计量学搜索次数	67
阅读推广搜索次数	215
社交网络搜索次数	1 307
大数据搜索次数	7 943
情报搜索次数	3 562
学科服务搜索次数	47
开放获取搜索次数	121
电子政务搜索次数	627
知识管理搜索次数	1 079
专利服务搜索次数	2
图书馆技术搜索次数	49

三、研究前沿分析

根据前面的分析，北京大学图书情报领域研究和关注的热点如下：文献计量学、阅读推广、社交网络、图书馆技术、大数据、情报、学科服务、开放获取、电子政务、知识管理、专利服务。下面对这11个热点进行分析。

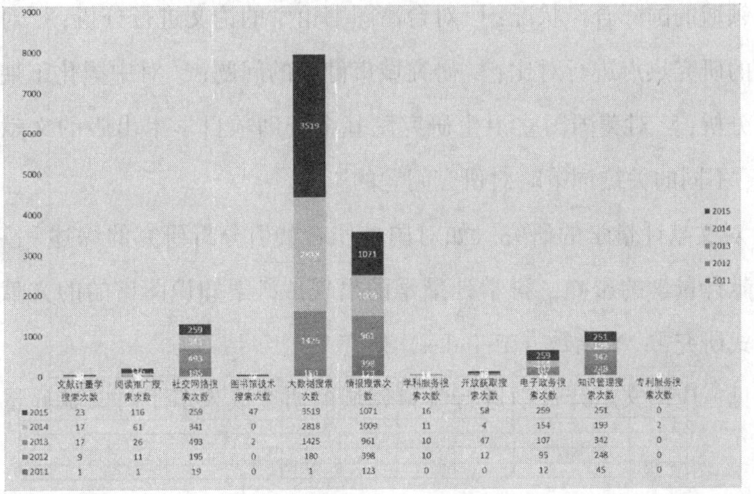

图 5-2　11 个前沿领域 2011—2015 年被 summon 搜索情况图

（一）文献计量学

文献计量学是以文献体系和文献计量特征为研究对象，采用数学、统计学等的计量方法，研究文献情报的分布结构、数量关系、变化规律和定量管理，并进而探讨科学技术的某些结构、特征和规律的一门学科。它是情报学的一个重要理论分支学科，也是一门新兴的边缘学科。[1] 北京大学图书馆情报领域文献计量学相关成果包括以下几个方面：

1. 用文献计量学的方法研究问题。如采用文献计量分析方法，研究我国数字图书馆的发展历程；[2] 对图书评价研究现状进行分析 [3]；分析中国与英国

1　邱均平. 文献计量学.［M］北京：科学技术文献出版社，1988. 12；P13.

2　张春红，唐勇，肖珑. 我国数字图书馆研究十年发展回顾. 大学图书馆学报，2011，（07）：18-24.

3　何峻. 我国图书评价现状分析. 大学图书馆学报，2012，（3）：106-110.

在工程领域的国际合作状况；[1] 对台湾图书馆学的论文进行分析；[2] 对两岸图书馆学的研究热点进行对比；[3] 研究城市健康的问题；[4] 对中国化工期刊的文献计量分析；[5] 对美国国立卫生研究院基金资助项目学术出版的文献计量分析[6]等。不同的关键词策略对研究问题的影响。

2. 对文献计量学的研究。如对国外作者共引分析研究的综述[7]；技术发展对文献计量学的影响，科学计量学的出现，科学知识图谱的的文献计量学研究范式研究[8]；Y 指数（Y-index）研究[9]。

可见，应用文献计量学进行学科领域的研究成果多于对文献计量学本身的研究。

（二）阅读推广

阅读是人类文明进步的阶梯，阅读推广是图书馆的天然属性。自 2006 年中共中央宣传部等 11 个部门联合倡议发起全民阅读活动以来，阅读推广备受图书情报领域的学者和各种类型图书馆的关注。北京大学的图书情报领域的学者如王波、刘彦丽等在阅读推广方面取得了一定的成果，也申请到一系列项目：如刘彦丽的国家社科基金项目“高校图书馆基于区域图书馆联盟开展

1　田汇宝等. 中英工程领域合作的文献计量学研究. 情报杂志，2013，(4)：98-104.

2　隋鑫等. 2008-2012 年我国台湾地区图书馆学一级期刊论文分析研究. 图书馆论坛，2014，(6)：126-132.

3　王念祖等. 2009~2013 年两岸图书馆学热点对比研究. 图书情报知识，2014，(7)：14-25.

4　Jia, Xiaofeng. Comprehensive exploration of urban health by bibliometric analysis：35 years and 11, 299 articles. Scientometrics, 2014, (6)：881-894.

5　Fu, Hui-Zhen 等. China's research in chemical engineering journals in Science Citation Index Expanded：a bibliometric analysis. Scientometrics, 2014, (1)：119-136.

6　Yang, JS. A bibliometric analysis of academic publication and NIH funding. Journal Of Informetrics, 2013, (2)：318-324.

7　步一等. 国外作者共引分析研究评述. 情报杂志，2015，(12)：48-53.

8　赵丹群. 试论科学知识图谱的文献计量学研究范式. 图书情报工作，2012，(5)：107-110.

9　Fu, Hui-Zhen 等. Top cited articles in adsorption research using Y-index. Research Evaluation, 2014, (1)：12-20.

阅读推广活动的策略研究”。就研究内容而言，探讨的阅读推广范围比较广泛：包括阅读推广理论研究（阅读推广的理论支撑、长效机制等、图书馆服务价值观分歧及其策略调整）；儿童阅读推广研究（对儿童经典阅读的模式探讨、中国少儿阅读现状调研、少年儿童阅读推广活动类型，例举典型活动案例、分析推广策略特点、美国早期的儿童阅读项目介绍）；北大图书馆阅读推广案例介绍（北京大学教授推荐书目分析、北京大学图书馆阅读推广活动的案例、北京大学图书馆推出的主题为“书读花间人博雅”的摄影展和好书推荐活动）；全民阅读推广（全民阅读推广力量的角色构建）。研究的内容贯穿古今中外：既有古代和早期的阅读推广介绍（中国古代传世画作中的读书图初探、1925—1936 年我国公共图书馆阅读推广活动研究），也有现代各类型图书馆阅读推广案例介绍；既有国外图书馆阅读推广活动的介绍，又有国内图书馆阅读推广活动的总结。研究内容比较丰富。

（三）社交网络

SNS 于 2003 年 3 月首次在美国出现，经过 10 年的发展，比如国外的 facebook，国内曾经红火的人人网，现在的豆瓣等，SNS 在国内外实践上发展迅猛，社交网络和社会化媒体的日益发展，已经对人们获取和分享信息的方式产生了重大影响，理论上也开始引起广泛的关注和研究。北京大学图书情报领域的研究一方面是对相关理论基础的研究，涉及社交网络的信息组织形式和传播规律，网络舆情监测、用户信息行为、社会资本对信息分享行为的影响、信息分享的博弈模型、SNS 道德伦理等几个方面。具体如下：社交网络的用户信息组织形式、信息传播规律；[1] 调查我国网民网络社交的方式、范围和深度，网络舆情的形成、发展和预测研究；[2] 通过对新浪微博中以提问的

1 丁婉莹等. SNS 中信息传播特点研究分析. 图书情报工作，2011，(4)：77-80.

2 谢新洲等. 我国网民网络社交行为调查. 图书情报工作，2011，(6)：16-19.

方式进行的信息寻求行为的分析，探讨用户在在线社交网络中的社会资本及其他特征对信息寻求结果的影响，并得出信息寻求者在网络中比信息提供者更为活跃（微博数），而信息提供者比信息寻求者拥有较多资源（粉丝数）；信息寻求者在在线社交网络中的社会资本（粉丝和关注数）越多，活跃程度越高（微博数），其信息寻求的行为越容易获得成功；此外，信息提供者中男性比例比信息寻求者中男性比例高，而女性用户作为信息寻求者的提问回复率较高的相关结论。[1] 另一方面的研究是 SNS 在图书馆、政府中的应用研究，如对学科博客建设情况研究、[2] 对北大博文的研究、[3] 对中国公安微博的发展现状进行探索性研究、[4] 中国政府机构微博的发展现状的探索性研究等。[5]

（四）大数据

进入大数据（big data）时代，不同的学科领域，正在不同的层面上广泛地关注着大数据对自己的研究和实践带来的深刻影响。近年来，包括大数据分析在内的大数据理念和方法引起了图书情报界的密切关注，成为情报学的热点话题之一。北京大学图书情报领域的专家探讨了大数据对情报工作的影响，大数据的理念和技术为情报学领域中情报研究的理论和实践带来了机遇和挑战[6]：情报研究将由单一领域情报研究转向全领域情报研究，综合利用多种数据源，注重新型信息资源的分析，强调情报研究的严谨性和情报研究的智能化五个方面，并探讨了可视化分析、数据挖掘、语义处理三方面的技术

---

1 张鹏翼. 在线社交网络中信息寻求行为的实证研究：以微博为例. 情报杂志，2013，（7）：83-87.

2 唐勇. 学科博客建设现状与对策研究. 图书情报工作，2011，（19）：78-81.

3 邹新明等. “北大博文”的思路、做法及思考. 大学图书馆学报，2012，（1）：68-70.

4 任雅丽. 中国公安微博现状研究. 图书情报工作，2012，（3）：18-22.

5 郑磊，任雅丽. 中国政府机构微博现状研究. 图书情报工作，2012，（3）：13-17.

6 李广建等. 大数据视角下的情报研究与情报研究技术. 图书与情报，2012，（6）：1-8.

问题。也有学者指出当代情报工作发展的“大情报”观点，[1] 以及大数据理念与技术对竞争情报、商业管理、生物医学、政府治理及军事情报五个领域中的情报分析带来的影响。有学者提出大数据时代情报分析的重点[2]是如何有效地获取、融合并进行关联、聚类、孤立点、模式、网络、演化等一系列分析，从中发掘出有价值的情报，为战略决策提供全面准确、客观有力的支撑与参考服务。有的学者分析了多大数据分析的方法与技术以及对情报分析的作用。[3] 有些学者对大数据研究热点进行梳理。[4]

此外，还申请国家社科基金项目“大数据环境下的计算型情报分析方法与技术研究”，对大数据分析与情报分析关系进行辨析：发现大数据分析与情报分析有着天然的联系，两者既有共性，又存在着一定的差异。共性表现在看重对数据的定量分析，关注多源数据融合和强调相关性分析三个方面。同时，两者在数据对象、数据规模、分析任务与分析时机等方面又各具特色。研究了大数据相关的技术。从理论、方法、技术与应用的视角研究大数据环境下的多源信息融合问题等。

（五）图书馆技术

图书馆技术的研究比较宽泛，包含新环境下的信息技术发展探讨、新信息技术在图书馆的应用、新技术对传统图书馆业务的提升、传统图书馆技术的发展、新技术对企业效益的影响等，具体如下：

- 信息技术的投资回报，信息技术对企业效益的影响
- 大数据环境下的情报技术

---

1 卢胜军等. 赛博空间与大数据双重视角下的钱学森情报思想. 情报理论与实践，2013，（4）：1-5.

2 化柏林. 从棱镜计划看大数据时代下的情报分析. 图书与情报，2014，（5）：2-6.

3 迟玉琢. 从数据背景下的情报分析. 情报杂志，2015，（1）：18-22.

4 王一博，郭鑫，王继民. 基于词共现的大数据研究主题分析. 图书馆论坛，2014，（8）：96-102.

- 文献计量学
- 泛在图书馆技术：移动服务在图书馆的应用、Web2.0 技术在图书馆的应用等、面向泛在信息社会的国家战略及图书馆对策研究
- 古籍修复技术
- CALIS 资源整合和云服务
- 语义网
- 机构知识库、学位论文库建设
- 条形码/二维码技术在图书馆个性化服务中的应用与实现
- 大规模个性化定制环境下的情报系统研究
- 数字图书馆动态知识管理研究

（六）情报

情报这个热点范围比较广泛，情报这个词包含情报分析、情报学、情报研究等下位词。北京大学图书情报领域的相关研究如下：

1. 情报学教育：[1] [2] [3] [4] [5] 图书情报专业硕士学位设置目标应定位于培养图书情报及信息管理行业紧缺的创业型、应用型、复合型专业人才，探讨了如何在招生、培养环节中突出这一特色。有学者探讨了数字时代情报学博士生课程体系创新，有学者介绍了美国的《图书馆学情报学硕士学位认可标准》，研究了美国的顶尖大学情报学课程体系如美国北卡莱罗纳大学近 10 年课程体系，他山之石，可以攻玉。

---

1 周庆山. 周庆山：图书情报专业硕士学位教育的实施. 图书情报知识，2011，(9)：16.

2 赵需要. 数字时代情报学博士生课程体系创新. 情报理论与实践，2011，(4)：77-82，53.

3 余红，刘娟. 美国 iSchool 图书情报学课程体系个案——北卡莱罗纳大学近 10 年课程体系研究. 图书情报工作，2014，(3)：79-88.

4 于春明，《图书馆学情报学硕士学位认可标准》介绍. 图书馆建设，2011，(11)：16-18.

5 钱昆，对文献学教育的再思考——基于图书情报与档案管理学科的研究视角. 图书馆，2015，(11)：19-21.

2. 情报技术：包括文本可视化技术，TreeMap 情报可视化技术，基于过程的情报研究 知识化支持系统构建；情报获取技术，情报分析系统的发展趋势。

3. 研究专家的介绍：[1] 在二十五载脚踏实地的追求中，介绍了肖珑老师的学术坚持和贡献。

4. 大数据与情报研究：详见 3. 4。

5. 学科发展脉络和研究进展：有学者概述了 2011 年度我国情报学在理论与方法、信息检索、情报分析与研究、信息服务与用户研究、信息计量学等五个重要领域所取得的研究进展；[2] 介绍 1980 年到 2010 年之间情报学的发展态势。把握情报学发展科学图谱，识别发展热点和方向。[3] 有学者探讨情报学范式的演变。[4] 有学者北美情报学理论近 20 年研究进展。[5] 美国图书情报界 2013 年以来信息社会研究文献综述。[6] 分析了 2002-2012 年我国图书情报学研究机构合作网络演变。[7] 。

6. 竞争情报：竞争情报中的信号分析；[8] ；竞争情报与企业联盟风险的关系：[9] 竞争情报理论和方法能够对联盟关系风险进行很好的解释和有效的管

1 王子舟. 二十五载脚踏实地的追求. 图书与情报，2011，(10)：133-134.

2 王益明，崔莎与王婧文，2011 年我国情报学研究进展. 国家图书馆学刊，2012，(03)：17-24.

3 彭陶，王建冬与孙慧明，基于关键词共现网络的我国图情领域近三十年学科发展脉络分析. 大学图书馆学报，2012，(02)：29-34.

4 蔡骏，基于历史和科学革命的社会科学范式新审视——以情报学为例的研究. 情报资料工作，2013，(05)：11-14.

5 韩正彪，谢丽娜与周鹏，北美情报学理论近 20 年研究进展. 图书情报工作，2014，(05)：131-140.

6 杨志维与郎宇洁，美国图书情报界 2013 年以来信息社会研究文献综述. 图书情报工作，2015，(20)：138-148.

7 冯祝斌与赵丹群，我国图书情报学研究机构合作网络演变分析（2002—2012 年）. 情报杂志，2014，(08)：92-98.

8 杨薇薇与赵雪，论竞争情报活动中的信号分析. 图书馆理论与实践，2011，(09)：25-29.

9 张超与关家麟，基于竞争情报的战略联盟风险管理研究综述. 情报理论与实践，2012，(12)：116-120.

理；竞争情报的软件工具（竞争情报的软件化和流程化已经形成，正向智能化、协作化和精细化的方向发展）；竞争情报的典型案例分析。有学者总结了2012年竞争情报国际会议的专家发言，[1]，一 是社会化媒体的普及与应用成为竞争情报研究创新的动力；二是互联网技术的发展对竞争情报研究拓展的促进；三是互联网舆情的监测与分析，必须借助与软件系统的开发与应用。我国竞争情报领域期刊论文合著网络研究。[2] 基于知识集成的竞争情报分析模型实施策略研究。[3]

7. 情报失察研究：[4] 情报失察研究的发展概况、原因，科学传播中的科技情报产品传播失误研究等。

8. 情报监听：[5] 情报监听，是指在当事人不知情的情况下，运用人体信息器官或现代科学技术设备，对当事人正在进行的通讯信息进行截取和探知的行为，包括有线/无线监听、口头交流窃听、网络通讯信息截获等多种形式。研究了美国情报监听立法沿革。

9. 情报研究方法：[6] 探讨了情报研究方法构建的关系基础。

（七）学科服务

学科服务是图书馆近些年来的一项创新服务形式，是近几年高校图书馆的探讨热点，各图书馆普遍设立学科馆员。北京大学图书情报领域的学者和一线工作人员也探讨了学科服务如何做的更好。学科服务高校图书馆的学科服务受人员和经费的限制，仅靠自身力量难以满足读者越来越多的需求。而

1 王强，余振刚与付宏，基于互联网舆情新视角的竞争情报研究进展——竞争情报国际会议（2012）综述. 图书情报知识，2013，（04）：51-58.

2 杨薇薇，赵雪，论竞争情报活动中的信号分析，图书馆理论与实践，2011，（09）：25-29.

3 佟泽华等，基于知识集成的竞争情报分析模型实施策略研究——技术策略、非技术策略及其融合. 情报理论与实践，2015，（02）：108-115.

4 江洁等. 国内外情报失察研究述评. 图书情报工作，2011，（6）：24-28.

5 谢晓专等. 美国情报监听立法沿革研究. 图书情报工作，2011，（22）：68-73.

6 王延飞等. 情报研究方法构建的关系基础. 情报杂志，2015，（4）：1-3，26.

高校的教师、学生视野开阔，又非常熟悉自己的研究领域，他们拥有的巨大潜力是图书馆亟待开发的宝贵资源，基于此对读者参与的高校图书馆学科服务新模式探讨，[1] 以充分利用读者的智慧；学科服务的工具探讨如学科博客建设现状与对策研究：[2]：指出我国学科博客在整体规划、内容建设、用户参与等方面存在一定的问题，从学科博客的内容建设和建设策略两方面探讨如何加强学科博客建设，以提升学科服务水平；学科馆员的定位：[3] 宣传策划人、网络达人、采访服务一条龙、学科信息采集者、信息素质教育者、学科服务的带头人；学科服务的多维拓展与深化，[4] 包括：深度嵌入教学的精致服务、重点科研的全程支撑服务、从学术评价到学科规划的前瞻性服务、知识与智慧分享服务；学科服务案例介绍[5]如面向艺术学科的多媒体资源服务探讨等。

（八）开放获取

开放获取运动在全球已经蓬勃开展，为促进资源共享与学术资源传播提供了全新的交流平台。北京大学图书情报领域的学者和机构也比较关注开放获取的研究和实践。

有学者介绍了开放获取的定义、基本特征以及实现途径，分析开放获取对科研工作的影响及其局限性；期刊开放获取的福利；[6] 全球范围内开放获取

---

1 赵飞，艾春艳与刘素清，高校学科信息素质教育的模块化组织. 大学图书馆学报，2015，(04)：93-96.

2 唐勇，学科博客建设现状与对策研究. 图书情报工作，2011，(19)：78-81.

3 王旭，高校图书馆学科馆员角色定位的再思考. 图书馆工作与研究，2012，(01)：55-57.

4 刘素清，艾春艳与肖珑，学科服务的多维拓展与深化——北京大学图书馆学科服务聚焦与思考. 大学图书馆学报，2012，(05)：18-22.

5 张宁，面向艺术学科的多媒体资源服务探讨——以北京大学图书馆为例. 大学图书馆学报，2013，(05)：92-94，100.

6 张旭与杨朝峰，基于双边市场模型的开放获取期刊与传统期刊竞争分析. 图书情报工作，2011，(20)：144-148.

运动的最新发展；[1] 有学者调研了我国科研教育机构对开放获取的认知与态度，[2] 在此基础上探寻我国开放获取的发展思路，确立“国家主导，分步实施”的总体发展思路以及现阶段的发展重点；有学者探讨了图书开放获取模式及整合利用。[3]

实践上有学者介绍了北京大学图书馆学位论文系统建设，[4] 北京大学机构知识库的建设情况，[5] CALIS 机构知识库建设发展，[6] 图书馆开展学术出版素养教育的具体举措，[7] 介绍国内外主要生物医学信息开放获取的途径以及相关生物医学信息网络资源，[8]，NIH 强制性开放获取政策实施中的利益博弈。[9]

（九）电子政务

北京大学图书情报领域的研究就电子政务目前没有太多的研究成果，但从检索浏览情况看，备受北大学者关注。目前的研究成果报刊对电子政务服

---

1 聂华，全球开放获取运动的新进展——OpenAIRE-COAR2014 年会的观察与思考. 大学图书馆学报，2015，（02）：5-12.

2 张新鹤与徐速，我国科研教育机构对开放获取的认知与态度. 图书馆论坛，2015，（12）：45-55.

3 朱本军等，图书开放获取模式及整合利用研究. 大学图书馆学报，2015（05）：第 26-31 页.

4 张轶雯，韦成府与崔海媛，北京大学图书馆学位论文系统建设的新探索. 大学图书馆学报，2015，（04）：76-79.

5 吴越，聂华与崔海媛，机构知识库相关政策研究——基于北京大学机构知识库的思考与探索. 大学图书馆学报，2014，（02）：24-27.

6 聂华，韦成府与崔海媛，CALIS 机构知识库：建设与推广、反思与展望. 中国图书馆学报，2013，（02）：46-52.

7 徐速与张新鹤，OA 环境下图书馆开展学术出版素养教育的探讨. 图书与情报，2015，（02）：118-122.

8 黄应申，生物医学开放获取资源的特性及相关网络资源介绍. 图书情报工作，2014，（S1）：69-71.

9 丁大尉与钟灿涛，NIH 强制性开放获取政策实施中的利益博弈——基于多元行动者交互作用的分析视角. 图书情报工作，2013，（06）：43-48.

务质量评价的探讨，[1] 对电子政务公民采纳研究进行综述[2]认为目前我国在这方面的研究仍然比较匮乏，需要展开进一步的研究；与政府信息资源管理创新；[3] 政务社交媒体用户信息获取影响因素分析几个方面。[4] 研究不够系统，比较零散，有待进一步的研究和推进。

（十）知识管理

知识管理是一个比较宽泛的跨学科的研究领域，除了图书情报领域的研究外，经济学、管理学、计算机科学领域都有相关的研究。北大图书情报领域的专家对知识管理的研究领域分布情况进行知识地图分析，[5]，分为5个研究板块，即知识管理技术研究、企业知识管理研究、产业知识管理研究、社会知识管理研究、知识管理系统研究，以及图书馆知识管理研究。并且认为我国图书情报学界尽管近十几年来一直高度重视知识管理研究，但在国际知识管理研究中，几乎处于“失语”的位置。有学者研究了知识价值及其增值；[6] 有些学者在梳理相关研究文献的基础上，分析了知识价值链的产生原因、概念及其模型、不同行业的知识价值链模型、知识价值链的设计思路、知识价值链与核心竞争力之间的关系等方面的内容；[7] 有学者分析了管理咨询

---

1 杨雅芬，电子政务服务质量评价研究及启示. 情报资料工作，2013，(06)：69-74.

2 杨雅芬与李广建，电子政务采纳研究述评：基于公民视角. 中国图书馆学报，2014，(01)：73-83.

3 赖茂生，李爱新与梅培培，信息生命周期管理理论与政府信息资源管理创新研究. 图书情报工作，2014，(06)：6-11+41.

4 谢丽娜，政务社交媒体中用户信息获取影响因素研究述评. 图书情报工作，2015，(19)：113-121.

5 吕双，国际知识管理研究的领域分析 I：基于知识地图的聚类分析. 情报杂志，2012，(02)：98-102+107.

6 徐扬，知识价值及其增值的量化研究. 情报杂志，2012，(04)：148-152.

7 李健与赵澄谋，知识价值链研究现状分析. 情报杂志，2012，(02)：103-107.

过程的知识转化机理。[1] 北京大学图书情报领域关于知识管理的研究偏向于企业知识管理研究，图书馆知识管理模块还有许多待研究和关注的领域。

（十一）专利服务

关于专利服务研究成果比较少，具体如下：对中国和德国风力发电技术的专利数据进行分析来揭示两国风力发电技术的专利状况；[2] 调研了老挝知识产权保护；[3] 对云计算领域的专利进行分析；[4] 介绍了 Innography 数据库的基本功能，并对该数据库的检索使用方法以及如何快速挖掘核心专利。[5] 可见，专利服务研究只有少量学科领域、少量地区的专利情况调研和专利数据库的利用。专利是图书情报领域关注的热点，北京大学也不例外，2015 年 6 月，“高校图书馆专利信息服务推进组”成立，成员包括同济大学图书馆（组长）、清华大学图书馆、北京大学图书馆、上海交通大学图书馆、广州奥凯信息咨询有限公司，目标：推进图书馆在高校知识产权服务体系建设中发挥更重要作用，北京大学图书馆在列。从实践上看，北京大学图书馆开始逐步开展专利服务工作，发布了《北京大学专利竞争力分析报告》，利用馆藏专利资源/数据，运用各种分析手段和方法，对北京大学 1996—2015 年的全部专利进行全面梳理和挖掘、并与清华大学/复旦大学/浙江大学/同济大学/上海交通大学/中山大学等 6 所高校进行横向对比分析，全方位厘清北京大学的专利表现和整体竞争力。但是关于专利服务体系、内容等还缺少系统的研究，这大概也是专利服务成为北大图书情报领域关注前沿的原因。

1 赖茂生与李爱新，管理咨询过程的知识转化机理分析. 情报理论与实践，2014，（01）：64-68.

2 张旭等，中德风电技术专利比较研究. 情报杂志，2011，（05）：18-22.

3 黄璐等，老挝知识产权保护研究. 现代情报，2013，（08）：79-83.

4 冯思颖等，云计算领域专利计量研究. 图书情报工作，2013，（09）：107-112.

5 王旭，刘姝与李晓东，快速挖掘核心专利-Innography 专利分析数据库的功能分析. 现代情报，2013，（09）：106-110，116.

第二节 “光合作用”领域的研究态势分析

光合作用是生物界获得能量、食物以及氧气的根本途径，被称为“地球上最重要的化学反应”。当今人类社会面临着日趋严峻的食物不足、能源危机、资源匮乏和环境恶化等问题，这些问题的解决无一不与植物的光合作用有着密切的关系。[1] 对1980以来“光合作用”领域的文献进行分析，可为该学科的发展提供参考。通过文献计量分析可以看出：

（1）光合作用是一个历久弥新的研究领域。从每年发文量来看，光合作用研究这一领域处在一个上升期，研究热度逐年升温，越来越受关注。

（2）从全球视野来看，美国是该领域研究的“大佬”、欧洲各国、澳大利亚等实力较强。从国家发文量、被引情况及篇均被引情况来看，美国无论发文的数量还是质量都排名比较靠前，欧洲国家的论文质量较高，中国论文产出很高，但是论文质量和水平有待提高。

（3）科研院整体研究实力较大学为强。全球排名比较有实力的机构有：法国国家农业科研研究院（INRA）、西班牙科研理事会、澳大利亚国立大学、法国国家科学研究院（CNRS）、法国原子能和替代能源委员会、加州大学伯克利分校、加州大学戴维斯分校、联邦科学与工业研究组织、马克斯·普朗克协会、美国卡耐基研究院、美国能源部、美国农业部、谢菲尔德大学、伊利诺伊香槟分校等，除了大学，国家级科研机构占了更大比重。从机构发文量、被引情况及篇均被引情况看，中科院发文量和被引量都排进了全球前20，但是篇均被引没进入全球前500，北京大学发文量、被引频次、篇均被引频次均排名靠后。北京大学有待增加投入、引进人才等各种渠道提高研究水平和论文质量。

---

1 宋志伟. 普通生物学 生命科学导论［M］. 北京：中国农业出版社，2006. 08：125.

(4) 顶尖人才大多分布于大学高校。从研究人员来看，该领域顶尖的学者大都分布在美国、欧洲和澳大利亚，如曾因揭开光合作用之谜而获得 1988 年诺贝尔化学家奖的德国生物化学家 Deisenhofer，J 和 Michel，H ，被 Thomson Reuters ISI 评为“the Most Highly Cited Authors in Plant and Animal Biology”的美国伊利诺伊大学特聘教授 Stephen Long 等。有 3 位日本学者也有所表现。顶尖的学者来自于大学的多于研究院，说明研究院整体实力略高于大学，但是来自大学的学者引领着该领域的发展。北京大学在该领域的研究可谓很弱，要想在该领域获得好的发展，必须大力投入，并组建研究团队，从全球引进顶尖人才。

(5) 结合 ESI 前沿和 SCIVAL 的趋势分析，发现在“光合作用”领域的热点研究主要集中在以下几个方面：碳-4 光合作用，叶肉细胞导度、光合能量传递、人工光合作用、碳分配格局；二氧化碳排出；碳同位素组成；光合作用的产物碳；光合作用对草原土壤 co2 的影响、叶绿素荧光参数；不同作物的光合作用。可以看出该领域研究，探讨光合作用的规律，揭示光合作用的机理，研究光合作用的能量传递，光合作用对环境的改善，各类植物尤其是豆类等农作物的光合作用，人工光合作用的模拟以对太阳能和其他可再生资源的利用等领域受到广泛关注和重视。

一、数据来源

(一) 数据源

WOS 核心合集，限制出版年为 1980 年至今，Scopus 近 5 年的数据（只用于参照分析热点）。

(二) 分析工具

InCites、ESI、SciVal、CNKI、EXCEL、SPSS

（三）检索式及检索策略

WOS 核心合集，限制主题 = “Photosynthe *”（会搜出如 photosynthetic reaction，photosynthesis 等），限制检索时间范围为 1980 年至今，搜出文献 107573 篇，其中北京大学仅 153 篇。SciVal 数据库，限制主题 = “Photosynthe *”，搜近五年的文献 33341 篇。

二、国家/地区、机构和人员表现分析（全球视角）

（一）学科整体发展趋势

“光合作用”是一个历久弥新的研究领域。如下图 5-12，可以看出，1980 年至 1990 年，光合作用领域的研究论文数量逐年没有太大变化，处在一个发展相对平稳的时期，从 1991 年开始，文献数量有一个较大数量级的增加，并且逐年增加，可见该领域的研究也逐年升温，尤其是 2011 年以后的近五年。

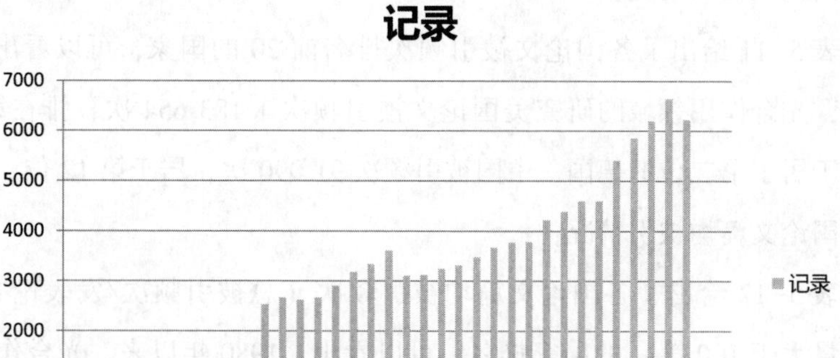

图 5-12　1980 年以来文献发文量

（二）国家/地区表现

从下面呈现的国家/地区分析数据（图 5-13，表 5-10）可以看出：

（1）美国是该研究领域的“大佬”；

（2）美国、德国、日本、中国、法国、英国、澳大利亚等成果颇丰，6 国基本占该领域成果的一半还多；

（3）从篇均被引情况看，除美国、澳大利亚外，该领域欧洲国家的研究实力很强，篇均被引前 10 的国家中，除了美国和澳大利亚全部是欧洲国家。

（4）中国发文量排在第 4，被引频次排在第 12，而篇均被引频次排在了 52 位，相对于全球的引文影响力、高被引文献占比（前 1%）等指标都排名比较靠后，说明中国内地的该领域论文产出量很高，但整体的学术影响力不高。

各国论文发文量情况：

下表 5-10 给出了发文量排名前 20 的国家，可以看出，1980 年以来，光合作用领域的研究美国发文量 30 475 篇，排在第一位，其发文量远远大于居于第二位的德国。中国发文量 9 026 篇，居于第 4 位。

各国论文被引情况：

下表 5-11 给出了各国论文被引频次排名前 20 的国家，可以看出，1980 年以来，光合作用领域的研究美国论文被引频次 1 183 654 次，排在第一位，远远大于居于第二位的德国。中国被引频次 91 090 次，居于第 12 位。

各国论文篇均被引情况：

下表 5-12 给出了各国论文篇均被引频次（总被引频次/发表论文总数，且发文量大于 100 篇）的国家排名，可以看出，1980 年以来，光合作用领域的研究瑞典论文篇均被引频次 42.67 次，排在第一位，排在前 10 位的分别是瑞典、摩纳哥、威尔士、英格兰、瑞士、苏格兰、美国北爱尔兰、澳大利亚、法国。中国篇均被引频次 10.096 次，居于第 52 位。

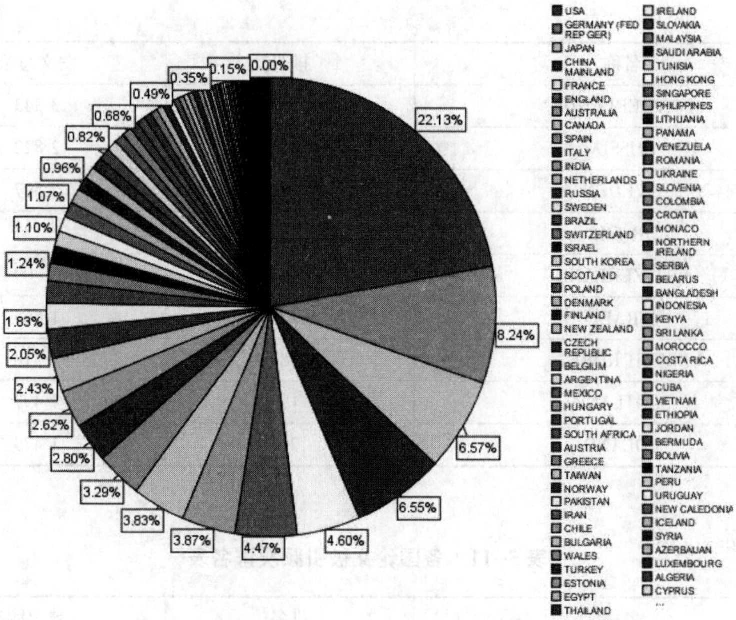

图 5-13 1980 年以来国家发文量所占比例

表 5-10 各国发文量排名表

名称	排名	发文总数
USA	1	30 475
GERMANY（FED REP GER）	2	11 346
JAPAN	3	9 043
CHINA MAINLAND	4	9 026
FRANCE	5	6 338
ENGLAND	6	6 153
AUSTRALIA	7	5 326
CANADA	8	5 282
SPAIN	9	4 531
ITALY	10	3 852
INDIA	11	3 603

续表

名称	排名	发文总数
NETHERLANDS	12	3 343
RUSSIA	13	2 822
SWEDEN	14	2 527
BRAZIL	15	2 131
SWITZERLAND	16	1 709
ISRAEL	17	1 665
SOUTH KOREA	18	1 518
SCOTLAND	19	1 497
POLAND	20	1 479

表 5-11　各国论文被引频次排名表

名称	排名	总被引频次
USA	1	1 183 654
GERMANY（FED REP GER）	2	378 441
ENGLAND	3	252 454
FRANCE	4	218 634
JAPAN	5	205 386
AUSTRALIA	6	194 182
CANADA	7	163 766
NETHERLANDS	8	115 104
SPAIN	9	108 893
SWEDEN	10	107 823
ITALY	11	91 958
CHINA MAINLAND	12	91 090
SWITZERLAND	13	69 731
SCOTLAND	14	59 725
ISRAEL	15	54 452
INDIA	16	45 003

续表

名称	排名	总被引频次
DENMARK	17	42 755
FINLAND	18	37 199
NEW ZEALAND	19	34 341
RUSSIA	20	34 340

表 5-12 各国论文篇均被引频次排名表

名称	排名	总被引频次	发文总数	篇均被引频次
SWEDEN	1	107 823	2 527	42. 67
MONACO	2	5 033	119	42. 29
WALES	3	20 142	481	41. 88
ENGLAND	4	252 454	6 153	41. 03
SWITZERLAND	5	69 731	1 709	40. 80
SCOTLAND	6	59 725	1 497	39. 90
USA	7	1 183 654	30 475	38. 84
NORTHERN IRELAND	8	4 338	118	36. 76
AUSTRALIA	9	194 182	5 326	36. 46
FRANCE	10	218 634	6 338	34. 50
NETHERLANDS	11	115 104	3 343	34. 43
GERMANY（FED REP GER）	12	378 441	11 346	33. 35
ISRAEL	13	54 452	1 665	32. 70
ESTONIA	14	14 359	463	31. 01
CANADA	15	163 766	5 282	31. 00
PANAMA	16	6 188	202	30. 63
VENEZUELA	17	5 904	195	30. 28
DENMARK	18	42 755	1 415	30. 22
NEW ZEALAND	19	34 341	1 182	29. 05
BELGIUM	20	32 680	1 130	28. 92
CHINA MAINLAND	52	91 090	9 026	10. 09

（三）机构表现

从下面呈现的机构分析数据（表 5-13）可以看出：

从科研机构的类型来看，表现较好的机构中，研究所和科学院占了较大比重，实力较强，如美国农业部、法国国家科学研究院、中科院等；

实力较强的机构分布和国家地区分布基本一致，排进前 20 的大部分依然是美国、澳大利亚、法国等欧洲国家的一些国家级的科研机构和大学。此外日本的东京大学、中国的中国科学院发文量也排进了前 20，福州大学的篇均被引排进了前 20。

北京大学发文排在第 320 位，未进入前 300；论文被引 3 116 次，排在第 395 位，未进入前 300；篇均被引频次 20.77 次，排 532 位，未进入前 500。可以说，北京大学在这一领域表现较弱。

各机构发文情况：

表 5-13 给出了按照论文发文量排名前 20 的机构，可以看出，1980 年以来，光合作用领域的研究中国科学院发文共 3 411 篇，排在第 1 位，其次是法国国家科学研究院、美国农业部、俄罗斯科学院、美国能源部、马克斯·普朗克协会、西班牙科研理事会、法国国家农业科研研究院（INRA）、法国原子能和替代能源委员会、加州大学伯克利分校、法国国家农业科研研究院（INRA）等。北京大学排在第 320 位，未进入前 300。

表 5-13　各机构发文量排名表

中文名称	名称	排名	发文总数
中国科学院	Chinese Academy of Sciences	1	3 411
法国国家科学研究院（CNRS）	Centre National de la Recherche Scientifique（CNRS）	2	3 232
美国农业部	United States Department of Agriculture（USDA）	3	2 673

续表

中文名称	名称	排名	发文总数
俄罗斯科学院	Russian Academy of Sciences	4	2 143
美国能源部	United States Department of Energy (DOE)	5	2 066
马克斯·普朗克协会	Max Planck Society	6	1 735
西班牙科研理事会	Consejo Superior de Investigaciones Cientificas (CSIC)	7	1 585
法国国家农业科研研究院(INRA)	Institut National de la Recherche Agronomique (INRA)	8	1 546
法国原子能和替代能源委员会	CEA	9	1 355
美国加州大学伯克利分校	University of California Berkeley	10	1 247
俄罗斯莫斯科国立大学	Lomonosov Moscow State University	11	1 156
澳大利亚国立大学	Australian National University	12	1 090
澳大利亚联邦科学与工业研究组织	Commonwealth Scientific & Industrial Research Organisation (CSIRO)	13	1 084
美国伊利诺伊香槟分校	University of Illinois Urbana-Champaign	14	1 040
日本东京大学	University of Tokyo	15	1 014
意大利国家研究委员会	Consiglio Nazionale delle Ricerche (CNR)	16	967
英国自然环境研究理事会	NERC Natural Environment Research Council	17	897
英国谢菲尔德大学	University of Sheffield	18	855
荷兰瓦格宁根大学和研究中心	Wageningen University & Research Center	19	852
美国加州大学戴维斯分校	University of California Davis	20	828

各机构论文被引情况:

表 5-14 给出了各国论文被引频次排名前 20 的机构，可以看出，1980 年以来，光合作用领域的研究法国国家科学研究院论文被引频次 115 883 次，排在第 1 位。其次是美国能源部、美国农业部、马克斯·普朗克协会、加州大学伯克利分校、澳大利亚国立大学、法国原子能和替代能源委员会等。中国科学院论文被引频次 37 752 次，居于第 14 位。北京大学论文被引 3 116 次，

排在第395位，未进入前300。

表5-14 各机构论文被引频次排名表

中文名称	名称	排名	总被引频次
法国国家科学研究院（CNRS）	Centre National de la Recherche Scientifique（CNRS）	1	115 883
美国能源部	United States Department of Energy（DOE）	2	112 545
美国农业部	United States Department of Agriculture（USDA）	3	92 870
马克斯·普朗克协会	Max Planck Society	4	79 769
美国加州大学伯克利分校	University of California Berkeley	5	75 060
澳大利亚国立大学	Australian National University	6	61 282
法国原子能和替代能源委员会	CEA	7	51 449
法国国家农业科研研究院（INRA）	Institut National de la Recherche Agronomique（INRA）	8	51 228
澳大利亚联邦科学与工业研究组织	Commonwealth Scientific & Industrial Research Organisation（CSIRO）	9	49 074
美国伊利诺伊香槟分校	University of Illinois Urbana-Champaign	10	46 683
美国国家航空航天局（美国宇航局）	National Aeronautics & Space Administration（NASA）	11	41 503
西班牙科研理事会	Consejo Superior de Investigaciones Cientificas（CSIC）	12	41 443
英国谢菲尔德大学	University of Sheffield	13	39 325
中国科学院	Chinese Academy of Sciences	14	37 752
美国哈佛大学	Harvard University	15	36 055
美国卡耐基研究院	Carnegie Institution for Science	16	36 008
英国自然环境研究理事会	NERC Natural Environment Research Council	17	35 601
美国威斯康星大学	University of Wisconsin Madison	18	34 359
美国加州大学戴维斯分校	University of California Davis	19	33 605
美国亚利桑那州立大学	Arizona State University	20	32 032

各机构论文篇均被引情况：

表 5-15 给出了各机构论文篇均被引频次（总被引频次/发表论文总数）排名前 20 的机构。(考虑到特异值的影响，取发文量排名前 1/3 的数据即发文量排前 591 的机构，并且发文量不小于 11 篇数据分析而得)。排进前 10 的机构分别为：英国气象局、联合基因研究所（美)、欧洲分子生物学实验室、联合生物能源研究所（美)、布鲁克海文国家实验室、克雷格·文特尔研究所、美国卡耐基研究院、圣母大学（美)、犹他大学等。福州大学篇均被引排名第 13，北京大学篇均被引频次 20. 77 次，排 532 位，未进入前 500。

表 5-15　各机构论文篇均被引排名

中文名称	名称	排名	篇均被引
英国气象局	Met Office-UK	1	129. 25
美国联合基因研究所	Joint Genome Institute-JGI	2	105. 74
欧洲分子生物学实验室	European Molecular Biology Laboratory（EMBL）	3	96. 654 545 45
美国联合生物能源研究所	Joint BioEnergy Institute-JBEI	4	96. 36
美国布鲁克海文国家实验室	Brookhaven National Laboratory	5	91. 97
美国克雷格·文特尔研究所	J. Craig Venter Institute	6	91. 19
美国卡耐基研究院	Carnegie Institution for Science	7	90. 02
美国圣母大学	University of Notre Dame	8	84. 36
美国犹他大学	University of Utah	9	78. 98
美国国家大气研究中心	National Center Atmospheric Research（NCAR）-USA	10	75. 54
美国戈达德航天飞行中心	Goddard Space Flight Center	11	75. 33
法国巴黎综合理工大学	Ecole Polytechnique	12	74. 30
福州大学	Fuzhou University	13	73. 90
澳大利亚科廷大学	Curtin University	14	73. 22
比利时弗兰德斯生物科技研究所	Flanders Institute for Biotechnology	15	71. 97
美国加州大学洛杉矶分校	California State University Los Angeles	16	70. 39
美国麻省理工	Massachusetts Institute of Technology（MIT）	17	70. 34

续表

中文名称	名称	排名	篇均被引
美国爱荷华大学	University of Iowa	18	70.25
美国斯克利普斯研究所	Scripps Research Institute	19	69.28
英国埃塞克斯大学	University of Essex	20	69.21

三、学者表现

（1）顶尖学者来自于大学的学者所占比重较大。

（2）顶尖的学者分布和研究实力强的国家地区分布基本一致，排进前20的大部分依然是美国、澳大利亚、英法德等欧洲国家的一些国家级的科研机构和大学。

（3）日本学者在该领域也有所表现。

（4）中国在“光合作用”这一领域没有出现顶尖的学者。北京大学的学者在该研究领域表现很弱，北京大学城市与环境学院朴世龙、彭书时，生命科学学院教授赵进东，环境学院的方精云等在该领域也有研究，但成果不多。北大要想在该领域获得好的发展，必须大力投入和组建研究团队，从全球引进顶尖人才。

（一）学者发文情况

表5-16给出了按照论文发文量排名前20的人员，可以看出，1980年以来，光合作用领域的研究发文量排名前5的学者是荷兰莱顿大学的Hoff，AJ、英国格拉斯哥大学的Cogdell，RJ、德国埃尔朗根-纽伦堡大学的Hader，DP、华盛顿州立大学的Edwards，GE、法国原子能和替代能源委员会的Breton，J；发文量前20的学者有18个来自于大学。从学者的所属机构看，有2位日本的学者Fukuzumi，Shunichi和Tamiaki，Hitoshi发文量进入了前20。

表 5-16 发文量排名前 20 的学者

名称	所属机构	排名	Web of Science 论文数
Hoff，AJ	荷兰莱顿大学 Leiden University	1	162
Cogdell，RJ	英国格拉斯哥大学 University of Glasgow	2	147
Hader，DP	德国埃尔朗根-纽伦堡大学 University of Erlangen-Nuremberg	3	139
Edwards，GE	美国华盛顿州立大学 Washington State University	4	138
Breton，J	法国原子能和替代能源委员会 CEA	5	123
Rubin，AB	俄罗斯莫斯科国立大学 Lomonosov Moscow State University	6	118
Barber，J	英国伦敦帝国学院 Imperial College London	7	118
Long，SP	美国伊利诺伊大学香槟分校 Univ Illinois Urbana-Champaign	8	117
Blankenship，RE	美国亚利桑那州立大学 Arizona State University	9	115
Fukuzumi，Shunichi	日本大阪大学 Osaka University	10	111
Hunter，CN	英国谢菲尔德大学 University of Sheffield	11	108
Raven，JA	苏格兰邓迪大学 University of Dundee	12	107

续表

名称	所属机构	排名	Web of Science 论文数
Gast，P	荷兰莱顿大学 Leiden University	13	105
Scheer，H	德国慕尼黑大学 University of Munich，	14	103
Tamiaki，Hitoshi	日本立命馆大学 Ritsumeikan University	15	102
Vangrondelle，R	荷兰阿姆斯特丹自由大学 VU University Amsterdam	16	101
Moore，TA	美国亚利桑那州立大学 Arizona State University	17	101
Wasielewski，MR	美国西北大学 Northwestern University	18	100
Sharkey，TD	美国内华达大学 UNIV NEVADA	19	100
Oquist，G	澳大利亚联邦科学与工业研究组织 Commonwealth Scientific & Industrial Research Organisation（CSIRO）	20	100

（二）学者论文被引情况

表5-17给出论文被引排名前20的学者，大多数学者来源于美国、英国和澳大利亚。前五的学者是澳大利亚国立大学的RFarquhar，GD、明尼苏达大学的Reich，PB、罗特格斯州立大学地Falkowski，PG 、马克斯·普朗克协会的Michel，H 、伊利诺伊大学香槟分校的Long，Stephen。

表 5-17 论文被引排名前 20 的学者

名称	所属机构	排名	被引频次
Farquhar, GD	澳大利亚国立大学 Australian National University	1	18 272
Reich, PB	美国明尼苏达大学 Univ Minnesota	2	14 543
Falkowski, PG	美国罗特格斯州立大学 Rutgers State University	3	13 089
Michel, H	马克斯·普朗克协会 Max Planck Society	4	13 074
Long, SP	美国伊利诺伊大学香槟分校 Univ Illinois Urbana-Champaign	5	12 939
Berry, JA	美国卡耐基科学院 Carnegie Institution for Science	6	11 400
Ehleringer, JR	美国犹他大学 University of Utah	7	10 682
Sharkey, TD	美国内华达大学 UNIV NEVADA	8	10 635
Baker, NR	英国埃塞克斯大学 University of Essex	9	10 483
Stitt, M	德国拜罗伊特大学 University of Bayreuth	10	10 363
Foyer, CH	威尔士亚伯大学 Aberystwyth University	11	9 870
Cogdell, RJ	英国格拉斯哥大学 University of Glasgow	12	9 865
Barber, J	英国伦敦帝国学院 Imperial College London	13	8 888
Wasielewski, MR	美国西北大学 Northwestern University	14	8 618

续表

名称	所属机构	排名	被引频次
Deisenhofer，J	马克斯·普朗克协会 Max Planck Society	15	8 280
Field，CB	美国卡耐基科学院 Carnegie Institution for Science	16	8 183
Moore，TA	美国亚利桑那州立大学 Arizona State University	17	7 898
Gust，D	美国亚利桑那州立大学 Arizona State University	18	7 868
Horton，P	英国谢菲尔德大学 University of Sheffield	19	7 702
Ellsworth，DS	美国佛蒙特大学 University of Vermont	20	7586

（三）人员篇均被引情况

表 5-18 给出论文篇均被引排名前 20 的学者（数据取发文量大于 20 篇的学者），篇均被引排名前五的分别是马克斯·普朗克协会的 Deisenhofer，J、明尼苏达大学双子城校的 Walters，MB、澳大利亚国立大学的 Farquhar，GD，美国国家航空航天局 Tucker，CJ，科罗拉多大学波尔得分校的 DemmigAdams，B 等。

5-18　9 篇均被引排名前 20 的学者

名称	所属机构	排名	篇均被引频次
Deisenhofer，J	马克斯•普朗克协会 Max Planck Society	1	285. 52

续表

名称	所属机构	排名	篇均被引频次
Walters，MB	美国明尼苏达大学双子城校 University of Minnesota Twin Cities	2	255.17
Farquhar，GD	澳大利亚国立大学 Australian National University	3	237.30
Tucker，CJ	美国国家航空航天局 National Aeronautics & Space Administration（NASA）	4	233.08
DemmigAdams，B	美国科罗拉多大学波尔得分校 University of Colorado Boulder	5	228.73
Collatz，GJ	美国卡耐基科学院 Carnegie Institution for Science	6	226.46
Noctor，G	法国国家农业科研研究院（INRA）	7	224.04
Saenger，W	德国柏林自由大学 Free University of Berlin	8	222.38
Sellers，PJ	美国国家航空航天局 National Aeronautics & Space Administration（NASA）	9	221.33
Miki，K	日本东京工业大学 Tokyo Institute of Technology	10	212.43
Genty，B	英国埃塞克斯大学 University of Essex	11	204.85
Bjorkman，O	美国卡耐基科学院 Carnegie Institution for Science	12	192.49
vonCaemmerer，S	澳大利亚国立大学 Australian National University	13	187.93
Berry，JA	美国卡耐基科学院 Carnegie Institution for Science	14	186.89
Ellsworth，DS	美国佛蒙特大学 University of Vermont	15	185.02

续表

名称	所属机构	排名	篇均被引频次
Poorter, H	荷兰乌得勒支大学 Utrecht University	16	184.26
Goulden, ML	美国加州大学尔湾分校 UC Irvine	17	181.05
Niyogi, KK	美国加州大学伯克利分校 University of California Berkeley	18	171.95
Valentini, R	意大利图西亚大学 Tuscia University	19	170.09
Johnson, GN	英国谢菲尔德大学 The University of Sheffield	20	167.67

四、中国“光合作用”领域表现分析

• 中国“光合作用”领域的研究趋势和国际保持一致，开始日益的关注；但是除中科院和中国科学院大学发展迅速外，其他机构没有大的突破和发展；

• 中科院在该领域的研究投入较大，成果最多。福州大学、北京大学、大连理工大学论文质量较好；

• 北京大学在国内各机构发文量、论文被引频次排名中也比较靠后，可喜的是论文质量相对较高。

（一）各机构发文表现

由图 5-14 可以看出，“光合作用”领域的研究整体趋势和国际保持一致：1990 年后研究越来越受关注，除了中国科学院一枝独秀外，中国科学院大学发展迅速，包括北京大学、清华大学在内的其他机构发文量没有大的突破和飞跃，说明没有大规模的投入和引起更大的重视。

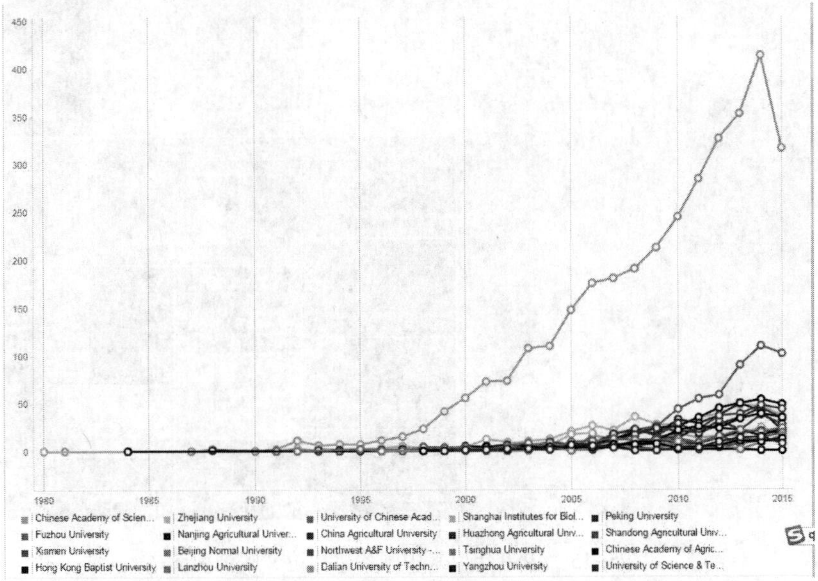

图 5-14　1980 年以来中国各机构发文趋势图

（二）各机构论文被引情况

由下图 5-15 可以看出，论文被引总数中科院依然一枝独秀，其次为浙江大学、福州大学、南京农业大学、中国农业大学、华中农业大学。北京大学论文总被引频次排不进前 10。

（三）前 1%的论文百分比表现

被引排名前 1%的论文百分比指某一指定学科领域、某一年、某种文献类型下，被引频次排名前 1%的文献数除以该组文献总数的值，以百分数形式展现。由下图 5-16 可以看出，福州大学、北京大学、大连理工大学该领域的文献质量相对较好。

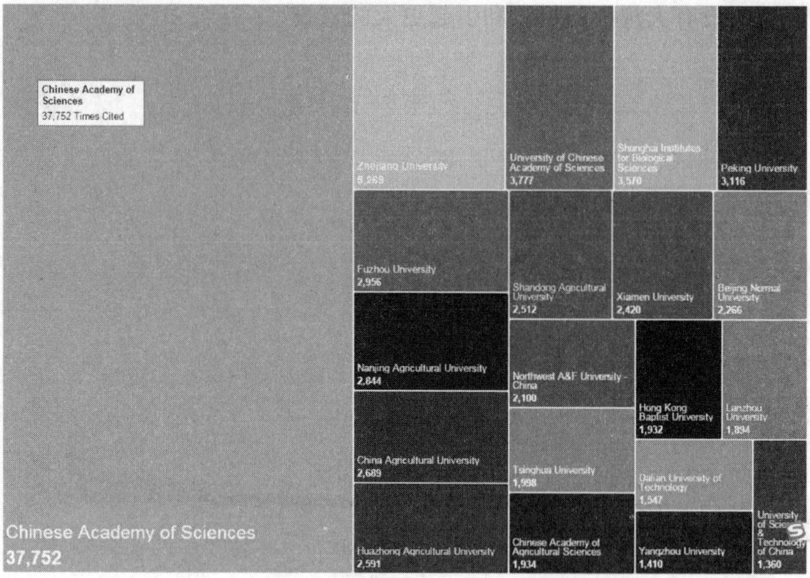

图 5-15　1980 年以来中国各机构论文呢被引图

五、研究趋势分析

结合 ESI 前沿（表 5-19）和 SCIVAL（图 17）的趋势分析，发现在“光合作用”领域的热点研究主要集中在以下几个方面：

• 碳-4 光合作用，叶肉细胞导度。

• 光合能量传递。

• 人工光合作用。

• 碳分配格局；二氧化碳排出；碳同位素组成；光合作用的产物碳；光合作用对草原土壤 CO_2 的影响。

• 叶绿素荧光参数；作物光合作用。

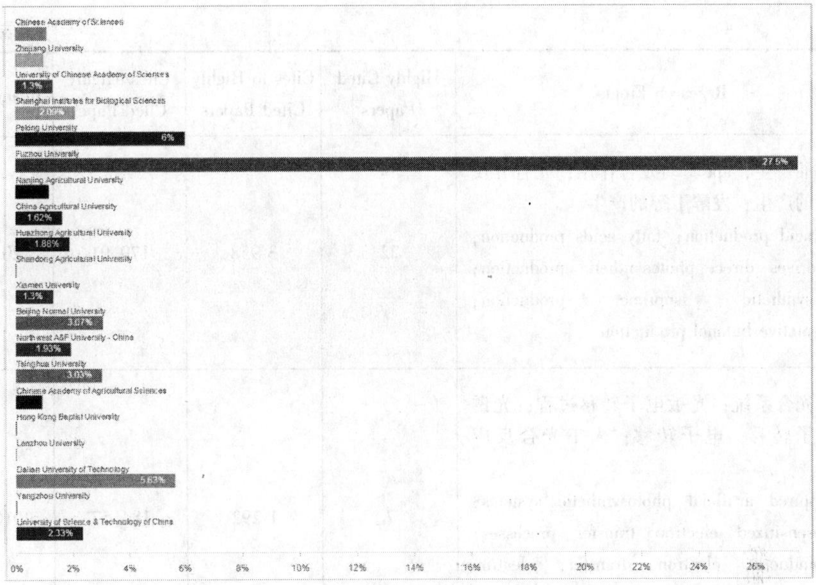

图 5-16　1980 年以来中国各机构被引次数排名前 1%论文比例对比图

表 5-19　ESI 热点

Research Fronts	Highly Cited Papers	Cites to Highly Cited Papers	Cites/Highly Cited Paper	Mean Year
C-4 光合作用；叶肉细胞导度 C - 4 photosynthesis；determining mesophyll diffusion conductance；mesophyll diffusion conductance；variable mesophyll conductance；estimating mesophyll conductance	36	3124	86. 78	2010. 9
光合能量传递 anticorrelated pigment vibrations drives photosynthetic energy transfer；long-lived quantum coherence；molecular vibrations assisting exciton energy transfer；photosynthetic energy transfer；quantum coherence enabled determination	33	5 370	162. 73	2011. 3

续表

Research Fronts	Highly Cited Papers	Cites to Highly Cited Papers	Cites/Highly Cited Paper	Mean Year
脂肪酸产生；apt 驱动光合作用；光合异戊二烯的产生；发酵丁醇的产生 fatty acid production; fatty acids production; atp drives direct photosynthetic production; photosynthetic isoprene production; fermentative butanol production	22	3 958	179. 91	2011
人工光合系统；光敏电子转移过程；光诱导电子转移，电子转移；人工光合反应中心 bioinspired artificial photosynthetic systems; photosensitized electron transfer processes; photoinduced electron transfer; electron transfer; artificial photosynthetic reaction centres	7	1 292	184. 57	2010. 4
碳分配格局；二氧化碳排出；碳同位素组成；光合作用的产物碳；光合作用对草原土壤 co2 的影响 carbon allocation dynamics; carbon dioxide efflux; carbon isotope composition; photosynthate carbon; photosynthesis affect grassland soil-respired co2	4	481	120. 25	2009. 8
叶绿素荧光参数；作物光合作用 chlorophyll fluorescence; linking chlorophyll; crop photosynthesis; photosynthesis; fluorescence	3	45	15	2014. 3
磷利用效率、吸收效率 high photosynthetic phosphorus-use efficiency; phosphorus - use efficiency; resorption efficiency; crop plants; plants	3	110	36. 67	2013. 3

续表

Research Fronts	Highly Cited Papers	Cites to Highly Cited Papers	Cites/Highly Cited Paper	Mean Year
傅里叶变换红外光谱差分；光合水氧化；时间分辨红外探测；水分子 fourier transform infrared difference; photosynthetic water oxidation; time-resolved infrared detection; water molecules; active site mn4cao5 cluster	2	14	7	2015
共轭碳氮化物半导体；聚合物碳氮化物半导体；氢光合作用 conjugated carbon nitride semiconductors; polymeric carbon nitride semiconductors; construct isotype heterojunctions; facile band alignment; hydrogen photosynthesis	2	169	84.5	2012.5
藻类共生体；无脊椎动物宿主，代谢相互作用；光合的昆虫，动物 algal symbionts; invertebrate hosts; metabolic interactions; photosynthetic symbioses; animals	2	235	117.5	2008
备；太阳能水分裂；电荷载体；光阳极；表面等离激元 autonomous photosynthetic device; solar water splitting; charge carriers; plasmonic photoanodes; surface plasmons	2	269	134.5	2012.5
人工光合系统；人工光合作用，电荷分离；光收获；自组装策略 artificial photosynthetic systems; artificial photosynthesis; charge separation; light harvesting; self-assembly strategies	2	1 165	582.5	2009

由下图 5-17 可以看出，Scival 聚出的“光合作用”领域热点关键词包括：光、叶绿素、叶子、光系统 II 蛋白复合物、蓝藻、植物、水胁迫、碳、干旱胁迫、气体交换、叶绿体、荧光、、大米、树冠、温度、微藻等。

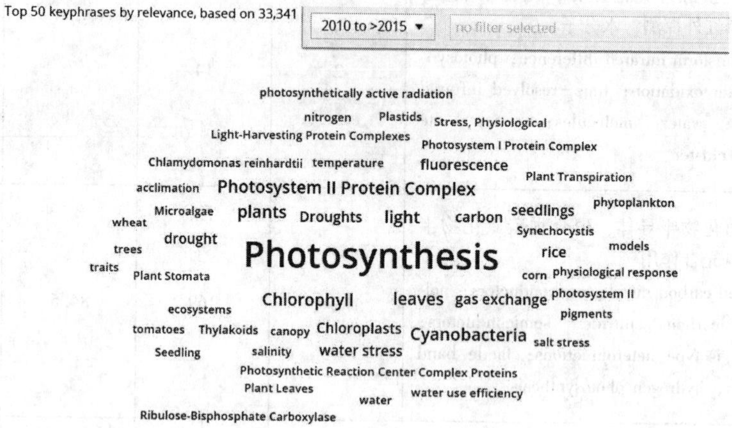

图 5-17　Scival 近 5 年“光合作用”领域热点关键词云图

六、小结

光合作用是生物界获得能量、食物以及氧气的根本途径，被称为“地球上最重要的化学反应”。当今人类社会面临着日趋严峻的食物不足、能源危机、资源匮乏和环境恶化等问题，这些问题的解决无一不与植物的光合作用有着密切的关系。因此深入探讨光合作用的规律，揭示光合作用的机理，研究光合作用的能量传递，光合作用对环境的改善，各类植物尤其是豆类等农作物的光合作用，人工光合作用的模拟以对太阳能和其他可再生资源的利用等领域受到广泛关注和重视。

第六章　展　望

从历史上看，技术的每次发展都推动和促进图书馆的发展，无论是图书馆的理念、资源形式和来源、技术应用还是图书馆的服务内容和服务模式。大数据时代的到来，图书馆同样也面临着新的挑战和机遇。学科前沿的研制是图书馆新的大数据环境下提升服务能力和服务水平的新尝试。

第一节　学科前沿研制将成为图书馆的重要服务内容

从国家层面上来说，学科前沿的研制有利于国家“双一流建设”。双一流（Double First-rate）是世界一流大学和一流学科建设。2015 年 11 月，国务院发布了《统筹推进世界一流大学和一流学科建设总体方案》。根据方案规划，到 2020 年若干所大学和一批学科进入世界一流行列，若干学科进入世界一流学科前列。到 2030 年更多的大学和学科进入世界一流行列，若干所大学进入世界一流大学前列，一批学科进入世界一流学科前列，高等教育整体实力显著提升。到本世纪中叶，一流大学和一流学科的数量和实力进入世界前列，基本建成高等教育强国。可见，“双一流”背景下，对学科建设提出了新的要求。而研制学科前沿，有利于了解国内外学科发展的现状，厘清学科发展的趋势，把握学科发展热点，更好的支持一流学科的发展，从而实现国家高等教育发展规划。

从图书馆的层面来说，学科前沿的研制进一步深化图书馆的服务，是图书馆大数据环境下的必然选择。图书馆界的学者有这样的认识：韩翠峰[1]认为传统的信息服务将面临以复杂数据为对象、以深度挖掘为要求高标准挑战。苏新宁[2]更进一步指出的：大数据时代不缺信息，缺的是解决复杂问题的知识，更缺少对众多信息处理分析、总结归纳后得到的分析信息，这类信息分析产品应作为数字图书馆未来信息服务的高端产品。因此，数字图书馆应注重用户行为分析成果，以帮助了解用户的需求，掌握用户关注主题和学术领域，并结合前沿领域的信息采集和科学分析，确定前沿领域和科学发展趋势。又指出：大数据时代，数字图书馆的工作重点要有所拓展，除了把握数字资源建设这一基础工作外，还要提升自己的服务能力。除了继续做好常规服务以外，还需定位一些高端服务，努力把数字图书馆建设成信息分析策动地；密切关注学科前沿领域，同时对国家重大科研计划领域或本单位重点科研领域进行跟踪，并提供科研进展报告，对政府行政、科学决策、科研攻关等提供数据支持。可见，学科前沿研制是大数据环境下图书馆发展的必然选择。

第二节　学科前沿研制将更依赖于技术工具

通过前面几章的分析可以看出，大数据时代研制学科前沿的资源类型多样、数据源也可能是多个，数据量也很巨大。其采集、分析和处理以及结果的展现将会越来越依靠技术工具。

数据集是大数据挖掘和分析的基础。因此一个有效的数据采集方案对大

1　韩翠峰．大数据带给图书馆的影响与挑战．图书与情报［J］，2012，（5）：37-40.

2　苏新宁．大数据时代数字图书馆面临的机遇和挑战［J］．中国图书馆学报，2015，（10）：4-12.

数据挖掘研究具有重要意义。就第五章的案例而言，在数据的采集过程中，来自数据库的数据除了来自于 Scopus 数据库的数据外，其他都是依靠手工检索、下载和存储，耗费较多的时间和人力，效率比较低，更好的数据采集的工具将会事半功倍。

通过第三章的分析可以看出，目前有不少关于大数据分析的工具，但并没有一种工具能够完全满足研制学科前沿的所有需求，而且熟练掌握这些工具也并非一早一夕之功。更方便的可以综合分析处理大数据的工具也将使数据分析工作事半功倍。

第三节 学科前沿研制将推动学科服务的纵深发展

目前高校图书馆所提供的学科服务，相当一部分属于基础服务，大体集中在查新、查收查引、资源推荐、用户培训等浅层服务上，这些服务在一定程度上满足了当时用户的需求。但是这种层次的学科服务开展深度不够，创新点不多。如何突破学科服务的瓶颈，学科服务朝着纵深的方向发展，学科前沿研制将是一个很好的突破口。通过学科前沿的研制，学科馆员将会对学科发展有个较为深入的了解，提供更有价值的更深层次的服务。

其次，在学科前沿研制的过程中，学科专家的意见也是必须的，在确定学科专家、和学科专家的沟通过程中，有利于加深学科馆员对于服务对象的了解，拓展学科服务新的需求。